Gefangen in Deutschland

Katja Schneidt teilt ihr Leben mit Tochter, Sohn und ihrem langjährigen Lebensgefährten, der ebenfalls zwei Kinder mit in die Beziehung brachte. Sie lebt heute unter Polizeischutz in der Nähe von Frankfurt am Main.

Katja Schneidt

Gefangen in Deutschland

Wie mich mein türkischer Freund
in eine islamische Parallelwelt entführte

Weltbild

Besuchen Sie uns im Internet:
www.weltbild.de

Genehmigte Lizenzausgabe für Verlagsgruppe Weltbild GmbH,
Steinerne Furt, 86167 Augsburg
Copyright der Originalausgabe © 2011 by mvg Verlag,
ein Imprint der Münchner Verlagsgruppe GmbH, München.
Umschlaggestaltung: zeichenpool, München
Umschlagmotiv: © FotoWerk Büdingen, Katrin Knaf
Gesamtherstellung: GGP Media GmbH, Pößneck
Printed in the EU
ISBN 978-3-86365-080-3
2015   2014   2013   2012
Die letzte Jahreszahl gibt die aktuelle Lizenzausgabe an.

*Dieses Buch ist Ayla gewidmet, der Kinderbraut,
deren Unglück ich nicht verhindern konnte.*

*Und allen Frauen, die der Gewalt ihrer Männer
ausgesetzt sind, gleich welcher Religion oder Kultur
sie angehören.*

*»Die vollkommensten Gläubigen im Glauben sind die,
die am sittsamsten sind.
Und die besten unter ihnen sind jene,
die ihre Frauen am besten behandeln.«*

(Sunna)

Alle Namen in diesem Buch sind abgeändert worden. Meine Geschichte jedoch entspricht den Tatsachen – so wie ich sie erlebt habe.

Inhaltsverzeichnis

Vorwort		9
1. Kapitel	Liebe auf den zweiten Blick	23
2. Kapitel	Auf Wolke sieben	33
3. Kapitel	Böses Erwachen	39
4. Kapitel	Scheiden tut weh	49
5. Kapitel	Verteidigung der Ehre	54
6. Kapitel	Petra oder Geteiltes Leid ist halbes Leid	58
7. Kapitel	Wer nicht hören will, muss fühlen	62
8. Kapitel	Die Familie	71
9. Kapitel	Ein leeres Versprechen	83
10. Kapitel	Die Kündigung	92
11. Kapitel	Fatima oder Die Zweitfrau	100
12. Kapitel	Aysegül oder »Leider nur ein Mädchen«	107
13. Kapitel	Ayla oder Die Vergewaltigung	117
14. Kapitel	Vom Zusammenleben zwischen Mann und Frau	129
15. Kapitel	Heimlicher Cafébesuch	136
16. Kapitel	Die neuen Nachbarn	140
17. Kapitel	Doppelter Heiratsantrag	150
18. Kapitel	Ein Besuch in der Moschee	165
19. Kapitel	Betrogen	171
20. Kapitel	Petras Plan	182
21. Kapitel	Die Polizei, dein Freund und Helfer	191

22. Kapitel	Schwanger	208
23. Kapitel	Der Eingriff	218
24. Kapitel	Stadtbummel mit Folgen	224
25. Kapitel	Der Geschmack der Freiheit	243
Epilog		253
Danksagung		261
Tipps und Beratungsadressen für Gewaltopfer		263
Anmerkungen		285

Vorwort

Fuad Hemidi ist der Nachbar meiner Freundin Andrea, ein hochgewachsener etwa vierzigjähriger Syrer mit dunklen mandelförmigen Augen, der schon lange in Deutschland lebt. Er hat hier Informatik studiert und direkt nach dem Examen eine gut dotierte Stelle in einer Softwarefirma bekommen, in der er schon als Student gejobbt hat. Sein Kleidungsstil ist elegant, er fährt einen dunkelblauen 2er-BMW und seine Deutschkenntnisse sind exzellent. Ich bin ihm schon ein paarmal flüchtig begegnet, denn ich besuche Andrea regelmäßig.

»Hat er denn gar keine Frau?«, will ich eines Abends von ihr wissen, als ich noch auf ein Glas Wein bei ihr vorbeischaue und Fuad auf dem Weg zu ihrer Wohnung getroffen habe. »Einem so netten, gut aussehenden Typen müssten die Mädchen doch in Scharen hinterherlaufen!«

»Tun sie auch!«, kichert Andrea. »Vor allem die späten Mädchen – frag mal die alte Frau Schulze! Sie himmelt ihn geradezu an. Er hilft ihr aber auch immer wieder – Schnee schippen, Rasen mähen und so weiter. Ich glaube, er bringt ihr sogar manchmal Blumen mit. Nein, im Ernst, Fuad hat, soweit ich weiß, keine Frau. Wahrscheinlich ist er einfach gern allein. Er arbeitet ja auch extrem viel. Und wenn er nach Hause kommt, liest er stundenlang. Ich kann das von hier aus sehen, schließlich hat er keine Vorhänge vor den Fenstern.«

Ich werfe einen Blick aus Andreas weit geöffnetem Küchenfenster. Die Neubauanlage, in der sie wohnt, ist U-förmig angelegt, mit einem schönen Innenhof, auf den breite Fensterfronten hinausgehen, sodass die Bewohner vor allem der beiden höher gelegenen Stockwerke einen guten Einblick in die Apartments ihrer Nachbarn haben – einmal mehr, wenn diese keine Vorhänge besitzen. So wie Fuad Hemidi, der eine der kleineren Erdgeschosswohnungen mit Balkon angemietet hat und gerade mit einem Buch in der Hand in mein Blickfeld getreten ist.

Ein paar Wochen denke ich nicht mehr über den Nachbarn von Andrea nach, weil ich zu beschäftigt bin, sie zu besuchen. Irgendwann packt mich dann aber doch die Sehnsucht nach meiner Freundin und ich greife zum Telefonhörer. Nachdem wir die neuesten Neuigkeiten ausgetauscht haben, sagt Andrea beiläufig:

»Ach, übrigens: Unser smarter Nachbar hat neuerdings seine Fenster verhängt. Wahrscheinlich hat er jetzt doch eine Freundin und will nicht mehr, dass man ihm bei allem zugucken kann.«

»Wie – euer Nachbar hat seine Fenster verhängt? Welcher Nachbar denn überhaupt?«, tue ich begriffsstutzig. In Wirklichkeit schwant mir natürlich, um wen es sich handelt.

»Na, Fuad natürlich! Der Syrer, du weißt doch! Die komplette Glasfront ist dicht. Mit einem dunklen Vorhang verhängt. Komisch, oder? Wo er sich doch all die Monate nichts daraus zu machen schien, dass ihn die ganze Nachbarschaft beobachten konnte!«

»Nein, das ist nicht komisch, nicht wirklich«, erwidere ich langsam und verspreche, sie am nächsten Tag endlich wieder einmal zu besuchen.

Gesagt, getan. Weil wir uns ewig nicht gesehen haben, gibt es viel zu erzählen, sodass Andrea und ich das Thema Fuad und seine Vorhänge völlig vergessen. Ich bin schon halb wieder auf dem Sprung nach Hause, als wir plötzlich Kindergeschrei im Hof hören. Dies ist insofern höchst ungewöhnlich, als in dem Wohnkomplex kein einziges Kind wohnt. Neugierig treten wir also ans Fenster.

»Das gibt's doch nicht!«, entfährt es Andrea.

Auch ich bin verwirrt beim Anblick der tief verschleierten Frau und der vier kleinen Kinder im Alter von eins bis sechs Jahren, die – bis auf das Kleinste auf ihrem Arm – munter um sie herumtollten. Denn dass es sich um Fuads Frau und Fuads Kinder handeln muss, daran besteht kein Zweifel: Zwei große Koffer in beiden Händen, scheucht Andreas Nachbar den kleinen Trupp mit brüsken Worten rasch ins Haus hinein. Die Kinder spuren auch sofort, nur die Frau lässt ihre Blicke noch einmal verstohlen durch den Innenhof schweifen, bevor sie der Aufforderung ihres Mannes Folge leistet. Als sie ihr Gesicht in Richtung von Andreas Küchenfenster hebt, sehe ich, wie jung sie ist – noch keine zwanzig, vermute ich. Und schon vier Kinder, von denen das Älteste sicher bald in die Schule gehen wird!

Doch so weit kommt es nicht, jedenfalls nicht in unserem Ort. Die junge Mutter und ihre Kinder bleiben drei Monate in dem kleinen Apartment in Andreas Wohnanlage. Insgesamt bekommt meine Freundin die Frau in dem Vierteljahr ganze zwei Mal zu Gesicht: ein Mal mit Fuad zusammen auf dem Balkon und das zweite Mal an dem Tag, als die Familie wieder in ihr Heimatland abreist. Die Kinder spielen oft stundenlang allein auf der winzigen Terrasse, während ihre Mutter sich hinter den blickdichten Vorhängen verborgen hält. Nur weinen kann man sie immer wieder in dem schlecht isolierten Neubau hören, und zwar besonders dann, wenn Fuad zu Hause ist.

Einmal bin ich bei Andrea zu Besuch, als es geschieht: Durch das auf Kipp stehende Küchenfenster ist erst das

Brüllen einer aufgebrachten Männerstimme zu hören, dann ein dumpfes Poltern und schließlich laute Schreie von einer Frau, die in ein wildes Schluchzen münden. Kurze Zeit später können wir auch die Kinder weinen hören. Es ist klar, was passiert ist. Auf mein Betreiben hin informiert Andrea sofort die Vermieterin, die sich dem Problem glücklicherweise umgehend annimmt und ein ernstes Wort mit dem Familienvater spricht. Danach beruhigt sich die Situation einigermaßen, aber sowohl Andrea als auch ich sind heilfroh, als die junge Frau – offenbar nach Ablauf ihres Reisevisums – schließlich wieder verschwunden ist.

Die Erleichterung meiner Freundin ist nicht zuletzt darauf zurückzuführen, dass endlich wieder Ruhe in ihrem Haus eingekehrt ist, wenngleich ihr netter Nachbar nun kein Wort mehr mit ihr spricht. Und ich selbst bin glücklich zu wissen, dass die drei Monate Isolationshaft auf vierzig Quadratmetern mit sechs Personen für die junge Syrerin vorbei sind. Ich kann nur hoffen, dass sie es in ihrer Heimat, ohne die ständige Anwesenheit ihres tyrannischen Ehemannes, besser hat als bei uns in Deutschland.

Wie kann so etwas passieren?, werden Sie sich vielleicht fragen, wenn Sie diese Zeilen gelesen haben. Wie kann es sein, dass mitten in Deutschland zu Beginn des einundzwanzigsten Jahrhunderts ein anscheinend aufgeklärter, moderner und bestens in die hiesige Gesellschaft integrierter Mann muslimischer Herkunft seine blutjunge Ehefrau derart barbarisch behandelt? Wie kann es sein, dass er sie drei Monate lang mit ihren vier kleinen Kindern auf engstem Raum einsperrt? Ihr jeglichen Kontakt zu anderen Menschen untersagt? Sie als seine Leibeigene betrachtet, die er beim geringsten Anlass meint, verprügeln zu dürfen?

Es kann sein – und es ist leider ziemlich häufig so. Fuad Hemidi ist keine Ausnahmeerscheinung. Männer von seiner Sorte gibt es in Deutschland zuhauf: nach außen hin der charmante, bestens eingegliederte Mitbürger, dem man seine fremde Herkunft kaum mehr anmerkt, im Rahmen der familiären Strukturen jedoch ein brutaler Tyrann, der so tut, als hätte er von gleichen Rechten für alle und der Selbstbestimmung der Frau noch nie etwas gehört. Wir alle wissen im Prinzip auch, dass Männer, die ein ähnliches moralisches Doppelleben führen wie Fuad, keine Einzelfälle darstellen. Schließlich kursiert der Begriff »Parallelgesellschaft« schon seit ein paar Jahren in den Medien und wurde 2004 beinah zum »Wort des Jahres« gewählt. Laut Duden beschreibt er »eine [von einer] Minderheit gebildete, in einem Land neben der Gesellschaft der Mehrheit existierende Gesellschaft«; im Zusammenhang mit der Integrationsdebatte ist damit die »muslimische Parallelgesellschaft« gemeint. Wie es in dieser oftmals von außen, also von der Mehrheitsgesellschaft nicht einzusehenden Welt vor sich gehen kann, haben eine Reihe hier ansässiger couragierter muslimischer Publizistinnen wie Necla Kelek, Seyran Ateş oder Serap Çileli ausführlich beschrieben, die alle selbst massiv unter der Unterdrückung ihrer Männer, Väter, Brüder zu leiden hatten, teilweise mit dem Tod bedroht wurden oder noch immer werden. Doch erst seit Erscheinen des aufsehenerregenden Buchs *Deutschland schafft sich ab* von Thilo Sarrazin, der sich teilweise auf die Berichte dieser Autorinnen stützt und von ihnen und anderen aufgeklärten Muslimen Unterstützung für seine Thesen zur misslungenen Integration erfährt, scheint wirklich ein wenig Bewegung in die Debatte gekommen zu sein.

Was mich bei all dem dennoch wundert, ist die Realitätsferne vieler Menschen – auch Politiker –, die sich anmaßen, zu dem Thema fundierte Beiträge liefern zu können. Der Islam als rückständige, frauenfeindliche und zur Gewalt aufrufende Religion wird für die Spaltung der hiesigen Gesellschaft in Muslime und Nicht-Muslime als genauso ursächlich angesehen wie die mangelnde Bildung oder die fehlenden Sprachkenntnisse vieler in Deutschland lebender Türken und Araber. Diese Begründungen sind schnell bei der Hand und entbinden uns und die Politik in gewisser Weise von jeglicher Verantwortung. Doch so einfach ist die Sachlage nicht. Wer den Koran kennt, weiß, dass dieser die Unterdrückung der Frau, ihre seelische und körperliche Misshandlung, die Zwangsheirat oder gar den Ehrenmord nicht propagiert. Er stellt gewiss Grundsätze und Richtlinien auf, nach denen der Mann als höherstehend als die Frau zu betrachten sei, ja die ihm sogar gestatten, sie bei Vergehen zu strafen oder – je nach Übersetzung – körperlich zu züchtigen.[1] Aber auf der anderen Seite hat die Frau zahlreiche explizit benannte Rechte wie etwa das auf Bildung, und der Mann ist verpflichtet, für ihr Wohlergehen zu sorgen. In wirklich islamisch geprägten Partnerschaften kommt es vergleichsweise selten zu Konflikten, da die Eheleute unter Berücksichtigung der Verschiedenheit der Geschlechter als gleichberechtigte Partner zusammenleben. Im Übrigen heißt es auch in der Bibel mehrfach, dass die Frau dem Manne untertan sei. Und der Mann hatte auch bei uns bis ins neunzehnte Jahrhundert hinein das gesetzlich verankerte »Züchtigungsrecht« der Ehefrau gegenüber. Das Entscheidende ist jedoch, dass sich im letzten Jahrtausend im Denken der Christen ein viel größerer Wandel als im Denken vieler Muslime vollzogen hat, vorzugsweise der ungebildeten ländlichen Bevölkerungsschichten. In Mitteleuropa hat es die Aufklärung, die verschiedenen Emanzipationswellen gegeben, und es wird eben nicht mehr

»ein Weltbild [proklamiert], das seine Ideale aus dem tiefsten Mittelalter schöpft«[2], wie es die Soziologin Necla Kelek denjenigen attestiert, die jede Kritik an einer falsch verstandenen praktischen Umsetzung des Islam empört ablehnen.

Und genau in diesem Festhalten an überkommenen Traditionen liegt das riesige Problem, weshalb viele Muslime in Deutschland nicht Fuß fassen können und sich in der Folge hauptsächlich oder ausschließlich in ihrer eigenen rückständigen Parallelgesellschaft bewegen. Die Motivation für die sorgsame Pflege der jahrhundertealten Konventionen, die der Frau das Tragen eines Schleiers aufzwingen, Gewalt gegen sie legitimieren, die Erhaltung des Jungfernhäutchens zum obersten Gebot machen, Zwangsheiraten befördern und Mehrehen akzeptieren, resultiert letztlich aus dem Bestreben, um jeden Preis die Familienehre zu bewahren. Diese hängt maßgeblich vom Betragen der Töchter ab. Leben die Mädchen nicht sittsam und halten sie sich nicht an die strengen Regeln der Familie bzw. der Umma, der islamischen Gemeinschaft, so wird dies als persönliches Versagen der Eltern angesehen und die Chancen auf einen guten Ehemann als wichtigstes Lebensziel der Frau sinken drastisch. Folglich lassen die Eltern nichts unversucht, aus ihren Töchtern von klein auf fremdbestimmte Wesen zu machen, die aufs Wort gehorchen und sich statt für Jungen, Mode und Kosmetik eher für Haushalt, Kochen und Kinderpflege interessieren. Was in der (ländlichen) Heimat noch halbwegs funktionieren mag, weil die Mädchen nichts anderes kennen und somit keinen Versuchungen ausgesetzt sind, ändert sich jedoch oft schlagartig mit einer Übersiedlung der Familie nach Deutschland. Plötzlich scheinen an jeder Ecke Gefahren zu lauern. Die offene Mentalität und manchmal sehr freizügige Lebensweise der Deutschen macht vielen muslimischen Eltern

Angst; sie fürchten, dass auch ihre Töchter lockeren Umgang mit Jungen und Männern pflegen wollen, bereits mit dreizehn, vierzehn Jahren einen Freund haben, den sie auf offener Straße küssen, Miniröcke tragen und sich schminken. Mit aller Macht versuchen diese Eltern die heranwachsenden Mädchen vor dem vermeintlichen »Lotterleben« zu schützen und wachen noch strenger über die Einhaltung der Familienregeln und Traditionen. Um sich so wenig wie möglich mit dem unvermeidlichen Fremden abgeben zu müssen, wurden seit der ersten Einwanderungswelle Anfang der Sechzigerjahre zunehmend eigene Lebensmittelgeschäfte, Friseursalons, Arztpraxen, Teestuben und Restaurants eröffnet und der Kontakt auf die eigenen Landsleute beschränkt. Ganze Stadtteile entstanden auf diese Weise in Deutschland, in denen ausschließlich Muslime leben, die ihr Viertel kaum verlassen. Kein Wunder also, dass manche Frauen, die seit zehn oder mehr Jahren hier leben, außer »Guten Tag« und »Auf Wiedersehen« kein Wort Deutsch beherrschen – im Gegensatz zu ihren Männern, die durch ihre Berufstätigkeit zwangsläufig mit Deutschen in Berührung kamen und somit die Sprache zumindest ansatzweise lernten.

Warum bleiben diese Menschen dann nicht in ihrem Ursprungsland wohnen, wenn in Deutschland alles so furchtbar verkommen und ehrlos ist?, wird sich manch einer fragen. Dies hat in der Regel schlicht wirtschaftliche Gründe. Gehalt und soziale Absicherung sind bei uns nun einmal deutlich besser als in der Türkei oder in den arabischen Ländern. Viele Migranten kommen mit der Absicht hierher, bis zur Rente in Deutschland zu arbeiten und in dieser Zeit monatlich einen festen Betrag zu sparen. Von dem Geld wird dann in der Heimat ein Haus gekauft oder gebaut und somit die Grundlage für eine spätere Rückkehr geschaffen. Der Wunsch nach einem Alterssitz im eigenen Land ist verständlich, tut aber sein Übriges dazu, eine erfolgreiche Integration im Gastland zu verhindern.

Wenn in den Medien von Gewaltopfern innerhalb muslimischer Familien die Rede ist, handelt es sich fast immer um Frauen aus demselben Kulturkreis. Doch proportional zur steigenden Anzahl muslimischer Migranten in Deutschland – Thilo Sarrazin hat in seinem Buch hochgerechnet, dass es sich 2010 bereits um sechs bis sieben Millionen Menschen gehandelt haben könnte[3] –, wächst auch die Anzahl der bikulturellen Partnerschaften zwischen Muslimen und Christen, die hier geschlossen werden. Meist sind es junge deutsche Frauen, die sich in türkisch- oder arabischstämmige Männer verlieben und mit diesen eine feste Partnerschaft bzw. Ehe eingehen. (Natürlich gibt es auch den umgekehrten Fall – deutscher Mann heiratet muslimische Frau –, aber diese Kombination kommt deutlich seltener vor, nicht zuletzt weil Muslimas nur wenig Möglichkeiten haben, deutsche Männer kennenzulernen.) Von den deutschen Frauen, die über ihre Partnerschaft Teil einer traditionellen orientalischen Familie werden, weiß die breite Öffentlichkeit relativ wenig. Manchmal begegnen wir einer Kopftuchträgerin im bodenlangen, sackartigen Kleid, die fließend den örtlichen Dialekt spricht, und wundern uns kurz, bis wir erkennen, dass ja auch ihre Gesichtszüge ganz und gar nicht fremdländisch wirken, weil es sich nämlich um eine Deutsche handelt. Vielleicht fragen wir uns kurz, was die Frau wohl dazu getrieben hat, ihre eigene Identität aufzugeben und sich ganz dem Umfeld ihres Mannes anzupassen, aber dann gehen wir auch schon weiter und vergessen die Begegnung schnell wieder. Ob die Frau womöglich dazu gezwungen wurde, ihren Körper zu verhüllen, ob sie vielleicht tagtäglich Prügel einstecken muss, weil sie versucht aufzubegehren, ob sie sich am Ende brennend nach ihrem alten Leben sehnt und nur keinen Weg mehr zurück findet – so weit denkt fast niemand.

Ich weiß, wovon ich rede: Fast vier Jahre war ich mit meinem Freund Mahmud zusammen und somit Teil einer traditionell lebenden türkischen Großfamilie in einer mitteldeutschen Kleinstadt. Ich bekam dadurch tiefe Einblicke in eine Welt, die den meisten Deutschen verschlossen bleibt. Ich lernte und spürte am eigenen Leib, was Unterdrückung und Gewalt gegen Frauen bedeutet, wie ein tradiertes Rollenmuster und uralte Machtpositionen notfalls auch mit Drohungen und Fausthieben durchgesetzt werden. Ich sah und erlebte Dinge, die ich in unserem modernen, fortschrittlichen Deutschland niemals für möglich gehalten hätte. Sehr oft kam ich in dieser Zeit an meine seelischen und körperlichen Grenzen.

Ich habe lange überlegt, ob ich meine Geschichte, die Schilderung meiner Erlebnisse aus jenen Jahren, öffentlich machen soll. Die stetig wachsende Anzahl bikultureller Paare in Deutschland – in manchen Städten mit hohem Ausländeranteil wird bereits jede dritte Ehe zwischen unterschiedlichen Nationen geschlossen[4] – und die damit zwangsläufig immer öfter auftretenden Probleme, die aus einer solchen Beziehung resultieren können, haben sicherlich mit zu meiner Entscheidung für die Niederschrift meiner Geschichte beigetragen, zumal ich in all den Jahren nur sehr selten eine gut funktionierende Partnerschaft zwischen einer deutschen Frau und einem muslimischen Mann erleben durfte. Meist war es so, dass nach außen hin alles in Ordnung schien, doch kaum hatte ich die Möglichkeit, auch einmal hinter die Fassade zu blicken, musste ich feststellen, dass die unterschiedliche

Auffassung vom gemeinsamen Leben fast immer zu großen Differenzen und leider auch oft zu Misshandlungen führte. Und so gut wie nie wagten die betroffenen Frauen über das erlittene Unrecht zu sprechen, sei es innerhalb der Familie, sei es der Polizei oder Ärzten gegenüber – zu sehr schämten sie sich für ihre Situation, zu groß waren ihre Schuldgefühle. Einmal ganz zu schweigen von der Angst vor dem (einst) geliebten Mann.

Ich möchte mit meinem Buch dazu beitragen, all diesen seelisch und/oder körperlich misshandelten Frauen Mut zu machen, aus ihrem Schattendasein herauszutreten, ihr Schicksal wieder in die eigenen Hände zu nehmen und zu erkennen, dass es auch ein Leben nach einer solchen Beziehung geben kann. Auch ich wurde jahrelang mit den schlimmsten Drohungen und unter Anwendung massiver Gewalt dazu gebracht, in meinem Gefängnis auszuharren, und habe dabei völlig den Blick für eine positive Zukunft verloren. Darüber hinaus musste ich feststellen, dass die Polizei absolut machtlos war und mir nicht helfen konnte. Letztlich habe ich mich dann aus eigener Kraft aus meiner Hölle befreit – doch diese Kraft musste ich erst einmal wieder aufbringen lernen, so gebrochen war meine Persönlichkeit.

Mein Buch richtet sich aber nicht nur an die Opfer, sondern es möchte alle Bürger dieses Landes – Frauen wie Männer, Christen wie Muslime – dazu aufrufen, künftig etwas genauer auf das zu achten, was in ihrer unmittelbaren Umgebung vor sich geht. Dass ich noch am Leben bin, habe ich gewissermaßen einer Frau zu verdanken, die eben nicht weggeschaut hat und mir auf diese Weise rechtzeitig Hilfe zukommen lassen konnte. Solche Menschen waren in meiner Zeit mit Mahmud eher die Ausnahme. Ich bin sicher, dass viele Nachbarn meine Schreie gehört haben, wenn er wieder einmal unbarmherzig auf mich einprügelte, und auch die sichtbaren äußeren Anzeichen von Gewalt dürften ihnen nicht entgangen sein. Doch Hilfe angeboten hat mir niemand. Im Gegenteil: Im Nachhinein erfuhr ich, dass sich einige deutsche Mitmieter aus unserem Haus lustig gemacht haben über mein Kopftuch und die langärmeligen Blusen und bodenlangen Röcke, die ich selbst im Hochsommer trug. Als wäre dies aus freien Stücken geschehen!

Nach meiner geglückten Flucht habe ich oft zu hören bekommen, ich sei an meiner Situation selbst schuld gewesen, da man ja schließlich wisse, worauf man sich einlässt, wenn man sich einen muslimischen Partner sucht. Dieser Satz hat mich stets geärgert, denn er entbehrt wirklich jeder Grundlage. Um noch einmal Necla Kelek zu zitieren: »Genauso wenig, wie es ›den‹ Islam gibt, kann es ›den‹ Muslim geben.«[5] Mit anderen Worten: Wahrlich nicht jeder muslimische Mann unterdrückt seine Frau! Nach meiner Beobachtung tun dies vor allem diejenigen nicht, die tatsächlich religiös sind und entsprechend den Vorgaben des Korans leben. Im Übrigen leiden auch viele türkisch- und arabischstämmige Männer in Deutschland unter dem harten Regiment ihrer rückwärtsgewandten Familien. Sie werden schließlich genauso zwangsverheiratet wie ihre (Import-)Bräute oder müssen ertragen, dass die deutschen Mädchen, in die sie sich verliebt haben, partout nicht von ihren Eltern und Verwandten akzeptiert werden. Im Zweifelsfall bleibt auch den Männern nur der völlige Bruch mit der Familie, wenn sie sich nicht regelkonform verhalten wollen oder können.

Oft werde ich noch heute darauf angesprochen, ob ich aufgrund meiner traumatischen Erlebnisse mit einem Türken nun generell ausländerfeindlich eingestellt sei. Dies kann ich ganz klar verneinen! Ich habe nach meiner »türkischen« Zeit viele

Vorwort

Jahre als Au-pair-Gastmutter mit Mädchen aus verschiedenen Ländern unter einem Dach gelebt und pflege zu einigen von ihnen noch heute intensiven Kontakt. Auch besteht mein Freundeskreis aus den verschiedensten Nationen, eine erfrischende und bereichernde Vielfalt, auf die ich nicht verzichten wollen würde. Das Einzige, was mich vielleicht von den Menschen unterscheidet, die nicht meinen Erfahrungsschatz haben, ist die Tatsache, dass ich allem Multikulti-Zauber mit Argwohn begegne und insgesamt eine größere Wachsamkeit an den Tag lege, wenn ich mich in einem muslimisch geprägten Umfeld bewege. Dadurch, dass ich für die dort möglicherweise auftretenden Probleme nun einmal sensibilisiert bin, fallen mir Dinge und Lebensumstände auf, die anderen eher verborgen bleiben. Ich weiß nicht, ob meine Freundin Andrea von sich aus ihre Vermieterin angerufen hätte, als sie die Schreie von Fuad Hemidis Ehefrau hörte. Vielleicht hätte sie nicht einmal bemerkt, dass in der Wohnung schräg unter ihr drei Monate lang jemand komplett eingesperrt lebte, wäre sie nicht durch den ständigen Austausch mit mir hellhörig geworden.

Wenn ich mit der Schilderung meiner Geschichte erreichen kann, dass auch Sie in Zukunft genauer hinschauen und registrieren, wenn in Ihrer – muslimischen oder nicht-muslimischen – Nachbarschaft jemand dringend Ihre Hilfe benötigt, weil ein anderer ihn seiner Freiheit und persönlichen Grundrechte beraubt, dann wäre ein wichtiger Zweck dieses Buches erfüllt.

Katja Schneidt im Januar 2011

1. Kapitel

Liebe auf den zweiten Blick

Derselbe aufmerksame Blick, der mich schon an den letzten Abenden begleitet hatte, verfolgte auch an diesem Tag wieder jeden meiner Handgriffe. Jede Bewegung, jedes herzhafte Lachen mit einem Gast und jedes Gespräch, das ich führte, schien das Interesse des jungen Türken auf sich zu ziehen. Seit einer Woche kam er Abend für Abend in die kleine Gaststätte, in der ich mir neben meiner Ausbildung ein bisschen Geld verdiente. Meist bestellte er sich eine Cola und nahm am äußersten Ende der Theke Platz. Obwohl hier sehr viele Türken verkehrten, schien er kaum jemanden zu kennen. Nur selten unterhielt er sich mit einem anderen Gast. Seine Augen blickten beinah ein wenig böse, und ich wurde das Gefühl nicht los, dass ihm irgendetwas fürchterlich missfiel. Fast löste seine Anwesenheit Unbehagen in mir aus.

Ich war bereits mit siebzehn Jahren von zu Hause ausgezogen, um etwa hundert Kilometer von meinem Heimatort entfernt eine Ausbildung zur Berufskraftfahrerin zu beginnen, und so konnte ich das Geld, das ich bei meinem Thekenjob verdiente, gut gebrauchen. Meine Mutter war nicht in der Lage, mich finanziell zu unterstützen, da mein Vater früh verstorben war und sie genug damit zu tun hatte, für sich selbst zu sorgen. Die Ausbildung war mir sehr wichtig und erfüllte mich auch mit Stolz, denn ich war eine der ersten Frauen, die es geschafft hatten, eine Lehrstelle in diesem Beruf zu bekommen. Viele Tests und Untersuchungen waren nötig gewesen, um die dafür erforderliche Ausnahmegenehmigung zu erlangen, da man als Berufskraftfahrer den Pkw- und Lkw-Führerschein früher erhält als im Normalfall. Um mir diesen Traum verwirklichen zu können, nahm ich den Nebenjob gern in Kauf.

Ich servierte einem Gast gerade sein zweites Bier, als ich wieder spürte, wie mich die Blicke des Fremden verfolgten. Unwillkürlich drehte ich mich zu ihm um und sah, wie sich seine Mundwinkel zu einem Lächeln verzogen. Ich musste einfach zurücklächeln. Dann widmete ich mich wieder meinen Gästen.

Gegen dreiundzwanzig Uhr erschien mein Chef, um mich abzulösen. Giorgio wusste, dass ich am nächsten Morgen wieder fit und ausgeschlafen bei meiner Ausbildungsstelle sein musste und deshalb fast nie bis zur Schließung des *Brückenwirts* bleiben konnte.

Während ich die Abrechnung machte, bezahlte mein geheimnisvoller Beobachter und verließ grußlos das Lokal. Ich nahm mir vor, ihn an einem der nächsten Abende auf jeden Fall einmal anzusprechen. Irgendwie hatte er doch meine Neugier erregt.

So weit sollte es allerdings nicht kommen, denn als ich kurze Zeit später ebenfalls nach draußen ging, sah ich ihn lässig an der Hauswand lehnen. Ehe ich mir Gedanken darüber machen konnte, ob er wohl auf mich warten würde, sprach er mich auch schon an.

»Hallo, ich bin Mahmud! Ich wollte dir eigentlich nur sagen, dass ich der Meinung bin, diese Scheißkneipe hier ist nicht der richtige Ort für eine Frau wie dich.«

Der ging aber ran! Unwillkürlich musste ich grinsen. Etwas provokanter, als ich eigentlich beabsichtigt hatte ...

1. Kapitel – Liebe auf den zweiten Blick

»So? Dann kannst du mir ja bestimmt auch sagen, wo denn der richtige Ort für Frauen wie mich ist!«, entgegnete ich ironisch.

»Ja, klar, zu Hause! Wo denn sonst um diese Uhrzeit?«, sagte er, als handelte es sich um die größte Selbstverständlichkeit.

Nun konnte ich ein herzhaftes Lachen nicht mehr zurückhalten. Irritiert schaute er mich an.

»Komm, um die Ecke steht mein Auto! Ich fahre dich nach Hause«, bot Mahmud mir großzügig an.

»Wie käme ich denn dazu? Ich kenne dich doch gar nicht! Sehe ich etwa so aus, als würde ich mit jedem Dahergelaufenen einfach mitfahren?«

Was bildete sich dieser Typ ein? Ich war ehrlich entrüstet über seine Unverfrorenheit.

»Wir haben uns nun schon seit über einer Woche jeden Tag gesehen. Also kennen wir uns doch! Ich fahre dich jetzt nach Hause. Ich kann nicht verantworten, dass eine hübsche junge Frau wie du um die Uhrzeit noch allein unterwegs ist.«

Mahmud sprach so bestimmt und überzeugend, dass mir sofort klar wurde, dass er es nicht gewohnt war, Widerspruch gegen seine Vorschläge oder Anweisungen zu ernten.

»Wenn du Angst vor mir hast, kannst du gern noch mal zurück zu deinem Chef gehen und ihn nach mir fragen. Er kennt mich und kann dir bestätigen, dass ich ein anständiger Typ bin«, fügte er noch hinzu.

Sein Angebot war in der Tat verlockend. Ich war schließlich seit über siebzehn Stunden auf den Beinen und hatte noch einen etwa zwanzigminütigen Fußmarsch bis zu meiner kleinen Wohnung am Stadtrand vor mir. Konnte ich ihm wirklich vertrauen?

Bevor ich noch weiter hin und her überlegen konnte, nahm Mahmud mich einfach an der Hand und zog mich langsam, aber bestimmt zu seinem Auto. Schweigend lief ich neben ihm her und versuchte ihn unauffällig von der Seite zu mustern. Was ich sah, gefiel mir: Er hatte glänzende schwarze Haare, große dunkle Augen und eine sehr markante Nase.

Er spürte wohl, dass ich ihn betrachtete, denn unvermittelt blieb er stehen.

»Was guckst du mich so an?«

Ich fühlte, wie sich eine leichte Röte in mein Gesicht schlich.

»Wenn ich mich schon von einem fast fremden Mann nach Hause fahren lasse, will ich doch wenigstens genau wissen, wie er aussieht«, gab ich unsicher zurück.

Er seufzte hörbar und zog mich schweigend weiter. Kurz darauf erreichten wir den Parkplatz, auf dem er sein Auto abgestellt hatte. Er öffnete mir die Wagentür und ich nahm auf dem Beifahrersitz Platz. Nachdem er den Motor gestartet hatte, ertönte leise orientalische Musik aus den Lautsprechern.

Ich nannte ihm meine Adresse und schloss die Augen, um einen Moment zu entspannen.

»Erzähl mir was von dir!«, forderte Mahmud mich auf.

»Ach, von mir gibt's nicht viel zu erzählen. Ich bin gerade achtzehn geworden, bin in der Nähe von München geboren, mein Vater starb, als ich zwölf war, meine Mutter lebt mit meinem älteren Bruder Ralf in meiner Heimatstadt, und ich mache nun hier eine Ausbildung zur Berufskraftfahrerin«, ratterte ich das Wichtigste in Kurzform herunter.

»Hast du einen Freund?«

Mahmud trommelte mit den Fingern den Rhythmus der Musik aufs Lenkrad, während er gespannt auf meine Antwort wartete.

1. Kapitel – Liebe auf den zweiten Blick

»Nein, nicht mehr«, erwiderte ich wahrheitsgemäß.

Für den Bruchteil einer Sekunde hatte ich in Erwägung gezogen, ihn anzulügen. Wenn er davon ausgehen musste, dass ich in festen Händen war, hätte er mich bestimmt zum ersten und letzten Mal nach Hause gefahren. Dass Mahmud mehr von mir wollte, als mich in der Gaststätte beim Kellnern zu beobachten und Small Talk mit mir zu halten, hatte ich schon gespürt. Aber irgendwie gefiel er mir. Es war wohl seine Andersartigkeit, die mich so anzog, und in mir erwachte der Wunsch, ihn näher kennenzulernen. Darum freute ich mich, als er mir anbot, mich auch am nächsten Tag wieder nach der Arbeit heimzufahren.

Beschwingt schloss ich die Haustür auf und warf meine Tasche auf einen Sessel. Ich war sehr stolz auf meine gemütliche kleine Wohnung. Sie hatte zwar nur zwei winzige Zimmer und die meisten Möbel hatte ich gebraucht gekauft, aber sie konnte sich sehen lassen. Eigentlich war ich zusammen mit meinem Freund hier eingezogen, doch schon kurze Zeit später war die Beziehung in die Brüche gegangen und ich allein in dem Apartment zurückgeblieben. Das Geld, das ich im *Brückenwirt* verdiente, reichte gerade für die Miete. Mein auch nicht gerade üppiges Ausbildungsgehalt deckte die sonstigen Unkosten ab. Große Sprünge konnte ich zwar keine machen, aber ich kam über die Runden. Ich hätte es sehr bedauert, aus der Wohnung wieder ausziehen zu müssen, da ich wunderbare Nachbarn hatte, mit denen ich mich gut verstand.

Ich ging ins Badezimmer, um Wasser für eine heiße Wanne einlaufen zu lassen. Normalerweise verzichtete ich zu so später Stunde auf dieses Vergnügen, denn das Apartmenthaus war ziemlich hellhörig. Wenn meine Nachbarin Maria niesen musste, konnte ich ihr durch die Wand Gesundheit wünschen und musste nicht einmal meine Stimme erheben, damit sie es auch hörte. Aber an diesem Abend konnte ich Maria die kleine Ruhestörung nicht ersparen: Ich hatte das dringende Bedürfnis, in dem duftenden warmen Wasser wieder Ruhe in meine aufgewühlten Gedanken zu bringen. Die kurze Begegnung mit Mahmud hatte mich wirklich sehr berührt.

Warum hatte ich mich neben ihm im Auto so geborgen gefühlt? Ich kannte ihn doch kaum! Geborgenheit – dieses Gefühl war für mich immer ein Fremdwort geblieben. Nachdem mein Vater gestorben war, hatte meine Mutter zu trinken angefangen. Meine Kindheit war mit einem Schlag zu Ende gewesen, weil ich mich ab dem Moment um sie hatte kümmern müssen statt umgekehrt. Auch sonst hatte es niemanden in meiner näheren Umgebung gegeben, keine Verwandten, Freunde meiner Eltern oder gar Lehrer, die sich für meine Belange interessiert, ein offenes Ohr für meine Sorgen und Nöte gehabt oder mich unterstützt hätten, wenn ich Hilfe brauchte. Mein Bruder Ralf, der das ganze Familiendrama natürlich aus nächster Nähe mitbekommen hatte, fiel aus – er hatte genug mit sich selbst zu tun. Er war zwar vier Jahre älter als ich, also beim Tod unseres Vaters bereits sechzehn, aber aus heutiger Sicht weiß ich, dass ein Junge, der mitten in der Pubertät steckt, einfach schlichtweg damit überfordert ist, sich um seine kranke Mutter und kleine Schwester zu kümmern. Und tatsächlich funktionierte ich ja auch immer bestens! Ich schien alles im Griff zu haben und die Umsicht und Verantwortung in Person zu sein. Was mich das jedoch an Kraft gekostet hatte, sollte mir erst viel später bewusst werden. Umso froher war ich jedenfalls jetzt, auf eigenen Füßen zu stehen und abends in meiner eigenen Badewanne entspannen zu können. Ja, ich war eigentlich sehr glücklich mit meiner Situation, aber hin und wieder bemerkte ich doch, dass mir eine Schulter zum Anlehnen fehlte. Wie gern hätte

1. Kapitel – Liebe auf den zweiten Blick

ich auch mal die Verantwortung für den Alltag geteilt und mich von einer Welle der Geborgenheit und Fürsorge tragen lassen ...

Am nächsten Morgen fiel mir das Aufstehen viel leichter als sonst. Ich freute mich schon unbändig darauf, Mahmud am Abend wiederzusehen, und mehr als sonst achtete ich auf mein Make-up und meine Kleiderwahl. Katja, du hast dich verliebt!, schoss es mir durch den Kopf. Na und?

Als Mahmud am Abend den *Brückenwirt* betrat, schauten seine Augen nicht ein bisschen böse. Und als sich unsere Blicke trafen, wurde mir für einen Moment schwindelig.

Er bestellte wieder eine Cola und nahm an der Theke Platz. Aufmerksam verfolgten seine Augen jeden meiner Handgriffe. Ich war besser gelaunt denn je, und das bekamen auch meine Gäste zu spüren. Ich scherzte mit dem einen oder anderen und pfiff beim Fertigmachen der Getränke vor mich hin. Ich konnte es kaum erwarten, dass endlich Giorgio kam, um mich abzulösen. Dass das Lächeln aus Mahmuds Gesicht längst wieder einer finsteren Miene gewichen war, bemerkte ich in meinem Anfall guter Laune nicht.

An diesem Abend verließen wir das Lokal zum ersten Mal gemeinsam – was sicher zu heftigen Spekulationen unter den Gästen führte. Kaum waren wir draußen vor der Tür, prasselten auch schon die heftigsten Vorwürfe auf mich nieder.

»Findest du das toll, mich so zu provozieren? Du machst die Gäste an und flirtest, was das Zeug hält! Willst du mich damit ärgern oder dich interessant machen?«, schleuderte Mahmud mir entgegen.

Ich war so überrascht, dass mir die Luft wegblieb. Den ganzen Tag hatte ich mich auf unser Wiedersehen gefreut – und nun das!

»Aber, Mahmud, warum sollte ich dich denn provozieren oder verärgern wollen?«, versuchte ich ihn zu beschwichtigen.

»Warum benimmst du dich dann ausgerechnet heute so, wo du mit mir verabredet bist? Du hast dich die ganze Woche nicht so verhalten. So benehmen sich nur Flittchen!«, ließ er mich wissen.

Ich war kurz davor, ihn einfach stehen zu lassen. Aber so leicht wollte ich dann doch nicht aufgeben. Ich versuchte ihm zu erklären, dass ich mich auf das Treffen mit ihm gefreut hätte und deshalb so gut gelaunt gewesen sei. Erst eine gute Viertelstunde später waren wir so weit, dass wir gemeinsam in seinem Auto saßen.

Als wir diesmal vor meiner Wohnungstür ankamen, bat ich Mahmud noch auf ein Getränk in meine Wohnung. Trotz der Auseinandersetzung, die wir gehabt hatten, fühlte ich mich in seiner Gegenwart wieder total wohl. Ich wollte einfach mehr über ihn erfahren.

»Nimmst du jeden Mann, den du kennenlernst, gleich mit in deine Wohnung?«, nörgelte Mahmud sofort wieder los.

»Nein, natürlich nicht! Aber für mich bist du eben nicht jeder«, konterte ich.

Dies schien ihm zu schmeicheln. Jedenfalls entspannten sich seine Gesichtszüge, und er gab mir einen liebevollen Stups auf die Nase. Ich genoss die zärtliche Geste und nahm seine Hand. Wie ein Liebespaar stiegen wir in die zweite Etage hinauf.

Kaum hatte Mahmud meine Wohnung betreten, unterzog er auch schon jeden einzelnen Einrichtungsgegenstand einem prüfenden Blick. Also ging ich in die Küche, kochte uns einen Tee und kehrte schließlich mit den beiden Tassen zurück ins Wohnzimmer.

1. Kapitel – Liebe auf den zweiten Blick

Mahmud hatte es sich inzwischen auf dem Sofa bequem gemacht und deutete auf den freien Platz neben sich. Lieber wäre ich auf den Sessel ausgewichen, denn plötzlich bekam ich Angst vor meiner eigenen Courage. Schließlich kannten wir uns ja kaum, und es war wirklich das erste Mal, dass ich einen Mann so schnell mit zu mir nach Hause genommen hatte. Da ich aber nicht schon wieder einen Streit entzünden wollte, setzte ich mich folgsam neben ihn.

»Jetzt erzähl du mir mal was von dir!«, forderte ich ihn auf.

Mahmud lächelte.

»Was möchtest du denn wissen?«

»Alles!«, gab ich zurück.

Er zog mich nah an sich heran und legte vorsichtig den Arm um mich. Dann begann er zu erzählen.

Ich erfuhr, dass er im Alter von vier Jahren mit seinen Eltern und seinen sieben Geschwistern aus einem kleinen Dorf in Südostanatolien nach Deutschland gekommen war, dass er hier nun seit zweiundzwanzig Jahren lebte und seine Eltern ein Obst- und Gemüsegeschäft in der Stadt besaßen. Wenn er Zeit hatte, half er dort aus. Ansonsten verdiente er sein Geld als Vorarbeiter in einer großen Werkzeugfabrik. Außer seinen Eltern und Geschwistern lebten noch unzählige Onkels, Tanten, Vettern und Cousinen von ihm in der Nähe, sodass seine Familie zu den größten türkischen Clans der Stadt zählte. Einmal im Jahr fuhr er für drei Wochen in die Türkei, um seine Großeltern und den Rest der Familie zu besuchen.

Als er von seiner Heimat erzählte, leuchteten seine Augen auf und ich konnte erahnen, wie gern er dort war. Die Zeit verging wie im Flug und ich spürte, wie sich allmählich die Müdigkeit in meinem Körper breitmachte. Sacht streichelte Mahmud meinen Rücken. Ich fühlte mich einfach nur wohl.

Irgendwann verstummte er, hob vorsichtig mein Gesicht und schaute mir tief in die Augen. Mein Herz schlug mit einem Mal viel schneller und ich merkte, wie mir die Hitze in die Wangen stieg. Noch bevor ich einen klaren Gedanken fassen konnte, begann Mahmud auch schon, mich zärtlich und doch fordernd zu küssen. Ich warf meine letzten Bedenken über Bord und erwiderte vertrauensvoll seine Liebkosungen.

An diesem Abend verstieß ich wirklich gegen alle meine Prinzipien, indem ich ihn gleich nach dem ersten Kuss auch direkt bei mir übernachten ließ.

2. Kapitel

Auf Wolke sieben

Der Mai verging wie im Flug. Es war wirklich ein Wonnemonat! Die Sonne lachte vom Himmel herunter, und Mahmud und ich sahen uns jeden Tag. Meist holte er mich von meiner Arbeit im *Brückenwirt* ab und kam danach mit zu mir. An meinen freien Abenden gingen wir zusammen ins Kino oder schlenderten Arm in Arm durch die Stadt und guckten uns die Schaufenster an. An den Wochenenden unternahmen wir kleinere Ausflüge ins Umland. Oft blieben wir auch einfach zu Hause und ließen es uns dort gut gehen. Jeden Morgen nach dem Wachwerden sah Mahmud mir lange in die Augen und flüsterte mir »*Seni seviyorum*« ins Ohr – »Ich liebe dich«. Auch sonst schaute er mich oft mit einem Blick an, der so voller Wärme und Liebe war, dass mein Herz kleine Sprünge machte vor Glück. Von Anfang an nahm er die Beziehung zu mir sehr ernst. Ich war Teil seines Lebens, und er fühlte sich für mich voll verantwortlich.

Kaum ein Tag verging, an dem er nicht eine Videokassette mit einem türkischen Liebesfilm mit nach Hause brachte. Stundenlang machten wir es uns dann vor dem Fernseher gemütlich, und obwohl ich zu dem Zeitpunkt natürlich noch kein Wort Türkisch verstand, genoss ich diese Zweisamkeit sehr. Fest eingekuschelt in Mahmuds Arm verfolgte ich die Handlung, die in fast allen Filmen identisch war: Ein Mann und eine Frau sind ineinander verliebt, doch die Umstände verbieten ihnen, ihre Liebe auch zu leben, sodass der Zuschauer bis zum Schluss zittert, ob sie sich nun kriegen oder nicht. Meist singt der männliche Filmpart dann noch herzzerreißende Liebeslieder ... Obwohl diese Filme allesamt sehr kitschig waren, hatte ich mir schnell einen Lieblingsschauspieler auserkoren: İbrahim Tatlıses. Ein Lied dieses in der Türkei gefeierten Sängers und Schauspielers hatte es Mahmud und mir besonders angetan: »Mavi Mavi« lautete der Titel, und der Text drehte sich um die blauen Augen einer Frau. Da ich selbst blaue Augen habe, schien uns dieses Liebeslied wie für uns gemacht. Es dauerte nicht lange, und ich konnte den kompletten Text auswendig, ohne auch nur ein Wort Türkisch zu sprechen.

Überhaupt versuchte Mahmud mir in vielen Gesprächen und Erzählungen sein Heimatland und seine Kultur näherzubringen. Er schilderte mir die allgemeinen Sitten und Gebräuche, und so manches Mal musste ich den Kopf darüber schütteln. Allein die Vorstellung, dass beispielsweise Eltern ihre Söhne und Töchter oft schon im Kleinkindalter miteinander verlobten oder zumindest eine Verlobung verabredeten, entbehrte für mich jeder Logik. Woher sollte denn ein kleines Kind schon wissen, was eine Verlobung überhaupt bedeutete? Und wie sollte es vor allem vorhersehen können, ob es für den ausgesuchten Partner jemals Gefühle entwickeln würde?

»Gefühle, Katja, spielen in der türkischen Tradition keine Rolle«, erklärte mir Mahmud geduldig. »In erster Linie geht es darum, der Braut einen Ehemann zu sichern, der aus einer guten Familie stammt und später für sie sorgen kann. Und für die Eltern des Bräutigams sind wiederum die Sittsamkeit und die zukünftigen hausfraulichen Qualitäten des Mädchens maßgeblich. Oft wird auch eine Verlobung zwischen

2. Kapitel – Auf Wolke sieben

Cousin und Cousine arrangiert, damit das Brautgeld in der Familie bleibt.«

Gefühle spielen keine Rolle? Ich starrte ihn ungläubig an. Und das erzählte mir der Mann, der am Morgen noch so zärtlich »Ich liebe dich« zu mir gesagt hatte? Und der mir beinah täglich versicherte, sein Ein und Alles zu sein?

»Also, ich könnte nie mit einem Mann zusammenleben, für den ich nichts empfinde«, erwiderte ich nur.

»Gefühle und Liebe bringen meistens doch nichts als Ärger, Katja!«

Mahmud sagte diesen Satz voller Überzeugung, und ich sollte schon bald feststellen, wie recht er mit seiner Aussage hatte. Doch zunächst verließ ich mich einfach darauf, wie wichtig ich ihm war, was wiederum meiner Liebe zu ihm eine Tiefe verlieh, wie ich es noch nie zuvor erlebt hatte. Diese Intensität ließ mich aber auch blind werden für die Probleme, die ich eigentlich von Anfang an mit seiner dominanten Art hatte. Vor vielen Dingen verschloss ich einfach die Augen und hoffte darauf, dass mit der Zeit gewiss Besserung eintreten würde. Wenn Mahmud irgendwann mehr Vertrauen in meine Liebe zu ihm gewonnen haben würde, entspannte sich dadurch bestimmt vieles, dachte ich.

Tatsächlich gingen unsere Meinungen oft weit auseinander, und wenn ich ihm dann meinen Standpunkt zu einem Thema erklären wollte, versuchte er jedes Mal, meine sämtlichen Argumente ins Lächerliche zu ziehen. Das machte mich rasend, weil ich mich von ihm nicht ernst genommen fühlte. Ein weiterer wunder Punkt in unserer Beziehung war seine fast schon unheimliche Eifersucht. Wenn wir zusammen unterwegs waren und mich ein anderer Mann auch nur anschaute, bemerkte ich sofort, wie sich Mahmuds Augen verdunkelten und seine Schläfen zu pochen begannen. Ganz schlimm wurde es, wenn ich in seinem Beisein einen Freund oder Bekannten traf. Einmal bekam Mahmud mit, wie ich einem ehemaligen Arbeitskollegen, den ich länger nicht gesehen hatte, zur Begrüßung einen Kuss auf die Wange gab. Im Nu waren wir in einen handfesten Streit verwickelt, und er brüllte mich auf offener Straße dermaßen an, dass sogar einige Passanten stehen blieben. Seitdem verzichtete ich in seiner Gegenwart auf solche Gesten, dachte aber trotzdem oft darüber nach, ob es wirkliche Eifersucht oder vielleicht doch eher reines Besitzdenken war, das Mahmud in solchen Situationen so schnell aufbrausen ließ. Hin und wieder fühlte ich mich plötzlich total eingeengt und spürte auch, wie mich ein leises Gefühl der Beklemmung beschlich.

Meinen Freunden blieb das natürlich nicht verborgen, und so dauerte es nicht lange, bis eines Tages meine beste Freundin Nina vor meiner Tür stand.

»Ist dein komischer Freund da oder bist du allein?«, lautete ihre allererste Bemerkung.

»Also, erstens ist Mahmud nicht komisch. Und zweitens: Er ist nicht da«, antwortete ich leicht verärgert.

»Sorry, Katja, dass ich gleich mit der Tür ins Haus falle, aber wir machen uns echt Sorgen um dich! Ben hat dich mit deinem neuen Freund in der Stadt getroffen und mir von eurer Begegnung erzählt. Ihr müsst euch wohl heftig gestritten haben, obgleich es – wenn Ben das richtig mitbekommen hat – nur um euren Begrüßungskuss auf die Wange ging.«

Typisch Nina! Sie kam immer sofort zur Sache.

»Lieb von dir, Nina, aber ihr müsst euch keine Sorgen um mich machen! In der türkischen Kultur ist es einfach nicht üblich, dass sich ein Mann und eine Frau, die kein Paar sind, küssen. Deshalb war Mahmud kurz ziemlich sauer, aber er hat sich schnell wieder abgeregt.«

2. Kapitel – Auf Wolke sieben

Ich hoffte, dass sich Nina mit dieser Erklärung zufriedengab. Aber Fehlanzeige!

»Das mag ja sein, aber in der deutschen Kultur ist es eben üblich, sich auf diese Art zu begrüßen. Und wenn ich mich recht erinnere, hast du mir am Telefon erzählt, dass dein Mahmud schon seit über zwanzig Jahren in Deutschland lebt. Da müsste man doch annehmen können, dass er mit unserer Kultur vertraut ist, oder etwa nicht?«

»Nina, mach dir mal keinen Kopf! Mahmud und ich kriegen das schon hin. Wir sind ja gerade mal ein paar Wochen zusammen, da muss sich jeder erst noch auf den anderen einstellen. Weißt du, ich fühle mich zum ersten Mal in meinem Leben so richtig wohl und geborgen! Freu dich doch lieber für mich, statt das alles so schwarzzusehen!«

Nina merkte wohl, dass sie bei mir mit ihren Bedenken auf Granit stieß, und wechselte das Thema. Ich machte uns einen Kaffee und sie erzählte mir den neuesten Klatsch aus unserem Freundeskreis. Seit Mahmud und ich zusammen waren, hatte ich mich mit meinen Freunden nicht mehr getroffen, da ich jede freie Minute mit ihm hatte verbringen wollen. Schließlich hatten wir durch meinen Thekenjob sowieso nicht so viel Zeit füreinander.

»Denkst du eigentlich noch daran, dass Kathrin übernächste Woche heiratet und wir zum Junggesellinnenabschied eingeladen sind?«, erinnerte mich Nina. »Die anderen Mädels kommen auch alle, und Kim und Judith haben sich ein tolles Programm für den Abend ausgedacht.«

»Na klar bin ich dabei! Ich freue mich schon total darauf.«

In Wahrheit hatte ich diesen Termin völlig vergessen und war froh, dass Nina mich erinnert hatte.

Als sie sich verabschiedete, umarmte sie mich fest und sah mir prüfend in die Augen.

»Versprich mir, dass du zu mir kommst, wenn du Hilfe brauchst, Katja!«, forderte sie mich auf.

»Mach dir keine Sorgen, Nina!«, sagte ich noch einmal. »Mahmud und ich lieben uns. Er ist halt ein bisschen anders als deutsche Männer, dafür trägt er mich auf Händen. So einen Mann habe ich immer gesucht, verstehst du? Da muss man schon mal Kompromisse machen.«

Wie groß diese Kompromisse sein würden, konnte ich zum damaligen Zeitpunkt noch nicht einmal ansatzweise ahnen.

3. Kapitel

Böses Erwachen

Mahmud und ich waren nun schon seit sechs Wochen zusammen. Fast genauso lange führten wir Tag für Tag die gleiche Diskussion.

»Katja, ich möchte nicht, dass du als meine Freundin in einer Kneipe arbeitest! Ich sehe doch, wie dich die Typen da anglotzen und dich am liebsten mit in ihr Bett nehmen würden!«

Genervt rollte ich die Augen.

»Mahmud, ich habe dir schon hundertmal gesagt, dass ich auf diesen Job angewiesen bin! Sonst kann ich meine Miete nicht bezahlen. Versteh das doch bitte!«

»Und ich habe dir schon ebenso oft gesagt, dass du die Miete von mir bekommst. Wo also ist dein Problem?«

Das Problem war, dass ich unter keinen Umständen von einem Mann abhängig sein wollte. Aber das konnte ich ihm unmöglich sagen, da er mir mit Sicherheit sofort unterstellt hätte, es wäre mir mit der Beziehung zu ihm nicht ernst. Mahmud war in dieser Hinsicht sehr empfindlich.

Erstaunlicherweise wechselte er plötzlich das Thema, und ich war froh, die Debatte nicht weiterführen zu müssen.

»Ich fahre jetzt noch kurz ins Geschäft meiner Eltern. Für das Abendessen bringe ich uns einen Salat und Fladenbrot mit.«

»Das ist lieb von dir. Denk nur bitte daran, dass ich spätestens um zwanzig Uhr im *Brückenwirt* sein muss!«, erwiderte ich und schlang die Arme um ihn.

Mahmud küsste mich auf die Stirn und verließ ohne ein weiteres Wort zu verlieren die Wohnung.

Als er nach zwei Stunden mit den Einkaufssachen wieder zurückkam, erzählte er mir, während ich den Tisch deckte und das Salatdressing zubereitete, dass es seiner Mutter gesundheitlich nicht gut gehe.

»Sie überlegt, ob sie in die Türkei fahren soll, um sich dort behandeln zu lassen. Weißt du, sie hat kein Vertrauen in die deutschen Ärzte«, erklärte er. »Außerdem spricht sie die Sprache nicht, und es ist ihr unangenehm, immer jemanden mit zum Arzt nehmen zu müssen, der alles für sie auf Türkisch übersetzt.«

»Wie?«, fragte ich erstaunt. »Deine Mutter lebt seit über zwanzig Jahren in Deutschland – warum kann sie dann unsere Sprache nicht?«

»Meine Mutter verlässt ihre Wohnung nur, wenn sie zum Einkaufen geht oder Verwandte besucht«, antwortete Mahmud, als wäre es das Selbstverständlichste von der Welt.

Ich versuchte mir das vorzustellen. Es gelang mir nicht. Es musste doch schrecklich sein, sich immer nur innerhalb der eigenen vier Wände aufzuhalten! Wenn ich wirklich einmal krank war, was zum Glück äußerst selten vorkam, und länger als drei Tage nicht vor die Tür gehen konnte, wurde ich fast verrückt.

»Schatzi, in meiner Familie leben alle Frauen so! Eine Frau ist nicht dafür gemacht, draußen auf der Straße rumzulaufen und sich womöglich in Gefahr zu bringen.«

Mahmud schien tatsächlich überzeugt von dem, was er da gerade gesagt hatte. Tief durchatmend warf ich einen Blick

3. Kapitel – Böses Erwachen

auf die Uhr. Ich musste mich beeilen, sonst kam ich zu spät zu meinem Kneipenjob. Schnell aß ich noch einen Happen, dann schnappte ich mir meine Handtasche und meine Jacke.

Erstaunlicherweise hielt sich Mahmud an dem Abend mit seinen abfälligen Kommentaren zurück, die ich sonst immer ertragen musste, wenn ich die Wohnung verließ, um kellnern zu gehen. Während ich mich anfangs noch sehr gern von ihm zur Arbeit hatte fahren lassen, verzichtete ich mittlerweile auf diese Annehmlichkeit, weil ich mir nicht die ganze Autofahrt über anhören wollte, wie sehr ihn meine Tätigkeit im *Brückenwirt* störe und dass er absolut nicht damit einverstanden sei. Lieber ging ich zu Fuß – auch wenn meine Gedanken dann doch meist um Mahmud und unsere Beziehung kreisten.

Mein Thekenjob war nicht das Einzige, was ihn an mir und meinem Lebenswandel störte. Ich durfte zum Beispiel keine weit ausgeschnittenen T-Shirts und Pullover mehr tragen. Auch mein Make-up inspizierte er genau. Wenn es ihm nicht dezent genug war, schickte er mich ins Badezimmer, und ich musste das, was er als zu dick aufgetragen empfand, wieder abwischen. Obwohl mich seine Bevormundung nervte, machte es mich zugleich auch stolz, dass er offensichtlich so große Angst hatte, mich wieder zu verlieren.

»Katja!«, rief mein Chef, als ich in die Gaststube trat. »Komm mal kurz mit in die Küche, wir müssen reden!«

Ich erschrak. Hatte ich in der letzten Zeit etwas falsch gemacht? Giorgios Blick war mehr als ernst gewesen.

»Du kannst hier nicht mehr arbeiten«, sagte er ohne Umschweife, kaum befanden wir uns in der Küche.

Meine Beine fühlten sich plötzlich an, als wären sie aus Pudding.

»Es liegt nicht an dir«, fuhr Giorgio schnell fort. »Mahmud war heute hier und hat mit mir geredet. Und ich muss sagen, er hat recht: Eine junge Frau wie du gehört einfach nicht an einen Ort wie diesen.«

Ich merkte, wie mir sofort die Tränen in die Augen schossen.

»Aber Giorgio, du weißt doch, dass ich auf diese Arbeit hier angewiesen bin! Und du warst doch auch immer zufrieden mit mir«, versuchte ich ihn umzustimmen.

Ich konnte Giorgio ansehen, dass ihm das Gespräch sehr unangenehm war und es ihm aufrichtig leidtat.

»Ja, Katja, das stimmt. Aber trotzdem verstehe ich Mahmud. Und ich habe ihm mein Wort gegeben, dass ich dich hier nicht mehr arbeiten lasse ...«

Bei seinen letzten Worten griff er in seine Hosentasche und zog ein Bündel Geldscheine hervor.

»Hier, nimm das! Das ist ein kleiner Bonus für die gute Arbeit, die du hier immer geleistet hast.«

Er wollte mir das Geld in die Hand drücken, doch ich blickte ihn nur mit starren Augen an. Mein Verstand wollte einfach nicht begreifen, was hier gerade vor sich ging. Jetzt wusste ich, warum Mahmud mir heute keine Szene gemacht hatte, als ich die Wohnung verließ! Er war sich ja sicher gewesen, dass ich zum letzten Mal meinen ihm so verhassten Job antrat.

Eine unbändige Wut stieg in mir hoch. Wortlos warf ich das Bündel mit den Geldscheinen auf den Boden und verließ Türen knallend das Lokal.

Da ich mir sicher war, dass sich Mahmud noch immer in meiner Wohnung aufhielt, begab ich mich auf direktem Wege dorthin. Und tatsächlich: Entspannt lag er auf meinem Sofa, als ich im Sturmschritt das Apartment betrat.

»Na, Schatz, war heute etwa nichts los? Oder warum bist du schon wieder zurück?«, fragte er scheinheilig.

3. Kapitel – Böses Erwachen

Das brachte für mich das Fass zum Überlaufen. Laut brüllte ich meinen ganzen Zorn und meine Enttäuschung über sein hinterhältiges Verhalten heraus.

Doch Mahmud zeigte sich vollkommen unbeeindruckt.

»Eigentlich sollte Giorgio es ja für sich behalten, dass ich derjenige war, der ihn bat, dir zu kündigen. Aber wenn du es jetzt weißt, ist es auch okay. Katja, ich meine es nur gut mit dir! Keine anständige Frau arbeitet in einem Bierlokal – und meine Freundin schon gar nicht!«, machte er mir eine klare Ansage.

»Du weißt ganz genau, dass ich auf das Geld angewiesen bin!«, schrie ich ihm entgegen. »Wie konntest du mir das antun? Ich denke, du liebst mich! Zur Liebe gehört auch Vertrauen. Geh zu Giorgio und frag ihn, ob ich jemals mit einem seiner Gäste geflirtet habe!«

Mahmud kam auf mich zu und nahm mich in den Arm.

»Katja, du musst noch viel lernen. Vertrauen ist gut, aber Kontrolle ist besser! Das war eins der ersten Dinge, die man mir hier in Deutschland beigebracht hat«, versuchte er sich zu rechtfertigen.

»Bitte, Mahmud, geh zu Giorgio und sag ihm, dass es in Ordnung ist, wenn ich dort wieder arbeite!«, flehte ich ihn inständig an.

»Nein, das werde ich nicht tun! Wenn du meine Freundin sein willst und mich wirklich liebst, dann musst du dich an ein paar Regeln halten. Sonst können wir nicht glücklich werden«, entgegnete er kühl.

Ich war fassungslos über solch ein egoistisches Verhalten. Hätte man mir zu dem Zeitpunkt prophezeit, was mich in meiner Beziehung zu Mahmud künftig noch alles erwarten würde, hätte ich ihn ganz bestimmt gleich am selben Abend aus der Wohnung geworfen und radikal aus meinem Leben gestrichen. So aber redete ich mir ein, dass er mich eben ganz besonders liebte und einfach nur Angst hätte, ich könnte ihn wegen eines anderen Mannes verlassen.

»Kannst du mir auch verraten, wie ich nun meine Miete bezahlen soll?«, stellte ich Mahmud die für mich im Moment wichtigste Frage.

»Ich habe dir doch gesagt, dass du das Geld von mir bekommst! Ich bin ja sowieso die meiste Zeit hier bei dir, dann kann ich mich auch an den Kosten beteiligen. Frag mich einfach, wenn du Geld brauchst!«, lautete seine Antwort.

»Ich möchte aber nicht nach Geld fragen müssen! Ich bin gewohnt, über meine eigenen finanziellen Mittel zu verfügen.«

»Katja, es reicht jetzt! Ich habe keine Lust mehr, darüber zu reden. Wenn du etwas brauchst, lass es mich wissen!«

Mit diesen Worten beendete er unser Gespräch und widmete sich wieder dem Fernseher.

Ich stand auf und ging in die Küche, um die Spuren unseres Abendessens zu beseitigen. Wie immer hatte Mahmud keinen Finger im Haushalt gerührt, nachdem ich weggegangen war. Während ich das stehen gebliebene dreckige Geschirr abwusch, kam mir wieder mein Gespräch mit Nina in den Sinn. Vielleicht waren ihre Sorgen um mich ja doch begründet, ging es mir durch den Kopf. Bevor ich weiter darüber nachdenken konnte, fiel mir ein, dass ich Mahmud ja noch gar nichts von dem bevorstehenden Junggesellinnenabschied meiner Freundin erzählt hatte.

Als ich in der Küche fertig war, nahm ich mir eine Cola und setzte mich zu ihm aufs Sofa.

»Na, Schatz, hast du dich wieder beruhigt?«, fragte er mich mit einem verschmitzten Lächeln.

Ich ging nicht weiter auf seine Frage ein und legte meinen Kopf auf seine Brust.

3. Kapitel – Böses Erwachen

»Ich habe ganz vergessen, dir zu sagen, dass ich morgen Abend bei meiner Freundin eingeladen bin«, sagte ich stattdessen.

Ich erzählte ihm von meiner Clique und dass eine meiner Freundinnen heiraten würde, weshalb wir den Abschied von ihrem Junggesellinnendasein feiern wollten.

»Katja, ich möchte nicht, dass du mit ein paar Frauen allein durch die Stadt ziehst«, war sein einziger Kommentar auf meine Ausführungen.

»Wir ziehen nicht durch die Stadt! Warum musst du immer alles so negativ sehen?«, brach es aus mir hervor. »Du kannst mir doch nicht mein ganzes Leben vorschreiben! Ich werde dort hingehen, ob es dir passt oder nicht!«

Erregt sprang Mahmud vom Sofa auf und begann wie ein eingesperrtes wildes Tier in meinem kleinen Wohnzimmer auf und ab zu tigern. Nach einer Weile blieb er stehen und trat mit finsterem Gesicht auf mich zu.

»Gut, Katja, du hast die Wahl: Wenn du wirklich dorthin willst, werde ich jetzt gehen und dich ab sofort in Ruhe lassen.«

»Du bist verrückt, Mahmud! Ich lasse mich doch nicht von dir erpressen! Wir sind gerade mal ein paar Wochen zusammen und du machst mir ständig irgendwelche Vorschriften. Wenn du meinst, dass eine Einladung meiner Freundin ein Trennungsgrund für dich ist, dann musst du eben gehen!«, gab ich ihm patzig zur Antwort.

Ich hatte den Satz kaum zu Ende gesprochen, als ich auch schon meine Wohnungstür ins Schloss fallen hörte. Mahmud hatte ohne ein weiteres Wort mein Apartment verlassen.

Wie vom Schlag getroffen blieb ich zurück. Dieser Tag war einfach zu viel für mich gewesen: Der Verlust meines Jobs, die Sorge, wie ich künftig meinen Lebensunterhalt ohne

Nebeneinkommen finanzieren sollte, und die Tatsache, dass schon eine einfache Einladung bei meiner Freundin genügte, meine Beziehung zum Scheitern zu bringen, brachten mich nahezu zu einem Nervenzusammenbruch. Ich sank auf die Knie und begann hemmungslos zu weinen. Ich schrie und schluchzte abwechselnd, trommelte mit den Fäusten auf dem Boden herum und konnte mich gar nicht mehr beruhigen.

Plötzlich fühlte ich, wie jemand den Arm um mich legte und beruhigend auf mich einsprach: meine Nachbarin Maria. Dank der Hellhörigkeit des Hauses war ihr mein Zustand nicht verborgen geblieben. Da ich auf ihr Klopfen nicht reagiert hatte, war sie den Haustürschlüssel holen gegangen, den ich für Notfälle bei ihr deponiert hatte, und hatte sich Zutritt zu meiner Wohnung verschafft.

Maria war einer der liebenswürdigsten Menschen, die ich kannte. Sie war erst ein paar Monate zuvor in die Wohnung nebenan gezogen. Ursprünglich kam sie aus der DDR. Aus Liebe zu einem westdeutschen Geschäftsmann, den sie dort kennengelernt hatte, verließ sie ihre Heimat, um ihm in den anderen Teil Deutschlands zu folgen. Leider hatte er ihr verschwiegen, dass er bereits verheiratet war und auch nicht beabsichtigte, sich scheiden zu lassen. Da er jedoch ein florierendes Unternehmen besaß und entsprechend gut verdiente, hatte er für Maria das Apartment neben meinem angemietet, wo er sie gelegentlich besuchte. Ab und an blieb er auch über Nacht. Wahrscheinlich erzählte er seiner Frau dann, dass er sich auf Geschäftsreise befand. Maria war sehr unglücklich mit dieser Situation. Sie hatte im Westen so gut wie keine Freunde, war ohne Arbeit und fühlte sich oft sehr allein. Wann immer ich Zeit fand, ging ich zu ihr rüber. Obwohl Maria mehr als zwanzig Jahre älter war als ich, verstanden wir uns glänzend. Ich genoss die Gespräche

3. Kapitel – Böses Erwachen

mit ihr sehr und holte mir gern ihren Rat, wenn ich vor einem Problem stand.

Sanft strich sie mir über den Kopf.

»Wer wird denn so weinen, kleine Katja?«, sprach sie beruhigend auf mich ein. »Komm, meine Liebe, leg dich erst mal aufs Sofa! Ich mache dir einen Tee, und dann erzählst du mir, was dich derart aus der Fassung gebracht hat.«

Behutsam half sie mir beim Aufstehen. Meine Beine zitterten so sehr, dass ich Angst hatte zusammenzuklappen.

Als ich auf dem Sofa lag, hörte ich sie in der Küche herumhantieren. Kurz darauf kam Maria mit einem Tablett zurück, auf dem sich eine Kanne Tee und zwei Tassen befanden. Dann holte sie noch einen nassen Waschlappen und kühlte mein vom Weinen aufgequollenes Gesicht.

Langsam begann mein Verstand wieder zu funktionieren, und ich beruhigte mich etwas. Ich erzählte Maria von Mahmud und unseren Schwierigkeiten, den gemeinsamen Alltag zu meistern, von seinen Versuchen, mich einzuengen, von meiner Liebe zu ihm und dem tiefen Gefühl von Geborgenheit, das er trotz aller Schwierigkeiten in mir auslöste.

Als ich geendet hatte, sah ich, dass auch sie feuchte Augen hatte. Das erste Mal, seit wir uns kannten, wusste selbst Maria keinen Rat.

»Ach, Katja … Eigentlich müsste ich dir nach all dem, was du mir erzählt hast, jetzt sagen: Sei froh, dass er weg ist! Aber so einfach ist das nun mal nicht, wenn man liebt.« Verlegen wischte sie sich eine Träne aus dem Augenwinkel. »Du hast aber in jedem Fall richtig gehandelt, dass du dir die Feier mit deiner Freundin nicht hast verbieten lassen. Freunde sind so wichtig!«, sprach sie mit Nachdruck weiter.

»Ja, aber nun habe ich ihn verloren! Ich kenne ihn schon so gut, dass ich weiß, er kommt nicht zurück. Er ist einfach nicht der Typ, der etwas sagt, was er anschließend nicht auch durchführt«, brachte ich schluchzend hervor.

»Jetzt mal langsam, Katja! Er fühlt sich in seinem Stolz verletzt und ist es wahrscheinlich auch nicht gewohnt, dass eine Frau sich seinen Wünschen widersetzt. Du hast da aber schon ganz richtig reagiert! Wenn du dich in allem nach ihm richtest, kannst du in Zukunft bald gar nichts mehr allein entscheiden. Er muss auch deine Wünsche respektieren, sonst werdet ihr sowieso keine glückliche Zukunft haben.«

Mein Gefühl sagte mir, dass Maria mit ihren Argumenten recht hatte, aber mein Verstand wusste es besser: Eine Beziehung zu Mahmud konnte nur funktionieren, wenn ich mich ihm bedingungslos unterordnete. Da ich aber schon so früh in meinem Leben Verantwortung hatte übernehmen müssen und bereits im Kindesalter gezwungen gewesen war, ständig irgendwelche Entscheidungen für die Familie zu treffen, wusste ich auch, dass aus mir niemals die willenlose, folgsame Frau werden könnte, die Mahmud glücklich machen würde.

Maria war schon lange gegangen, als ich noch immer mit dieser Erkenntnis ringend in meinem Bett lag und mich in den Schlaf weinte.

4. Kapitel

Scheiden tut weh

Seit Mahmud meine Wohnung verlassen hatte, waren nun fast zwei Wochen vergangen. Mittlerweile war der Hochsommer ausgebrochen und eine drückende Hitze lag über der Stadt. Meine Freunde, allen voran Nina, versuchten vergeblich, mich zu gemeinsamen Schwimmbadbesuchen, Shoppingtouren oder wenigstens einem abendlichen Getränk im Biergarten zu überreden: Ich sagte alles ab. Ich hatte Liebeskummer und fühlte mich, als hätte man mir einen Teil meines Körpers amputiert. Mir ging es einfach nur schlecht. Und jeden weiteren Tag, an dem ich Mahmud weder sah noch etwas von ihm hörte, ging es mir noch schlechter. Selbst meiner Ausbildung konnte ich nicht nachgehen, ich war einfach nicht in der Lage, mich auf die Arbeit zu konzentrieren, und hatte mich krankschreiben lassen. Maria kümmerte sich in dieser Zeit rührend um mich. Sie sorgte dafür, dass ich zumindest einmal am Tag etwas aß, und hörte mir zu, wann immer mir nach Reden zumute war.

Mein ganzes Denken kreiste um Mahmud: Er hatte seine Ankündigung wahr gemacht, und von außen betrachtet war es fast so, als wäre er nie Teil meines Lebens gewesen. Doch in meinem Inneren sah es ganz anders aus. Ich hatte das Gefühl, ohne ihn nicht mehr existieren zu können. Mit jeder Faser meines Körpers sehnte ich mich nach ihm. Mir fehlte seine Stimme, sein Geruch, seine Berührungen, ja selbst seine ewigen Nörgeleien vermisste ich plötzlich. Wie gern hätte ich mich von ihm anpflaumen lassen, nur um seine Gegenwart zu spüren! Wenn ich meine Wohnung in diesen Tagen überhaupt verließ, dann lediglich, um mich in die Nähe des Obst- und Gemüsegeschäfts von seinen Eltern zu begeben. Oft stand ich stundenlang in einer Häuserecke verborgen und beobachtete den Eingangsbereich des Ladens – in der Hoffnung, Mahmud würde dort auftauchen. Was ich tun würde, wenn ich tatsächlich auf ihn treffen sollte, darüber hatte ich mir keine Gedanken gemacht. Ich wusste nur, dass ich ihn unbedingt zurückhaben wollte. Sicherlich war unsere Beziehung von Anfang an schwierig gewesen, aber wir hatten auch sehr viele schöne Stunden miteinander verbracht. Immer wieder ließ ich die Momente Revue passieren, wenn er mir etwa in den leuchtendsten Farben von seinem Heimatdorf in der Türkei erzählt hatte, von der Warmherzigkeit der Menschen dort und der Schönheit des Landes, sodass ich schließlich beinah meinte, selbst schon einmal da gewesen zu sein. Wir hatten auch wunderbar zusammen lachen können oder manchmal wie die kleinen Kinder miteinander herumgealbert. Außerdem hatte ich aus unerklärlichen Gründen stets das Gefühl gehabt, mir könnte nichts passieren, solange nur Mahmud bei mir wäre.

Als ich wieder einmal meinen Beobachterposten in der Nähe des kleinen Lebensmittelgeschäfts bezogen hatte, sah ich tatsächlich sein Auto vor dem Eingang parken. Das Herz schlug mir bis zum Halse und meine Kehle war mit einem Mal staubtrocken. Bevor mein Hirn noch lange überlegen konnte, was jetzt zu tun sei, hatte mein Herz schon entschieden und ich rannte los. Als ich kurz darauf völlig außer Atem vor der Ladentür stand, schienen meine Lungen fast zu bersten, so sehr hatte ich mich verausgabt.

4. Kapitel – Scheiden tut weh

Ich musste nicht lange warten, bereits nach wenigen Sekunden trat Mahmud aus dem Geschäft und kam auf mich zu. Er hatte mich wohl durch das große Schaufenster draußen stehen sehen. Ernst blickte er mich aus seinen dunklen Augen an. Seine Stimme klang müde, als er mich begrüßte.

»Hallo, Katja! Wie geht es dir?«

Meine Knie begannen zu zittern. Am liebsten wäre ich ihm sofort um den Hals gefallen.

»Ich vermisse dich!«, war schließlich alles, was ich hervorbrachte, bevor ich haltlos zu weinen begann.

Er schien einen Moment zu überlegen, dann schob er mich sanft zu seinem Auto.

»Steig ein! Ich denke, wir müssen reden, Katja.«

Während er das Auto aus der Stadt herausmanövrierte, liefen mir unaufhörlich die Tränen die Wangen hinunter. Die ganze Anspannung der letzten Wochen schien von mir abzufallen. Mahmud blickte mich zwar gelegentlich von der Seite an, sprach aber die ganze Fahrt über kein Wort.

Als wir irgendwann endlich an einem kleinen Waldstück angekommen waren, stellte er den Motor ab und sah mich lange und eindringlich an.

»Ich möchte ehrlich zu dir sein, Katja. Ich habe dich auch vermisst, weil ich dich sehr liebe, obwohl wir uns erst so kurz kennen. Aber wenn du mit mir zusammen sein möchtest, musst du dein ganzes Leben verändern. Nichts wird für dich dann mehr so sein, wie es einmal war. Ich kann unmöglich mit einer Frau zusammen sein, die in Diskotheken geht, Miniröcke trägt und Alkohol trinkt. Ich möchte auch nicht, dass meine Freundin mit anderen Männern redet oder sich schminkt. Ich weiß, dass all das für dich selbstverständlich ist: Du bist eine junge deutsche Frau, die hier aufgewachsen und an diese Dinge gewöhnt ist. Du würdest wahrscheinlich eine Weile so zu leben versuchen, wie ich es verlange, weil du mich liebst. Aber es wäre nur eine Frage der Zeit, bis du an den Regeln, die in meiner Kultur ganz normal sind, kaputtgehen würdest. Nicht lange, und aus deiner Liebe zu mir würde Hass werden. Verstehst du, was ich damit sagen will?«

Mein Verstand schien Achterbahn zu fahren. Für ein paar Minuten konnte ich nicht klar denken, geschweige denn Mahmud eine Antwort auf seine Frage geben. Mein ganzes Ich schien nur aus meinen Gefühlen für ihn zu bestehen. Alles erschien mir besser, als ein Leben ohne ihn zu führen. Zudem bewunderte ich ihn für seine Ehrlichkeit.

Mahmud schien mein Schweigen als Zustimmung zu deuten.

»Siehst du, Katja, du weißt, dass ich recht habe. Es ist wirklich besser, wenn wir uns nicht mehr sehen. Ich werde dich nun nach Hause bringen. Solltest du aber jemals in Schwierigkeiten geraten oder sonstwie Hilfe brauchen, kannst du dich jederzeit an mich wenden.«

Er wollte den Motor seines Autos wieder starten, doch ich zog seine Hand vom Zündschlüssel weg.

»Mahmud, ich möchte auch ehrlich zu dir sein: Ich weiß nicht, ob ich so leben kann, wie du von mir verlangst, aber ich möchte es zumindest versuchen. Seit du nicht mehr da bist, geht es mir einfach nur schlecht. Du fehlst mir sehr, ich vermisse das Zusammensein mit dir, dein Lachen, deine Zärtlichkeit ... Es wird bestimmt nicht leicht werden für uns beide, aber meine Liebe zu dir ist es mir wert, dass ich auf einige Dinge verzichte. Ich möchte gern deine Familie kennenlernen, mehr über deine Kultur erfahren und mein Leben mit dir teilen. Gib uns bitte eine Chance!«

Einen Moment herrschte Stille im Wageninneren. Ich wollte schon weiterreden, um das Schweigen zu brechen, als Mah-

4. Kapitel – Scheiden tut weh

mud sich zu mir hinüberbeugte und mir statt einer Antwort einen langen zärtlichen Kuss gab.

Am liebsten hätte ich ihn nie wieder losgelassen, so glücklich war ich in dem Moment.

5. Kapitel

Verteidigung der Ehre

Der Herbst und Winter verliefen ruhig und fast ohne Streit. Wie sehr ich diese Zeit genoss! Ich fühlte mich darin bestärkt, dass eine Beziehung zwischen zwei Menschen aus unterschiedlichen Kulturkreisen sehr wohl funktionieren konnte, wenn ihre Liebe bloß stark genug war und beide Partner Rücksicht auf die andere Mentalität nahmen, ohne sich gleich verbiegen zu müssen. Zwar hatte ich mich Mahmuds Wünschen insofern angepasst, als ich mich nur noch sehr dezent schminkte und unauffällig kleidete. Auch Nina und meine anderen Freunde, vor allem die Jungs aus der alten Clique, sah ich kaum mehr, weil Mahmud nicht wollte, dass ich ohne ihn zu irgendwelchen Verabredungen ging. Und meine Bekannten zu mir einzuladen, erschien mir irgendwie unpassend, da ich mir sicher war, sie könnten mit meiner neuen Art zu leben nichts anfangen. Aber diese Einschränkungen störten mich nicht weiter, denn ich vermisste ja nichts, im Gegenteil, selten hatte ich so in mir geruht, war so ausgefüllt und einfach nur glücklich gewesen. Tagsüber ging ich meiner geliebten Arbeit als angehender Berufskraftfahrerin nach, und abends und am Wochenende sah ich Mahmud. Wir verbrachten fast jede freie Minute zusammen und beschlossen bald, uns nach einer gemeinsamen Wohnung umzusehen.

5. Kapitel – Verteidigung der Ehre

Ich wäre eigentlich gern in meinem schnuckeligen kleinen Apartment geblieben, aber da Mahmud wusste, dass ich dort ursprünglich mit meinem Exfreund hatte wohnen wollen, behagte ihm diese Vorstellung nicht. Das Glück wollte es, dass wir schon nach kurzer Zeit im Nachbarort eine schöne Dreizimmerwohnung fanden. In unmittelbarer Nähe wohnte Mahmuds türkischer Freund Ahmed mit seiner deutschen Freundin Petra. Ich begann den Umzug vorzubereiten und packte alle meine Habseligkeiten in große Kisten. Am Umzugstag lieh sich Mahmud von seinem Vater einen Transporter, mit dem dieser normalerweise jeden Morgen in die Großmarkthalle fuhr, um frisches Obst und Gemüse für sein Geschäft zu besorgen. An dem Tag lernte ich auch einen von Mahmuds Brüdern sowie einen Cousin von ihm kennen, die uns beim Ab- und Aufbau meiner Möbel helfen sollten. Mahmud hatte mir vorher ein paar Verhaltensregeln eingetrichtert, die ich im Umgang mit den männlichen Mitgliedern seiner Familie unbedingt einhalten sollte. Eigentlich völlig unnötig, wie sich dann herausstellte, denn die beiden Männer würdigten mich sowieso kaum eines Blickes. Dafür arbeiteten sie schnell und effektiv, und bereits am selben Abend waren wir so weit, dass Mahmud und ich zum ersten Mal in der neuen Wohnung übernachten konnten.

Zwischendurch hatten unsere künftigen Nachbarn Ahmed und Petra kurz hereingeschaut. Ich fand beide sehr sympathisch und hegte die Hoffnung, dass Petra, eine hübsche Dunkelblonde mit einem lustigen Grübchen und interessiert blickenden Augen, und ich uns vielleicht anfreunden könnten. Sicher würden wir uns einiges zu erzählen haben, lebten wir doch in einer sehr vergleichbaren Situation. Petra bot mir auch tatsächlich sofort an, sie auf einen Kaffee zu besuchen, sobald ich mit der Einrichtung unserer Wohnung fertig sein würde.

Als wir später allein waren, sprach Mahmud mich auf Petras Einladung an.

»Hör mal, Schatz, ich habe nichts dagegen, wenn du Petra hin und wieder mal besuchst, aber ich möchte nicht, dass du dich zu eng mit ihr anfreundest. Ich fürchte, sie wird keinen guten Einfluss auf dich haben.«

»Wieso das denn? Was ist mit Petra, warum vertraust du ihr nicht?«, fragte ich bass erstaunt.

Doch Mahmud wollte nicht mit der Sprache heraus. Immer wieder hakte ich nach, da ich Petra wirklich sehr gern getroffen hätte, bis er plötzlich wütend wurde.

»Ich möchte es nicht – und damit basta!«

Nun wagte ich es nicht mehr, weiter in ihn zu dringen, aber ich beschloss, der Sache heimlich auf den Grund zu gehen. Mich mit Petra anzufreunden erschien mir zu verlockend, als dass ich in dieser Sache kampflos die Segel hätte streichen wollen.

In den nächsten Tagen hatte ich keine Zeit, mir weiter den Kopf darüber zu zerbrechen. Von morgens bis nachmittags befand ich mich auf der Arbeit, und abends räumte ich die restlichen Kisten aus, um unsere Wohnung zu einem gemütlichen Heim werden zu lassen. An einem dieser Abende fiel mir siedend heiß ein, dass ich schon seit gut zwei Wochen nicht mehr mit meiner Mutter telefoniert hatte. Praktischerweise befand sich eine Telefonzelle fast direkt gegenüber von unserer Wohnung. Einen Telefonanschluss hatten wir zwar beantragt, die Freischaltung war aber bisher noch nicht erfolgt. Ich sagte Mahmud kurz Bescheid, dass ich telefonieren gehen würde. Rasch zog ich mir eine Jacke über und lief auf die andere Straßenseite zu der Telefonzelle.

Zu meinem Verdruss war diese bereits von zwei jungen Männern besetzt, sodass ich mich mit meinem Anruf noch

5. Kapitel – Verteidigung der Ehre

gedulden musste. Ich hatte schon eine ganze Weile wartend vor der Zelle gestanden, als ich plötzlich bemerkte, dass die beiden Typen mittlerweile gar nicht mehr telefonierten, sondern sich einen Spaß daraus machten, mich warten zu lassen. Sicher würde Mahmud ärgerlich werden, wenn er davon ausgehen musste, dass ich so lange mit meiner Mutter telefonierte, dachte ich.

Just in dem Moment öffnete sich die Zellentür und einer der beiden Jünglinge schnippte eine brennende Zigarettenkippe gegen mein Bein. Noch bevor ich dazu kam, dem Übeltäter gehörig die Meinung zu sagen, tauchte plötzlich wie aus dem Nichts Mahmud auf. Wie ein Besessener stürzte er auf die Telefonzelle zu und zog die beiden völlig überraschten Männer heraus, um sie nacheinander mit einer Brutalität zu verprügeln, dass es mir fast den Magen umdrehte. Blutüberströmt suchten sie schließlich das Weite.

Mit einer galanten Geste stieß Mahmud die Zellentür auf.

»So, Liebling, jetzt kannst du telefonieren«, sagte er ruhig. »Aber mach nicht so lange! Und grüß deine Mutter unbekannterweise von mir!«

Wie sich später herausstellen sollte, hatte Mahmud mich von unserem Küchenfenster aus beobachtet und die Situation sofort erfasst.

»Katja, niemand darf sich meiner Freundin gegenüber so benehmen! Die beiden haben ihre gerechte Strafe bekommen«, erwiderte er auf meine Vorhaltungen, dass man so brutal nicht mit anderen Menschen umgehen könne.

Ich verzichtete auf jede weitere Diskussion und betete zu Gott, dass sich Mahmuds Zorn niemals in dieser Form gegen mich selbst richten möge. Zum ersten Mal, seit ich ihn kannte, hatte ich Angst vor Mahmud.

6. Kapitel

Petra oder Geteiltes Leid ist halbes Leid

Wir lebten jetzt schon bald einen Monat in der neuen Wohnung, die mittlerweile komplett eingerichtet war, und ich wollte endlich den geplanten Besuch bei Petra machen. Ich war sehr neugierig darauf, mehr von ihr zu erfahren. Mahmud hatte mir erzählt, dass sie bereits seit über vier Jahren mit Ahmed zusammen war. Ob sie in ihrer Partnerschaft wohl mit ähnlichen Schwierigkeiten konfrontiert war wie ich? Der Austausch mit einer Frau, die in der gleichen Lebenssituation steckte, interessierte mich mehr, als ich mir noch bis vor Kurzem hätte eingestehen wollen, einmal mehr nach Mahmuds überraschendem Aggressionsausbruch den beiden Männern aus der Telefonzelle gegenüber, der mich doch sehr erschüttert hatte. Außerdem vermisste ich schlicht und einfach eine Freundin, mit der ich auch mal über typische Frauenthemen reden konnte.

Petra freute sich sehr über meinen Besuch. Wie ich bald erfahren sollte, hatte auch sie kaum mehr Umgang mit Deutschen, weil die meisten ihrer alten Freunde nicht so gut mit Ahmed zurechtkamen. Was mich wunderte, da er auf mich einen sehr netten und freundlichen Eindruck gemacht hatte. Darauf angesprochen, stieß Petra ein bitteres Lachen aus.

»Ja, Ahmed ist ein verdammt guter Schauspieler! Nach außen hin ist er immer nett, freundlich und hilfsbereit. Die

6. Kapitel – Petra oder Geteiltes Leid ist halbes Leid

wenigsten können sich vorstellen, was sich manchmal hinter unserer Wohnungstür abspielt.«

Sie erzählte mir, dass Ahmed spielsüchtig sei und fast jeden Abend stark alkoholisiert nach Hause komme. Eine Kleinigkeit würde dann genügen, um ihn völlig ausrasten zu lassen.

»Er hat mich schon so zusammengeschlagen, dass ich fast sechs Wochen im Krankenhaus liegen musste.« Sie deutete auf ihr Gesicht. »Jochbein, Kiefer und ein doppelter Nasenbeinbruch – hier links musste sogar eine Metallplatte eingesetzt werden.«

Die Ruhe und Gleichgültigkeit, die in Petras Worten mitschwangen, brachten mich zum Frösteln.

»Aber warum verlässt du ihn dann nicht?«, wollte ich von ihr wissen.

»Wir waren schon dreimal getrennt. Aber jedes Mal bereut er dann, was er getan hat, und ich bin so naiv, ihm zu glauben, dass so etwas in Zukunft nie wieder passieren wird. Eine Weile hält er sich dann vom Alkohol fern und kümmert sich wirklich rührend um mich. Leider hält dieser Zustand nur nie lange an.« Petra blickte mich ernst an. »Hat Mahmud denn noch nie die Hand gegen dich erhoben?«

»Nein, Gott bewahre! Ich würde ihn auch sofort verlassen, wenn er das jemals tun sollte«, erwiderte ich im Brustton der Überzeugung. »Kein Mensch hat das Recht, einem anderen körperliche Gewalt anzutun.«

Mir fiel wieder die Szene ein, die sich ein paar Tage zuvor bei der Telefonzelle abgespielt hatte. Petra nickte nur, als ich ihr davon berichtete.

»Ja, Mahmud ist bekannt dafür, das er kräftig zuschlagen kann. Er hat wohl mehrere Jahre sehr erfolgreich Kampfsport betrieben«, fügte sie noch hinzu.

Verblüfft schaute ich sie an. Mahmud hatte diese Tatsache mir gegenüber noch mit keinem Wort erwähnt. Ich nahm mir vor, ihn später zu Hause darauf anzusprechen.

»Wie lange kennst du Mahmud eigentlich schon?«, bohrte ich weiter nach. »Vielleicht gibt es ja noch mehr Dinge, die du mir von ihm erzählen kannst ...«

»Du, Katja, ich möchte nicht als Tratschtante dastehen«, wehrte Petra meinen Vorstoß ab. Es war deutlich zu spüren, dass ihr die Situation unangenehm war. »Du musst das verstehen: Ich bekomme unheimlichen Ärger mit Ahmed, wenn ich dir Dinge über Mahmud erzähle, die du noch nicht weißt – und vielleicht ja auch gar nicht wissen sollst«, ergänzte sie fast entschuldigend.

Natürlich wollte ich meine neu gewonnene Freundin nicht gleich in Schwierigkeiten bringen, aber es dämmerte mir, dass es wohl tatsächlich einiges gab, das ich noch nicht über Mahmud wusste. Wir wechselten das Thema, und Petra erzählte mir weiter von sich. Ich erfuhr, dass sie schon eine ganze Weile arbeitslos war und ihre Probleme, einen neuen Job zu finden, wohl auch darin begründet lagen, dass Ahmed ihr verboten hatte, mit Männern zusammenzuarbeiten.

»Weißt du, ich habe früher mal Arzthelferin gelernt. Ich bin aber schon über fünfzehn Jahre aus dem Beruf raus und finde keine Anstellung mehr in dem Bereich. Das Einzige, wo ich sicherlich etwas finden könnte, wäre in einer Fabrik. Aber ich kann ja schlecht beim Vorstellungsgespräch sagen: ›Entschuldigung, aber ich darf auf keinen Fall in derselben Abteilung tätig sein wie ein Mann‹«, klagte sie mir ihr Leid.

Bei dieser Vorstellung mussten wir beide lachen. Wir redeten noch eine ganze Weile über dies und das, als mein Blick zufällig auf Petras Küchenuhr fiel. Erschrocken stellte ich fest, dass es bereits weit nach zwanzig Uhr war. Mahmud

6. Kapitel – Petra oder Geteiltes Leid ist halbes Leid

musste schon lange zu Hause sein und würde sich bestimmt furchtbare Sorgen um mich machen. Da ich davon ausgegangen war, lange vor ihm wieder da zu sein, hatte ich ihn nicht von meinem geplanten Besuch bei Petra informiert. Hastig trank ich meinen Kaffee aus und schnappte mir meine Handtasche. Als ich mich von meiner neuen Freundin verabschiedete, blieb mir ihr mitleidiger Blick nicht verborgen.

So schnell ich konnte, lief ich nach Hause. Bei unserem Wohnhaus angekommen, stellte ich befreit fest, dass Mahmud sich ebenfalls verspätet hatte. In jedem Fall stand sein Auto nicht wie sonst auf dem Parkplatz, der zu unserer Wohnung gehörte. Ich spürte, wie mich die Erleichterung durchströmte, und atmete erst einmal tief durch. Schnell schloss ich die Wohnungstür auf und begab mich auf direktem Wege in die Küche, um das Abendessen vorzubereiten.

Die Gedanken gingen mir durch den Kopf, während ich den Salat herrichtete und das Dressing anrührte. Ein böser Verdacht beschlich mich: Konnte es sein, dass ich nicht aus Rücksicht auf Mahmuds Sorgen um mich so panisch nach Hause gerannt war, sondern allein aus dem Grund, weil ich Angst vor ihm hatte? Je länger ich darüber nachdachte, umso größer wurde die Gewissheit. Ja, ich hatte Angst vor meinem eigenen Freund, musste ich mir eingestehen. Angst davor, dass er eines Tages auch an mir seine Brutalität so auslassen könnte wie an den beiden Halbstarken aus der Telefonzelle. Dass auch ich von ihm irgendwann so misshandelt werden würde wie Petra von Ahmed.

Ich spürte, wie der Kloß in meinem Hals immer dicker wurde. Der Preis, den ich dafür bezahlen musste, meine Liebe zu Mahmud zu leben, war verdammt hoch, erkannte ich, während meine Tränen ungehindert in die Salatsoße tropften.

7. KAPITEL

Wer nicht hören will, muss fühlen

Durch den ganzen Stress der letzten Wochen hatte ich es immer wieder aufgeschoben, meine Mutter zu besuchen. Bei einem unserer letzten Telefonate hatte ich gespürt, wie traurig sie darüber war, also nahm ich mir für den ersten Samstag im Oktober vor, nach Hause zu fahren und ein paar schöne Stunden mit ihr zu verbringen. Mahmud war von meinem Vorhaben nicht gerade begeistert. Da aber die Mutter in der islamischen Kultur einen hohen Stellenwert besitzt, verbot er mir den Besuch bei ihr auch nicht. Lediglich die Tatsache, dass ich ihn nicht um seine Begleitung gebeten hatte, sorgte für Zündstoff zwischen uns. Mit ihm gemeinsam fahren wollte ich aber auf keinen Fall. Ich wollte erst allein mit meiner Mutter über die Veränderungen reden, die in meinem Leben stattgefunden hatten. Sie wusste zwar, dass ich inzwischen mit einem Mann türkischer Herkunft zusammenlebte, aber sie hatte keine Ahnung, was das für meinen Alltag bedeutete.

Nachdem sich Mahmud von mir Anschrift und Telefonnummer meiner Mutter hatte geben lassen, lieh er mir für die Fahrt sogar sein Auto. Gut gelaunt machte ich mich auf den Weg. Die Autobahn war frei, und so bog ich bereits eine gute Stunde später in die Straße ein, in der mein Elternhaus stand. Meine Mutter freute sich sehr, mich nach all den Monaten,

7. Kapitel – Wer nicht hören will, muss fühlen

die wir uns nicht gesehen hatten, endlich wieder in die Arme schließen zu können. Allerdings hielt ihre Freude nicht sehr lange an.

»Du siehst schlecht aus, Katja«, stellte sie mit besorgter Miene fest. »Hast du Sorgen oder Stress bei deiner Ausbildung?«

»Nein, nein, Mama! Ich nehme an, dass der Umzug einfach seine Spuren bei mir hinterlassen hat«, versuchte ich abzuwiegeln.

Aber so schnell konnte ich meine Mutter nicht hinters Licht führen.

»Du bist eine junge Frau, Katja! In deinem Alter kann einem ein Umzug doch nicht so zusetzen!«, erwiderte sie.

Ich kannte meine Mutter gut genug, um zu wissen, dass sie nicht eher Ruhe geben würde, bis ich ihr den Grund für mein schlechtes Aussehen genannt hätte. Also brachte ich es lieber gleich hinter mich und erzählte ihr von Mahmuds zunehmenden Bestrebungen, mich in meiner Freiheit einzuengen, und von meiner wachsenden Angst vor ihm.

»Ich hoffe, du weißt was du da tust!«, war ihr einziger Kommentar zu meinen Schilderungen.

Doch der sorgenvolle Ausdruck auf ihrem Gesicht hatte sich noch vertieft. Zugleich wusste sie, dass es keinen Sinn gehabt hätte, mir einen Vortrag über die Emanzipationsgeschichte der Frau zu halten. Ich versprach ihr, Mahmud bei meinem nächsten Besuch mitzubringen, damit sie sich selbst ein Bild von ihm machen könnte. Sie erzählte mir noch den neuesten Klatsch aus unserer Verwandtschaft, und später gesellte sich auch mein Bruder Ralf hinzu, der nach wie vor zu Hause wohnte.

Fast zwei Stunden später, als ich eigentlich geplant hatte, brach ich auf, um den Heimweg anzutreten. Ich freute mich darauf, Mahmud wiederzusehen und ihm von der Begegnung mit meiner Familie zu erzählen. Leider verlief die Rückfahrt nicht ganz so glatt wie die Hinfahrt: Auf der Autobahn hatte es einen schweren Unfall gegeben und ich stand eine ganze Weile im Stau, bevor ich den Rest der Strecke bewältigen konnte. Als ich das Auto endlich auf unserem Parkplatz zum Stehen gebracht hatte, war es längst stockdunkel draußen.

Während ich auf unser Wohnhaus zuging, konnte ich gerade noch Mahmuds Kopf sehen, der sich von unserem hell erleuchteten Küchenfenster wegbewegte: Er musste hinter der Scheibe auf mich gewartet haben. Als ich die Wohnungstür aufschloss, stand er mit verschränkten Armen im Flur, um mich zu empfangen.

»Wo kommst du her?«, wollte er sofort von mir wissen, bevor ich ihn überhaupt begrüßen konnte.

»Schatz, was soll die Frage? Du weißt doch, dass ich bei meiner Mutter war!«, antwortete ich.

Ich fühlte, wie sich eine mir inzwischen wohlbekannte Angst in meinem Körper breitmachte. Tatsächlich begann Mahmud ohne Vorwarnung loszubrüllen.

»Du willst mich wohl für dumm verkaufen, Katja! Du brauchst für die Hin- und Rückfahrt insgesamt zwei Stunden – drei Stunden wolltest du dort bleiben. Dann hättest du spätestens um sieben Uhr wieder hier sein müssen! Jetzt ist es aber schon fast zehn!«, rechnete er mir vor. »Ich frage dich zum letzten Mal: Wo warst du die restliche Zeit?«

Die ganze Situation erschien mir so absurd, dass ich bei aller Panik einen unwillkürlichen Lachreiz verspürte. Natürlich versuchte ich diesen mit aller Macht zu unterdrücken, was mir jedoch nicht wirklich gelang. Jedenfalls dachte Mahmud wohl, ich wollte ihn auslachen, denn plötzlich rastete

7. Kapitel – Wer nicht hören will, muss fühlen

er total aus. Bevor ich mich versah, traf mich sein Fausthieb mitten im Gesicht.

Noch nie hatte mich ein Mann geschlagen, und so war ich darauf absolut nicht vorbereitet. Ich verlor das Gleichgewicht und ging zu Boden. Mahmud hatte nun alle Hemmungen verloren und begann auf mich einzutreten. Er traf mich am ganzen Körper, und ich hatte nicht den Hauch einer Chance, dem etwas entgegenzusetzen. Ich rollte mich zusammen, um mich so gut zu schützen, wie ich konnte.

Es kam mir wie eine Ewigkeit vor, bis er endlich von mir abließ. Die ganze Zeit dachte ich, einen bösen Albtraum zu haben. Aber zugleich wusste ich: Dies war die bittere Realität – mein Freund schlug mich, wendete Gewalt gegen mich an! Und ich hatte es ja sogar eigentlich kommen sehen, dass so etwas früher oder später geschehen würde, ich hatte es nur nicht wahrhaben wollen.

An den Haaren schleifte Mahmud mich ins Wohnzimmer, wo unser Telefon stand.

»Du rufst jetzt deine Mutter an und schaltest den Lautsprecher ein, damit ich mithören kann!«, befahl er. »Sag ihr, du hättest nicht auf die Uhr geschaut, als du dort weggefahren bist, und ob sie denn noch wüsste, wann das gewesen sei«, instruierte er mich.

Völlig verängstigt tat ich, was er von mir verlangte, und hatte kurz darauf meine sehr überraschte Mutter am Apparat. Zum Glück konnte sie sich noch genau erinnern, wann ich abgefahren war, und bestätigte damit, dass ich die Wahrheit gesagt hatte.

Dank ihrer Aussage beruhigte sich Mahmud allmählich. Ich nutzte die Gelegenheit, auf wackeligen Beinen in unser Badezimmer zu gehen. Ich traute mich zuerst gar nicht, in den Spiegel zu schauen. Als ich mich schließlich doch dazu überwinden konnte, bot sich mir ein Bild des Grauens: Meine Lippe war aufgeplatzt und das Blut rann an meinem Kinn herunter. Über der Augenbraue hatte ich eine Platzwunde, die von einem seiner Fußtritte herrühren musste. Ich war zwar kein Arzt, aber ich war mir sicher, dass sie besser genäht werden sollte. An meinem ganzen Körper gab es nicht eine Stelle, die nicht fürchterlich schmerzte.

Obwohl ich nah am Wasser gebaut bin, hatte ich komischerweise bis dahin noch keine einzige Träne vergossen. Ich fühlte mich einfach nur wie tot. Alle Gefühle und Regungen waren in mir abgestorben. Im Spiegel sah ich, dass Mahmud mir ins Badezimmer gefolgt war und nun am Türrahmen lehnte. Er war wieder die Ruhe in Person, doch ich sah seiner Miene an, dass er selbst schockiert war über das, was er mir angetan hatte.

»Schatz, ich liebe dich einfach zu sehr …«, begann er mit kleinlauter Stimme.

Ich fiel ihm ins Wort.

»Sag jetzt besser nichts, Mahmud! Nichts, aber auch gar nichts kann das entschuldigen, was gerade passiert ist! Ich werde mir so schnell wie möglich wieder eine eigene Wohnung suchen und hier ausziehen. Ich habe dich über alles geliebt, aber du hast meine Liebe zu dir buchstäblich mit Füßen getreten!«, schleuderte ich ihm mit der letzten mir noch verbliebenen Kraft entgegen.

Dann ließ ich ihn stehen und rief mir per Telefon ein Taxi, um ins nächste Krankenhaus zu fahren. Sein Angebot, mich zu begleiten, lehnte ich dankend ab.

In der Klinik angekommen, überlegte ich, was ich den Ärzten sagen sollte, woher meine Verletzungen stammten. Ich schämte mich zu sehr, die Wahrheit preiszugeben – was für ein banales Klischee zu erzählen, dass mein türkischer Freund

7. Kapitel – Wer nicht hören will, muss fühlen

mich zusammengeschlagen hatte, noch dazu wegen einer absoluten Lappalie! Deshalb entschloss ich mich, ihnen meine Blessuren mit dem obligatorischen Treppensturz zu erklären.

»Also, wenn Ihre Verletzungen wirklich von einem Sturz herrühren, dann handelt es sich um den spektakulärsten Treppensturz, den ich in meiner fast zwanzigjährigen Dienstzeit je behandelt habe«, sagte der Arzt dann auch prompt und schaute mich mit ernster Miene an. »Sie haben am ganzen Körper schwerste Prellungen, eine Fraktur der zweiten Rippe sowie je eine Platzwunde an Augenbraue und Lippe.« Er räusperte sich kurz. »Was sagten Sie noch mal? Wie viele Stufen sind Sie heruntergefallen?«

Verlegen schaute ich zu Boden.

»Sechs oder sieben. So genau weiß ich das nicht mehr. Es ging alles so schnell.«

Der Blick des Arztes sagte mir, dass er mir kein Wort glaubte. Ich hatte mittlerweile eine Vielzahl an Untersuchungen über mich ergehen lassen müssen und nun das dringende Bedürfnis, das Krankenhaus so schnell wie möglich wieder zu verlassen. Lügen war noch nie meine Stärke gewesen, und die offensichtlichen Zweifel des Arztes an meinen Schilderungen waren mir mehr als unangenehm.

»Ich gehe sicherlich recht in der Annahme, dass Sie an einer stationären Aufnahme in unserem Haus nicht interessiert sind?«

Ich schüttelte fast unmerklich den Kopf. Er musste es aber trotzdem registriert haben, denn er stieß einen tiefen Seufzer aus und gab der anwesenden Krankenschwester die Anweisung, mir ein paar Schmerztabletten, meine Röntgenbilder und den Untersuchungsbericht auszuhändigen. Mit der Auflage, in den nächsten Tagen zu einem Kontrolltermin zu erscheinen, wurde ich entlassen.

Schritt für Schritt bewegte ich mich langsam auf den Ausgang der Klinik zu. Jede Bewegung löste ein wahres Feuerwerk an Schmerzen in mir aus. Draußen angekommen, atmete ich erst einmal tief durch und sog die kühle Abendluft ein. Vielmehr versuchte ich tief durchzuatmen, denn so ganz wollte mir das nicht gelingen: Ich verspürte sofort ein heftiges Stechen in der linken Lungenhälfte, wohl die Folge meines Rippenbruchs.

Allmählich dämmerte mir die Situation, in der ich mich nun befand: Meine schöne, günstige Wohnung hatte ich aufgegeben, mein Partner hatte mich krankenhausreif geprügelt, und zu meinen Freunden hatte ich jeden Kontakt verloren, sodass ich keinen Ort hatte, an dem ich nun Zuflucht suchen konnte. Was war nur aus mir geworden? Wie hatte es so weit kommen können, dass ich mich in eine solche Abhängigkeit von einem Mann gebracht hatte? Warum hatte ich nicht längst die Reißleine gezogen?

Nach einer Bank oder anderen Sitzgelegenheit suchend blickte ich mich um. Länger als fünf Minuten aufrecht zu stehen, war mir in meinem Zustand unmöglich.

Ich war gerade fündig geworden, als ich sah, wie sich ein dunkler Schatten von der Krankenhausmauer löste: Mahmud, der direkt auf mich zusteuerte!

Sofort beschleunigte sich mein Herzschlag. Weil ich aber wegen meiner Verletzungen sowieso nicht weglaufen konnte, blieb ich einfach still sitzen und harrte der Dinge, die da kommen würden.

Schweigend nahm er neben mir Platz. Als ich ihn unauffällig von der Seite musterte, sah ich, dass er am ganzen Körper zitterte.

»Wie geht es dir?«, war alles, was er nach einer Ewigkeit herausbrachte.

7. Kapitel – Wer nicht hören will, muss fühlen

So sehr ich mich auch vor ihm fürchtete, so wenig hatte ich trotz allem meinen Sinn für Ironie verloren. Was sollte mir schon passieren? Verprügelt hatte er mich ja bereits!

»Oh, Mahmud, mir geht es ganz hervorragend! Ja, ich möchte fast behaupten, es ging mir noch nie besser! So ein paar nette Platzwunden und eine Rippenfraktur habe ich mir schon immer gewünscht«, lachte ich höhnisch auf.

Mahmud vergrub das Gesicht in den Händen.

»Es tut mir so leid, Katja! Ich würde alles dafür geben, das Geschehene rückgängig machen zu können. Ich weiß auch nicht, was in mich gefahren ist. Bitte, Katja, verzeih mir! Ich schwöre dir, dass so etwas nie mehr passieren wird! Bitte, Katja, lass es mich wieder gutmachen!«

Bei seinen letzten Worten hatte er die Hände vom Gesicht genommen und mir direkt in die Augen geschaut. Ich meinte, echte Verzweiflung in seinem Blick zu lesen. Aber eine Weiterführung unserer Beziehung schien mir in dem Moment völlig indiskutabel. Zu tief waren auch die seelischen Verletzungen, die Mahmuds Schläge bei mir hinterlassen hatten. Da ich jedoch so schnell gar nicht gewusst hätte, wo ich in der nächsten Zeit hätte unterkommen sollen, einigten wir uns schließlich darauf, dass ich so lange in unserer Wohnung würde bleiben können, bis ich ein neues Domizil gefunden hätte. Ich wollte gleich am nächsten Tag bei Maria vorbeifahren und ihr von meiner Situation berichten. Vielleicht wusste sie ja Rat.

Mahmud versprach mir hoch und heilig, mich nicht anzufassen und völlig in Frieden zu lassen.

»Ich werde mir ein paar Tage Urlaub nehmen und dich gesund pflegen«, erbot er sich.

»Das ist nicht nötig«, lehnte ich seinen Vorschlag sofort ab. »Ich möchte einfach nur meine Ruhe haben und erst mal darüber hinwegkommen, was heute passiert ist.«

Vierundzwanzig Stunden am Tag Mahmud um mich herum, das würde ich im Augenblick sicherlich nicht verkraften!

Zu Hause angekommen, offenbarte sich bald das nächste Problem: Es erschien mir unmöglich, mit Mahmud in einem Bett zu schlafen. Glücklicherweise zeigte er sofort Verständnis.

»Kein Problem, Katja! Ich schlafe auf dem Sofa und überlasse dir das Schlafzimmer.«

Als Beweis, dass es ihm damit auch ernst war, schleppte er sofort sein Bettzeug ins Wohnzimmer.

Langsam spürte ich, wie wieder etwas Ruhe in meinen lädierten Körper einkehrte. Vorsichtig entledigte ich mich meiner Kleidung und schlüpfte in mein Nachthemd. Nachdem mir Mahmud noch eine gute Nacht gewünscht hatte, zog ich mich ins Schlafzimmer zurück. Vorsichtshalber schloss ich die Tür ab. Es dauerte lange, bis ich an jenem Abend in einen unruhigen Schlaf fiel.

8. Kapitel

Die Familie

Seit der grauenhaften Prügelattacke waren fast zwei Wochen vergangen. Mahmud hatte sich mir gegenüber ausgesprochen höflich und zurückhaltend verhalten. In der Tat hatte er sich Urlaub genommen, ich hatte ihn nicht davon abbringen können. Zu dem Zeitpunkt war ich noch der festen Überzeugung gewesen, er wolle mir damit seine Liebe beweisen. Erst sehr viel später sollte ich erfahren, dass er sich nur freigenommen hatte, weil er befürchtete, ich könnte, bis er von der Arbeit zurückkam, meine Siebensachen gepackt haben und für immer verschwunden sein.

Er wuchs in jenen goldenen Oktobertagen regelrecht über sich selbst hinaus. Der komplette Haushalt wurde anfangs von ihm erledigt. Ich hingegen verbrachte die meiste Zeit damit, mir zu überlegen, wie es nun weitergehen sollte. Meist dämmerte ich im Bett oder auf dem Sofa vor mich hin und starrte gedankenverloren zum Fenster hinaus, hinter dem sich die Bäume erst gelb, dann braun verfärbten. Ein Blick in die Immobilienseiten der Tageszeitungen hatte ernüchternde Ergebnisse hervorgebracht: Bezahlbare Wohnungen waren rar und die meisten Angebote in der Nähe überstiegen mein Budget um ein Vielfaches. Mahmud hatte meine Bemühungen verfolgt, sich aber jede Bemerkung dazu verkniffen.

Ich nahm wahr, wie sich allmählich ein Sinneswandel in mir vollzog. Je mehr Zeit seit Mahmuds tätlichem Angriff vergangen war, desto unwirklicher erschien mir das Ganze. Ich spürte, dass meine Gefühle für ihn langsam wieder aufflammten. Zuerst wehrte ich mich noch dagegen, aber später begann ich tatsächlich über eine Weiterführung unserer Beziehung nachzudenken. Ich hing sehr an Mahmud, da brauchte ich mir gar nichts vorzumachen. Allein der Gedanke an die Phase, als wir schon einmal voneinander getrennt gewesen waren, löste tiefe Trauer in mir aus. Seine an den Tag gelegte Fürsorglichkeit gab meiner Hoffnung Nahrung, dass es sich bei seinem Ausraster wirklich nur um eine einmalige Angelegenheit gehandelt haben könnte.

Mahmud spürte natürlich die Wandlung, die in mir vorging, und so saßen wir eines Abends zusammen, um uns über unsere Zukunft zu unterhalten. Er versprach mir zum wiederholten Male, sich künftig zusammenzureißen. Dabei schaute er mich so reumütig an, dass es nicht lange dauerte, bis ich mich in seinen Armen wiederfand. Er bedeckte mein Gesicht mit Küssen und schien unendlich erleichtert, dass sich die Situation noch einmal zu seinen Gunsten gewendet hatte.

In den nächsten Tagen gab er sich alle Mühe, mir seine Liebe zu beweisen. Fast täglich brachte er mir Blumen mit nach Hause.

»Mahmud, wir haben keine Vasen mehr!«, versuchte ich ihn lachend zu bremsen.

Dies führte aber nur dazu, dass er am nächsten Tag nicht nur Blumen mitbrachte, sondern auch gleich noch ein paar passende Vasen. Es waren wirklich unbeschwerte Tage, und alle unsere Probleme schienen weit in den Hintergrund gerückt zu sein.

8. Kapitel – Die Familie

»Hast du Lust, meine Familie kennenzulernen?«, fragte er mich eines Abends kurz vor Weihnachten völlig unvermittelt, als wir beim Essen saßen.

Erfreut blickte ich von meinem Teller auf.

»Ja, das würde ich sehr gerne!«

»Gut, dann fahren wir morgen zu meinem Bruder Ali. Er hat vor einiger Zeit geheiratet, und seine Frau ist erst seit ein paar Wochen in Deutschland. Sie wird sich freuen, dich kennenzulernen.« Plötzlich wurde Mahmud etwas verlegen. »Du müsstest dir aber etwas Neues zum Anziehen besorgen«, fügte er hinzu.

Er griff in seine Hosentasche und legte ein paar Geldscheine auf den Tisch. Ratlos schaute ich ihn an.

»Aber ich habe doch einen ganzen Schrank voll mit Klamotten! Du musst mir nichts Neues kaufen!«, protestierte ich entschieden.

»In meiner Familie tragen die Frauen alle lange Röcke und langärmelige Blusen. Deine Röcke sind zu kurz, Katja. Meine Familie würde sich beleidigt fühlen, wenn du in einem solchen Aufzug dort auftauchen würdest. Tu es bitte mir zuliebe! Wenn wir zu Hause sind, kannst du die Sachen ja sofort wieder ausziehen und in die hinterste Ecke deines Kleiderschranks verbannen.«

Er schaute mich so flehentlich an, dass ich ihm diese Bitte unmöglich abschlagen konnte. Außerdem freute ich mich wirklich darauf, endlich seine Familie kennenzulernen, und wollte dort natürlich auch einen guten Eindruck hinterlassen.

Da ich noch krankgeschrieben war, setzte ich mich am nächsten Morgen in den Bus und fuhr in die Innenstadt. Nach langem Suchen fand ich einen halbwegs schicken Rock, der die erforderliche Knöchellänge aufwies. Eine passende Bluse war dann schnell gefunden, da diese ja lediglich keinen weiten Ausschnitt und lange Ärmel haben musste. Einigermaßen zufrieden trat ich den Heimweg an.

Den ganzen Nachmittag über war ich sehr aufgeregt. Es war das erste Mal, dass ich bei einer türkischen Familie zu Besuch eingeladen war. Als Mahmud von der Arbeit nach Hause kam und meine Nervosität spürte, musste er lachen.

»Die werden dich schon nicht auffressen, Liebling!«

Er nahm mich in den Arm und gab mir einen zärtlichen Kuss auf die Nasenspitze. Kurz bevor wir fahren wollten, folgten dann aber doch noch diverse Verhaltensmaßregeln.

»Schau den männlichen Mitgliedern meiner Familie nie direkt ins Gesicht! Das gehört sich nicht! Sprich nur, wenn du gefragt wirst! Und du darfst vor meiner Familie niemals rauchen, das wäre respektlos. Ach, und bevor ich es vergesse: Wir werden uns dort nicht im selben Raum aufhalten. Bei uns ist es nicht üblich, dass Männer und Frauen zusammensitzen.«

Mir schwirrte der Kopf vor lauter Anweisungen. So hatte ich mir diesen Besuch nun wirklich nicht vorgestellt!

»Aber, Mahmud, wie soll das funktionieren?«, wandte ich kleinlaut ein. »Ich kann mich doch mit deiner Schwägerin gar nicht verständigen. Ich spreche kein Türkisch und sie garantiert kein Deutsch.«

Mahmud zwinkerte mir aufmunternd zu.

»Dann unterhaltet ihr euch eben in Zeichensprache, mein Schatz!«

Wieder einmal nahm er mich einfach nicht ernst. Seufzend gab ich es auf, ihm meine Bedenken mitzuteilen. Es würde schon schiefgehen.

Nach einer kurzen Autofahrt erreichten wir das Haus, in dem sein Bruder lebte. Von außen sah es ganz nett aus, relativ gepflegt und mit einem kleinen leicht verwilderten Vorgarten. Auf unser Klingeln hin wurde uns sofort die Tür geöff-

8. Kapitel – Die Familie

net. Eine blutjunge Frau, die ein bis tief in die Stirn gezogenes Kopftuch trug, stand schüchtern im Flur und murmelte ein kaum zu verstehendes »*Hoz geldiniz*!«. Erst später sollte ich erfahren, dass dies unter Türken die übliche Begrüßung für Gäste ist und man »*Hoz bulduk*!« darauf erwidert.

Ich lächelte sie freundlich an und streckte ihr die Hand zur Begrüßung entgegen. Nur zögerlich ergriff sie sie. Plötzlich tauchte von hinten ein Mann auf, der sich mir als Mahmuds Bruder Ali vorstellte. Nachdem sich auch die Brüder begrüßt hatten, gingen sie direkt in das angrenzende Wohnzimmer.

Die junge Frau zeigte mit einem Finger auf sich und sagte: »Hatice.« Wie ich richtig vermutete, handelte es sich hierbei um ihren Namen. Dann gab sie mir durch eine erneute Handbewegung zu verstehen, ich solle ihr in die Küche folgen. Zumindest schlussfolgerte ich aus der spärlichen Einrichtung, dass es sich bei dem Raum um die Küche handeln musste. Obwohl er sehr groß war, befanden sich nur ein Herd, ein Kühlschrank, eine Spüle und ein paar Schränke darin. Von einer Sitzmöglichkeit war weit und breit nichts zu sehen. Lediglich ein paar große Kissen lagen auf dem Boden herum.

Dort hatte es sich bereits eine andere junge Frau bequem gemacht. Zu meiner Überraschung und Erleichterung begrüßte sie mich in fast akzentfreiem Deutsch.

»Hallo und herzlich willkommen! Ich bin Aysegül, die Frau von Mahmuds Bruder Ogün. Und du musst Katja sein! Es wurde schon viel über dich gesprochen in unserer Familie. Setz dich doch zu mir!«

Sie deutete auf den freien Platz neben sich und klopfte mit der Hand auf das Kissen. Gern kam ich der freundlichen Aufforderung nach. Hatice bereitete derweil in zwei silbernen Kannen Tee zu, die sie den Männern zusammen mit etwas Obst ins Wohnzimmer brachte.

Ich betrachtete Aysegül verstohlen von der Seite. Sie war höchstens zwanzig Jahre alt und von einer seltenen Schönheit. Ihre Haare hielt sie unter einem weißen Kopftuch verborgen, das mit goldenen Stickereien verziert war. Ihre Augen waren groß und ausdrucksvoll.

Als sie bemerkte, dass ich sie musterte, schenkte sie mir ein warmes Lächeln.

»Erzähl mir was von dir!«, bat sie. »Die restliche Familie ist schon ganz neugierig darauf, mehr von dir zu erfahren.«

Bereitwillig berichtete ich aus meinem Leben und wie Mahmud und ich uns kennengelernt hatten. Hatice hatte sich mittlerweile auch wieder zu uns gesellt, und Aysegül hatte alle Hände voll zu tun, meine Worte zu übersetzen. Ab und zu sah ich, wie die zwei Frauen bei meinen Schilderungen erstaunt die Augenbrauen hoben oder den Kopf schüttelten. Als ich geendet hatte, stießen sie beide tiefe Seufzer aus.

»Ich beneide dich um dein Leben«, sagte Aysegül schließlich, nachdem eine Weile Schweigen geherrscht hatte.

Verlegen musste ich lachen.

»Was gibt's denn da zu beneiden?«, wollte ich wissen.

»Du bist frei erzogen worden und kannst mit dem Mann zusammen sein, den du liebst.«

Es dauerte einen Moment, bis ich verstand, was sie mir damit sagen wollte.

»Ja, liebst du deinen Mann etwa nicht?«, fragte ich ungläubig.

Aysegül blickte beschämt zu Boden.

»In unserer Familie heiratet man nicht aus Liebe, Katja. Es sind fast immer arrangierte Ehen, die von den Eltern des Brautpaars vereinbart werden. Ich wurde Ogün schon mit drei Jahren versprochen, und als ich vierzehn war, wurden wir verheiratet. Am Anfang dachte ich oft darüber nach,

8. Kapitel – Die Familie

meinem Leben ein Ende zu bereiten. Leider hatte ich aber nie den Mut dazu.«

Wieder herrschte einen Moment betretene Stille, bevor sie schließlich fortfuhr.

»Aber heute ist es okay so, wie es ist. Ich habe gelernt, meinen Mann zu lieben.« Als ob sie mir zu viel verraten hätte, wechselte Aysegül schnell das Thema. »Wie sieht es denn mit dir und Mahmud aus? Wollt ihr heiraten?«

»Darüber habe ich mir bisher gar keine Gedanken gemacht«, erwiderte ich wahrheitsgemäß. »Eine Eheschließung ist zwischen mir und Mahmud noch nie der Punkt gewesen.«

»Dann solltest du dir aber mal Gedanken darüber machen! Wir Türken feiern nämlich fantastische Hochzeitsfeste!«

Aysegül zwinkerte mir zu und wandte sich an Hatice, um ihr das vorangegangene Gespräch zu übersetzen. Später bereiteten wir gemeinsam das Abendessen zu. Da ich nicht Türkisch kochen konnte, beschränkte sich meine Mithilfe auf Gemüseschnippeln. Auch das Abendessen wurde getrennt eingenommen. Hatice servierte den Männern das Essen im Wohnzimmer, wir Frauen aßen in der Küche.

Beim anschließenden Teetrinken erfuhr ich, das Aysegül schon im Alter von fünf Jahren nach Deutschland gekommen war und bis zum Eintritt in die Pubertät ein sehr freies Leben hatte führen können. Dann allerdings war es vorbei mit der Freiheit. Die Familie beschloss, dass sie fortan zu Hause bleiben musste. Sie durfte die Schule nicht mehr besuchen und hatte ein Kopftuch zu tragen. Als sie dreizehn Jahre alt war, wurde Verlobung gefeiert, mit vierzehn dann die Hochzeit.

»Am schlimmsten war die Hochzeitsnacht«, erzählte sie mir. »Weißt du, ich wurde von niemandem aufgeklärt. Bei uns spricht man über solche Dinge nicht. Ogün war für mich ein fast fremder Mensch. Er war zwei- oder dreimal bei uns zu Besuch gewesen und ich habe ihm Tee serviert. Das war der einzige Kontakt, den wir vor der Hochzeit hatten.«

Eine Woge von Mitleid durchflutete mich. In welch eine grausame Kultur war ich denn hier hineingeraten? Dutzende von Fragen taten sich vor mir auf. Mahmud würde mir später Rede und Antwort stehen müssen. Gern hätte ich auch noch etwas über das Schicksal von Hatice erfahren, aber die mangelnden Sprachkenntnisse verhinderten dies. Aysegül hatte auch so schon genug damit zu tun, unser Gespräch zu dolmetschen. Ich wollte sie nicht noch mehr strapazieren.

Als wir uns später verabschiedeten, musste ich Aysegül fest versprechen, sie auch bald einmal zu Hause zu besuchen. Hatice schenkte mir zum Abschied ein Kopftuch, das sie eigenhändig mit aufwendigen Stickereien verziert hatte, sowie ein Armband mit einem Anhänger in Form eines Auges. Aysegül erklärte mir, dass mich dieses Auge vor bösen Blicken schützen sollte.

Unterwegs im Auto war ich sehr nachdenklich. Mahmud bemerkte dies natürlich und fragte mich, was los sei. Da ich aber erst einmal Ordnung in meine Gedanken bringen wollte, gab ich nur ausweichend Antwort und ließ das Gespräch mit Aysegül während der Fahrt Revue passieren. Sie hatte mir bei unserer Unterhaltung versichert, dass die Verhaltensweisen der Männer in ihrer Familie rein gar nichts mit der islamischen Religion zu tun hätten, sondern lediglich auf alte Familientraditionen zurückzuführen seien. Es würde nicht überall so zugehen wie bei ihnen. Leider konnte ich das so gar nicht beurteilen, da ich nichts über den Islam wusste. Ich beschloss, am nächsten Tag in die Stadt zu fahren und mir eine deutsche Übersetzung des Korans zu besorgen.

Mahmud hatte sich vorgenommen, mich nun peu à peu auch dem Rest der Familie vorzustellen. Schließlich waren wir

8. Kapitel – Die Familie

schon seit gut anderthalb Jahren zusammen und teilten seit Monaten eine gemeinsame Wohnung. Für diesen nasskalten Januartag war ein Besuch bei seinem Cousin Hassan etwa vierzig Kilometer von unserem Wohnort entfernt geplant.

Zu meiner großen Begeisterung stellte sich heraus, dass Hassan mit einer deutschen Frau verheiratet war. Manuela war vierundzwanzig und schon seit drei Jahren seine Ehefrau. Dass sie keine absolute Schönheit war, sah man auf den ersten Blick: Sie war relativ klein und kräftig gebaut und ihre kurzen Locken standen in alle Richtungen vom Kopf ab, sodass ihr Gesicht sehr breit und ihre Augen wesentlich kleiner wirkten, als sie tatsächlich waren. Doch es ging eine große Wärme von ihr aus und ich fühlte mich in ihrer Gegenwart sofort wohl. Nach der herzlichen Begrüßung bat sie uns herein. Ihre Wohnung war sehr groß, geschmackvoll eingerichtet und blitzsauber. Hassan werde erst später dazukommen, hieß es, da er sich noch an seinem Arbeitsplatz in einer Pizzeria befand.

Nachdem wir im Wohnzimmer Platz genommen hatten, nahm Manuela unsere Getränkewünsche entgegen. Ich hatte mittlerweile meine Vorliebe für den etwas herben Geschmack des türkischen Tees entdeckt. Mahmud schloss sich mir an, und so standen nur kurze Zeit später die mir schon bekannten silbernen Teekannen auf dem Tisch. Besonders gut gefielen mir die kleinen bunten Gläser, in denen der Tee serviert wurde. Ich beschloss, Mahmud zu bitten, für unseren Haushalt ebenfalls ein solches Service zu besorgen.

Natürlich wollte auch Manuela, die mich die ganze Zeit interessiert gemustert hatte, gern wissen, unter welchen Umständen Mahmud und ich uns kennengelernt hatten, und bereitwillig erzählte ich ihr unsere Geschichte. Kaum war ich fertig mit meinem Bericht, hörten wir auch schon, wie sich der Schlüssel in der Wohnungstür herumdrehte: Hassan. Als er kurz darauf das Wohnzimmer betrat, glaubte ich meinen Augen nicht zu trauen. Hassan war sicherlich einer der bestaussehendsten Männer, die ich je gesehen hatte. Er war mindestens einen Meter achtzig groß, muskulös, braun gebrannt und hatte dichtes, leicht gewelltes Haar. Wenn er lächelte, blitzten seine makellosen weißen Zähne auf. Sofort stellte sich mir die Frage, warum er sich wohl eine so unscheinbare Frau wie Manuela gesucht hatte. Die Begrüßung zwischen den beiden konnte man auch getrost als unterkühlt bezeichnen. Mir war aber nicht klar, ob diese Zurückhaltung nicht vielleicht mit unserer Anwesenheit zu erklären wäre. Auch Mahmud tauschte im Beisein Dritter kaum Zärtlichkeiten mit mir aus.

Hassan setzte sich zu uns und Manuela servierte ihm ebenfalls einen Tee. Anschließend entschuldigte sie sich, weil sie in der Küche das Abendessen vorzubereiten hätte. Ich erbot mich sofort, ihr zu helfen, denn einerseits wollte ich nur ungern mit den beiden Männern allein bleiben, und andererseits war ich neugierig, die Geschichte zu erfahren, die Hassan und Manuela miteinander verbinden musste. Denn es gab eine, dessen war ich mir sicher.

Mit einem Lächeln schloss meine neue Bekannte die Küchentür hinter uns zu.

»Dann sind wir ungestört und können ein bisschen quatschen. Männer dürfen alles essen, aber nicht alles wissen!« Sie zwinkerte mir verschwörerisch zu. »Aber jetzt mal ehrlich: Wie kommt ihr beide denn wirklich im Alltag zurecht? Ich weiß doch, wie schwierig Mahmud ist! Schließlich ist er mit Hassan verwandt, und der ist definitiv auch schwierig.« Wieder folgte ein kurzes Lachen.

Manuela hatte eine so entwaffnend offene Art, dass ich ihr ohne Bedenken alle Schwierigkeiten anvertraute, die ich

8. Kapitel – Die Familie

in der letzten Zeit mit Mahmud durchlebt hatte. Während sie Hähnchenschenkel und Gemüse auf einem Backblech platzierte, hörte sie mir aufmerksam zu.

»Ja, so in etwa hatte ich mir das schon gedacht«, sagte sie mit einem Kopfschütteln. »Es hätte mich auch schwer gewundert, wenn Mahmud sich in so kurzer Zeit grundlegend geändert hätte.«

Nun machte sie mich aber neugierig!

»Wie soll ich das verstehen?«, wollte ich sogleich in Erfahrung bringen.

»Nun ja, du musst wissen, dass Mahmud vor dir schon mal zwei Jahre mit einer deutschen Frau zusammen war. Sie heißt Tamara. Er hat sie leider nicht immer gut behandelt. Sie war oft bei mir, um sich Rat oder Trost zu holen.«

Ich horchte auf.

»Was heißt ›nicht gut behandelt‹?«

Manuela schaute mich ernst an.

»Ich möchte nicht schlecht über Mahmud reden, Katja. Ich denke, du hast sicher auch schon deine eigenen Erfahrungen mit seinem aufbrausenden Charakter gemacht. Er ist nun mal sehr eifersüchtig und besitzergreifend. Dadurch entstehen natürlich viele Probleme.«

Für eine Weile sagte keine von uns ein Wort und Manuela schob das Backblech in den Ofen.

»Wo ist Tamara jetzt?«, fragte ich schließlich.

»Oh, sie lebt jetzt in einer anderen Stadt. Nachdem Mahmud sich vor etwa zwei Jahren von ihr getrennt hat, musste sie den Ort verlassen. Er hat das so gewollt, und sie hat sich daran gehalten.«

Ich war sprachlos. Nicht nur die Tatsache, dass der Übergang zwischen Tamara und mir offenbar fast nahtlos gewesen war, schockierte mich, sondern auch, dass er sie nach

Beendigung der Beziehung so einfach aus ihrer Heimatstadt hatte verjagen können.

»Katja, tu mir bitte den Gefallen und erzähl Mahmud mit keinem Wort, was du von mir gehört hast!«, riss Manuela mich aus meinen Gedanken. »Ich bekomme sonst ernsthafte Schwierigkeiten mit Hassan!«

»Natürlich, mach dir keine Sorgen, Manuela!«, beruhigte ich sie. »Ich werde schweigen wie ein Grab. Hast du denn gar keine Probleme mit Hassan?«, fragte ich dann.

»Ich liebe Hassan aufrichtig, aber leider ist diese Liebe sehr einseitig. Er hat mich nur geheiratet, um eine Aufenthaltsgenehmigung für Deutschland zu bekommen. Und die hat er bald, denn wir sind jetzt schon seit über drei Jahren zusammen. Keine Ahnung, was passiert, wenn die Mindestfrist für eine Ehe abgelaufen ist«, erklärte sie fast emotionslos.

Ich wollte gerade weiter nachfragen, als Mahmud den Kopf zur Küchentür hereinsteckte.

»Wo bleibt ihr denn?«

Wie auf Kommando sprangen Manuela und ich von unseren Plätzen auf.

»Wir wollten gerade kommen!«, antworteten wir im Chor.

Wie zwei Schulmädchen, die von ihrem Lehrer gemaßregelt werden, dachte ich, als ich mit Manuela zusammen den Tisch fürs Abendbrot im Esszimmer deckte, während die beiden Männer nebenan noch vor dem Fernseher saßen. Und genauso naiv kam ich mir auch vor, wenn ich an Mahmuds Exfreundin dachte. Tamara – warum hatte er mir nie von ihr erzählt? Ich hatte schließlich auch kein Geheimnis daraus gemacht, dass ich vor ihm mit einem anderen zusammen gewesen war. Wie viele Dinge gab es wohl noch in Mahmuds Leben, von denen ich keine Ahnung hatte?, fragte ich mich alarmiert.

9. Kapitel

Ein leeres Versprechen

Das ganze Frühjahr hindurch verging kaum eine Woche, in der wir nicht irgendwelche Verwandten von Mahmud besuchten. So lernte ich nach und nach alle seine Brüder, Schwestern sowie unzählige Onkels und Tanten, Cousins und Cousinen kennen. Längst schon hatte ich mir noch ein paar mehr lange Röcke und Blusen besorgt, damit ich nicht immer in denselben Kleidern zu den Besuchen erscheinen musste. Wirklich wohl fühlte ich mich darin nicht. Umso schlimmer war es für mich, als Mahmud eines Tages von mir verlangte, mich ab sofort immer so zu kleiden.

»Fast meine ganze Familie kennt dich jetzt, Katja. Ich möchte nicht, dass sie anfangen, schlecht über dich zu reden, falls sie dich zufällig mal in Jeans und T-Shirt in der Stadt herumlaufen sehen«, begründete er seinen Wunsch.

»Warum sollten sie das tun? Sie wissen doch, dass ich eine deutsche Frau bin!«, versuchte ich mich zu wehren.

»Keine Frau aus unserer Familie läuft so herum. Du bist jetzt auch ein Teil meiner Familie. Du hast die Wahl, Katja: Entweder du passt dich mit deinem Kleidungsstil an oder du verlässt die Wohnung nicht mehr!«

Mahmuds Augen funkelten böse, während er diese Drohung ausstieß. Es war das erste Mal, seit er mich verprügelt hatte, dass er wieder richtig ungemütlich wurde. Erstaunlicherweise verspürte ich aber diesmal keine Angst. Ich war fest entschlossen, um das bisschen Individualität, das mir noch geblieben war, zu kämpfen.

»Ich werde weder täglich diese Klamotten tragen noch ständig in unserer Wohnung bleiben. Du hast dir eine deutsche Freundin ausgesucht, nun respektier das auch!«

Mahmud verschlug es für einen Moment die Sprache. Mit solch einem Widerstand hatte er wohl nicht gerechnet. Plötzlich kam er langsam auf mich zu.

»Rede nicht so mit mir, Katja! Es könnte dir sonst leidtun.«
Er klang gefährlich ruhig.

»Ich rede so mit dir, wie du mit mir redest«, gab ich ihm Kontra.

Ich hatte meinen Satz kaum zu Ende gesprochen, als er mir auch schon eine schallende Ohrfeige verpasst hatte. Starr vor Schreck hielt ich den Atem an. Meine Wange brannte wie Feuer.

Mit einem Mal wurde ich von einer unbändigen Wut erfasst. Ohne weiter nachzudenken, ging ich wie eine Furie auf ihn los. Doch weit kam ich dabei nicht. Schon spürte ich den nächsten Schlag in meinem Gesicht. Nun hatte er meine Nase getroffen, und ich merkte, wie mir das Blut langsam über das Gesicht rann. Dann zog er mich an den Haaren ins Schlafzimmer und warf mich aufs Bett.

»Wage nicht, auch nur einen Schritt aus dem Schlafzimmer rauszukommen, bevor ich dir das erlaube! Hier kannst du darüber nachdenken, ob du mir in Zukunft noch einmal widersprichst!«

Mahmud bebte vor Zorn. Unbeherrscht knallte er die Tür ins Schloss, als er den Raum verließ.

Ich war unfähig, auch nur einen klaren Gedanken zu fassen. Er hat es wieder getan, er hat es wieder getan!, hämmer-

9. Kapitel – Ein leeres Versprechen

te es in meinem Kopf. Er hat sein Versprechen gebrochen und Gewalt gegen mich angewendet. Mich geschlagen, als wäre ich ein Stück Vieh!

Nachdem ich den ersten Schock verdaut hatte, beschloss ich, zumindest den Versuch zu starten, aus unserer Wohnung zu flüchten. Wir wohnten im Erdgeschoss, sodass ich ohne Weiteres durchs Fenster nach draußen gelangen konnte. Das Problem war nur, dass sich der Autoschlüssel im Flur befand und ich nicht genau wusste, in welchem Raum der Wohnung sich Mahmud aufhielt.

Langsam und vorsichtig schob ich die Tür auf. Ich zitterte vor Anspannung. Da lag der Schlüssel, auf dem kleinen Flurschränkchen! Er war fast zum Greifen nahe. Aus dem Wohnzimmer hörte ich Geräusche, die darauf schließen ließen, dass der Fernseher in Betrieb war. Auf Zehenspitzen schlich ich in den Flur. Zum Glück war der Fußboden mit einem dicken Teppichboden ausgelegt, der jeden meiner Schritte schluckte. Ich versuchte den Schlüssel an mich zu nehmen, ohne dass ein verräterisches Klimpern entstand.

Ich hatte ihn gerade in meiner Rocktasche verstaut, als Mahmud in den Flur hinaustrat. Sofort verengten sich seine Augen, und er begann mich erneut anzuschreien.

»Hast du nicht kapiert, was ich dir gesagt habe? Willst du noch mehr Schläge haben? Hat es dir noch nicht gereicht?«

Wieder packte er mich an den Haaren und zog mich ins Schlafzimmer zurück, wo er mich zu Boden stieß und auf mich spuckte. Als er diesmal den Raum verließ, schloss er die Tür von außen ab.

Mir war das egal. Ich war nur froh, dass er den fehlenden Autoschlüssel nicht bemerkt hatte. Für einen Moment verhielt ich mich ganz ruhig, um Kraft zu sammeln. So leise ich konnte, öffnete ich dann das Fenster und kletterte hinaus.

Schnell rannte ich zu seinem Auto und versuchte den Motor zu starten. Vor lauter Aufregung gelang es mir erst beim dritten Versuch. In ständiger Panik, dass er meine Flucht mittlerweile bemerkt haben könnte, schaute ich mich immer wieder um. Als ich endlich die Straße Richtung Ortsausgang befuhr, fing ich vor Erleichterung an zu weinen. Völlig ohne Ziel fuhr ich durch die Gegend. Mein erster Gedanke war, zu Maria oder zu Petra zu fahren. Doch sofort verwarf ich diese Idee wieder, dort würde er mich sicherlich zuerst suchen. Auch meine Mutter schied aus. Sie würde sich nur wahnsinnig aufregen, wenn sie von meiner Situation erfuhr. Plötzlich fiel mir Manuela ein. Wir waren erst einmal bei ihr und Hassan zu Besuch gewesen, dort würde er mich sicherlich nicht vermuten. Erleichtert gab ich Gas.

Glücklicherweise war Manuela auch zu Hause. Erschrocken blickte sie mich an, als sie mich vor ihrer Tür stehen sah.

»Katja, um Himmels willen, was ist denn mit dir passiert? Dein ganzes Gesicht ist ja blutverschmiert!«

Ich hatte diese Tatsache gar nicht mehr wahrgenommen. Ein Blick in Manuelas Badezimmerspiegel bestätigte mir, dass sie recht hatte. Nachdem ich mir das Blut aus dem Gesicht gewaschen hatte, führte sie mich in die Küche und stellte eine dampfende Tasse Kaffee vor mich hin. Ihr Blick war voller Mitgefühl, als sie mich bat, ihr zu erzählen, was passiert war.

»Dieser Idiot!«, stieß sie wütend hervor, als ich geendet hatte. »Selbstverständlich kannst du erst mal hierbleiben! Ich schaue schnell nach, ob ich etwas anderes für dich zum Anziehen finde. Ich müsste noch ein paar passende Sachen von meiner Schwester hier haben.«

Kurze Zeit später kehrte sie tatsächlich mit einem T-Shirt und einer Hose zurück. Triumphierend schaute sie mich an.

9. Kapitel – Ein leeres Versprechen

»Wusste ich es doch! Das hat sie nämlich bei ihrem letzten längeren Besuch hier vergessen. Geh jetzt erst mal unter die Dusche und mach dich frisch!«

Nur zu gern kam ich ihrer Aufforderung nach. Ich war verheult, verschwitzt und meine Kleidung hatte reichlich Blutspritzer abbekommen. Als ich eine halbe Stunde später wieder bei Manuela in der Küche stand, fühlte ich mich schon bedeutend besser.

»Diesmal werde ich mich definitiv von Mahmud trennen!«

»Was heißt denn diesmal? Sag bloß, er hat dich schon mal misshandelt?«

Ich gab mir einen Ruck und erzählte ihr von Mahmuds erster Prügelattacke. Sie schüttelte nur den Kopf. Ihrer Mimik konnte ich entnehmen, dass sie wirklich entsetzt war.

»Wir haben hier in der Stadt gerade ein großes Fest mit einem Vergnügungspark«, erklärte sie, nachdem wir uns noch eine Weile über dies und das unterhalten hatten. »Was meinst du, sollen wir dort hingehen? Das bringt dich vielleicht auf andere Gedanken.«

Mir war zwar nicht nach Feiern zumute, aber Manuela schaute mich so erwartungsvoll an, dass ich ihr diesen Wunsch nicht abschlagen wollte. Kurz darauf fand ich mich auf einem riesigen Rummelplatz wieder. Überall sah man in fröhliche Gesichter. Manuela hakte sich bei mir unter und zog mich hinein in das Getümmel. Ich ließ mich von ihrer Ausgelassenheit anstecken und wir hatten wirklich eine Menge Spaß zusammen. Für ein paar Stunden vergaß ich das ganze Elend, in dem ich mich befand. Wir fuhren Achterbahn, kauften Lose und begaben uns sogar auf eine Rundfahrt durch die Geisterbahn.

Es war schon spät am Abend, als wir wieder in Manuelas Wohnung zurückkehrten. Hassan war noch nicht da. Wegen seines Jobs in der Pizzeria kam er selten vor Mitternacht nach Hause und Manuela hatte das große Glück, nicht unter seiner ständigen Kontrolle zu stehen. Wir hatten es uns gerade mit einer Kanne Tee im Wohnzimmer gemütlich gemacht, als wir sein Auto in der Einfahrt hörten. Nun wurde mir doch etwas mulmig zumute. Wie würde Hassan reagieren, wenn er erfuhr, dass ich heute bei ihm und Manuela übernachten würde? Immerhin war er der Cousin von Mahmud und würde sicherlich auf seiner Seite stehen.

»Klar kannst du heute Nacht hierbleiben!«, erwiderte er zu meiner Überraschung wie aus der Pistole geschossen. »Aber morgen solltest du wieder nach Hause fahren und mit ihm reden. Bestimmt tut ihm mittlerweile leid, was passiert ist«, fuhr er mit ernster Stimme fort.

Ich holte aus, um ihm zu erklären, dass mir das ziemlich egal sei, was Mahmud leidtue und was nicht, als Hassan ein kurzes Lachen ausstieß.

»Ja, unser verdammtes Temperament geht halt leider hin und wieder mit uns Türken durch ... Das darfst du alles nicht so eng sehen, Katja!«

Ich schluckte jeden weiteren Kommentar hinunter. Mir kam es mittlerweile so vor, als ob diese ganze Familie nicht ganz bei Sinnen wäre. Manuela musste an meinem Gesichtsausdruck erkannt haben, was in mir vorging, denn sie wechselte schnell das Thema.

Wir saßen noch eine ganze Weile beisammen, bis sie mir schließlich mein Nachtlager auf dem Wohnzimmersofa errichtete. Doch allein in dem fremden, dunklen Zimmer bekam ich kein Auge zu. Noch immer verspürte ich eine unbändige Wut und Scham über das, was Mahmud mir angetan hatte. Zugleich war ich unendlich traurig darüber, dass wir es nicht geschafft hatten, unsere kulturellen Unterschiede zu

9. Kapitel – Ein leeres Versprechen

überbrücken. Ich liebte Mahmud von ganzem Herzen, aber ich musste einsehen, dass er mit dem, was er mir nach unserer ersten großen Auseinandersetzung im Auto gesagt hatte, recht behalten hatte. Ich konnte mich noch so anstrengen – die Traditionen, die er und seine Familie lebten, blieben für mich einfach inakzeptabel. Zumal ich wusste, dass alle Frauen in seiner Familie sehr unglücklich waren. Keine von ihnen hatte das Recht, eigene Wünsche zu äußern und sich frei zu entfalten. Ihr ganzes Leben wurde von ihren Vätern oder Ehemännern fremdbestimmt. Aber eine solche Existenz konnte und wollte ich bei aller Liebe zu Mahmud nicht führen.

Während ich, statt endlich mein müdes Haupt zu betten, in Gedanken alle Möglichkeiten auslotete, wie es nun für mich weitergehen sollte, ließ mich ein lautes Poltern an der Wohnungstür aufschrecken. Ich sah, wie im Flur das Licht anging, und hörte erregte Stimmen auf Türkisch miteinander diskutieren. Kurz darauf kam Mahmud ins Zimmer gestürmt. Manuela und Hassan folgten ihm, beide völlig verschlafen.

»Steh sofort auf und zieh dich an! Du kommst jetzt auf der Stelle mit mir nach Hause«, befahl mir Mahmud unverblümt.

Augenblicklich begann ich am ganzen Körper zu zittern. Hilfesuchend blickte ich Hassan an. Der zuckte nur mit den Schultern.

»Nun setz dich erst mal, Mahmud! Manuela bringt dir einen Tee«, versuchte er seinen Cousin zu beruhigen.

Mahmud sagte ein paar türkische Sätze, die ich nicht verstand, und blieb stehen. Wieder forderte er mich auf, mich sofort anzuziehen und mit ihm zu kommen.

Ich begann zu weinen. Plötzlich kam er auf mich zu und zog mich vom Sofa.

»Ich sage es dir zum letzten Mal: Zieh dich jetzt an!«

Manuela wollte ihn gerade beschwichtigen, als ein scharfer Seitenblick von Hassan sie sofort zum Schweigen brachte.

Ich kam mir vor wie in einem schlechten Film. Hier hatte es ein offensichtlich Wahnsinniger darauf abgesehen, mich wieder in seine Gewalt zu bringen, und niemand wollte oder konnte mir helfen! Um Mahmud nicht noch mehr in Rage zu versetzen, tat ich so, als wollte ich seiner Aufforderung Folge leisten. Längst hatte ich einen Plan gefasst: Ich würde zum Umziehen ins Badezimmer gehen und von dort aus durchs Fenster die Flucht ergreifen.

»Ich werde dich beim Anziehen begleiten, Katja. Nicht dass du noch auf dumme Gedanken kommst!«, vereitelte Mahmud sofort wieder meinen Plan.

In dem Moment resignierte ich. Ich würde mich dieser Auseinandersetzung stellen müssen, ob ich nun wollte oder nicht. Unter Mahmuds strengen Blicken schlüpfte ich in meine Kleider, bedankte mich bei Hassan und Manuela für ihre Gastfreundschaft und folgte meinem Freund und Peiniger zitternd zum Auto.

Fast die ganze Fahrt über musste ich mir bitterböse Vorwürfe anhören. Ich hätte ihn durch mein Verhalten bei seiner Familie blamiert, hielt Mahmud mir vor. Kein Wort darüber, dass er wieder Gewalt an mir ausgeübt hatte, von einer Entschuldigung ganz zu schweigen! Zum ersten Mal, seit wir zusammen waren, fühlte ich mich von einem Gefühl der absoluten Machtlosigkeit gepackt. Ich wollte diese Beziehung um keinen Preis der Welt weiterführen. Ich war mir sicher, dass Mahmud mir nun sein wahres Gesicht gezeigt hatte. Zu Hause angekommen, setzte ich ihn von meinem Entschluss, mich endgültig von ihm zu trennen, in Kenntnis.

»Setz dich, Katja!« Er dirigierte mich auf das Sofa. »Jetzt hör mir mal gut zu: Ich habe nie ein Geheimnis daraus ge-

9. Kapitel – Ein leeres Versprechen

macht, was ich von dir erwarte. Du warst damit einverstanden. Dann habe ich dich in meine Familie gebracht, alle haben sie dich als meine feste Partnerin kennengelernt. Nun gibt es für dich kein Zurück mehr! Du kannst nicht mehr einfach so gehen, weil es dir gerade passt. Du würdest mich damit zum Gespött meiner Familie machen. Das werde ich nicht zulassen.« Er schwieg einen Moment, bevor er in wohlgesetzten Worten weitersprach. »Auch wenn du es nicht glaubst: Ich liebe dich wirklich! Ich liebe dich wahrscheinlich sogar zu sehr. Eins musst du aber wissen: Solltest du wieder versuchen zu fliehen, werde ich dich finden und töten!«

Es dauerte einen Moment, bis mir die volle Bedeutung seiner Worte klar wurde. Ein eisiger Schauer lief mir über den Rücken.

»Du bist verrückt!«, entfuhr es mir.

Erschrocken über meine eigene Äußerung, schaute ich ihn mit bebendem Herzen an.

»Ja, vielleicht bin ich das. Das ändert aber nichts an der Tatsache, Katja: Ich werde dich umbringen, wenn du noch einmal meine Ehre in den Schmutz ziehst!«

Wortlos drehte sich Mahmud um und verließ das Wohnzimmer, um sich schlafen zu legen.

Völlig aufgewühlt blieb ich allein zurück. Einem unendlichen Echo gleich hallten seine Worte in meinem Kopf wider. Wie konnte er von Liebe sprechen und mir zugleich mit dem Tod drohen? Stummes Entsetzen hatte mich ergriffen. Nicht eine Sekunde zweifelte ich daran, dass er seine Todesdrohung wahr machen würde, wenn ihm die Notwendigkeit geboten schien.

10. Kapitel

Die Kündigung

In den nächsten Tagen versuchte ich mich so unauffällig wie möglich zu verhalten. Sogar der von Mahmud gewünschten Kleiderordnung hatte ich mich gebeugt. Ich wollte auf keinen Fall einen neuen Konflikt heraufbeschwören. Mahmud war sichtlich zufrieden. Er ging davon aus, dass ich nun endlich verstanden hätte, wer in unserer Beziehung das Sagen hatte, und gab sich alle Mühe, mir seine Liebe zu bezeugen. Doch es kostete mich eine ungeheure Überwindung, ihn nicht zurückzustoßen, wenn er mich berührte oder küsste. Ich ließ es einfach über mich ergehen. Solange ich noch nicht wusste, wie ich meinem Gefängnis entkommen könnte, wollte ich nicht riskieren, wieder geschlagen zu werden.

Um meiner neuen Rolle als brave, folgsame Frau und Partnerin gerecht zu werden, musste ich eine unbändige innere Kraft aufbringen. Ich befand mich in einer ständigen Anspannung und schaffte es kaum mehr, mich zu konzentrieren. Dieser Zustand blieb natürlich auch meinen Vorgesetzten in meinem Ausbildungsbetrieb nicht verborgen. So kam es, dass ich eines Tages ins Büro meines Chefs gerufen wurde.

»Frau Schneidt, ich möchte gar nicht lange um den heißen Brei herumreden«, empfing mich der Betriebsleiter. »In letzter Zeit häufen sich die Beschwerden über Ihre Arbeitsweise. Ihre Kollegen haben mir zugetragen, dass Sie oft nicht bei

10. Kapitel – Die Kündigung

der Sache sind und Ihnen massenweise Fehler unterlaufen. Sie wissen, dass ich so ein Verhalten nicht dulden kann.« Er machte eine bedeutsame Pause. »Ich habe den Betriebsrat dazu angehört, und wir sind uns einig geworden, dass wir uns von Ihnen trennen müssen.«

Sichtlich verlegen begann er einige Unterlagen auf seinem Schreibtisch zu sortieren.

Mit einem Angriff auf dieser Flanke hatte ich nun gar nicht gerechnet. Meine Arbeit war mein letzter Ankerplatz in einem normalen Leben gewesen, meine letzte Chance, ich selbst, Katja Schneidt, zu sein und nicht das willenlose Wesen, zu dem Mahmud im Begriff war, mich zu machen. Wenn ich meinen Ausbildungsplatz nun auch noch verlor, würde gar nichts mehr von meinem früheren Ich übrig bleiben und ich wäre seiner Willkür und Kontrolle für alle Zeiten ausgeliefert. Du musst kämpfen, schoss es mir durch den Kopf, du musst um diesen Ausbildungsplatz kämpfen, wenn du auch nur einen Zipfel deiner Unabhängigkeit behalten willst! Aber dazu fehlte mir im Moment leider jegliche Kraft. Ich wusste zwar, dass ich das Arbeitsrecht auf meiner Seite hatte, schließlich war ich Auszubildende und konnte gar nicht so einfach gekündigt werden. Bisher hatte ich mir noch keine einzige Beschwerde wegen Fehlverhaltens oder gar eine Abmahnung eingehandelt. Aber ich war auch klug genug zu wissen, dass meine Ausbilder mir den Arbeitsalltag zur Hölle machen konnten, wenn sie es darauf anlegten. Und noch einen Kriegsschauplatz wollte ich mir einfach nicht eröffnen.

Tonlos teilte ich meinem Chef mit, dass ich mit einer Beendigung meines Arbeitsverhältnisses einverstanden sei, und ließ mich mit sofortiger Wirkung beurlauben. Erst auf dem Nachhauseweg wurde mir bewusst, was das in letzter Konsequenz für mich bedeutete: Ohne diese Ausbildungsstelle wäre ich nicht nur emotional, sondern auch finanziell vollkommen abhängig von Mahmud. Ich würde mir schnellstmöglich einen neuen Job suchen müssen, wenn ich ihn nicht auch noch um Geld anbetteln wollte. Wie sollte ich jemals meine Fluchtgedanken in die Tat umsetzen, wenn mir jegliche wirtschaftliche Mittel für den Aufbau einer eigenen Existenz fehlten?

Als Mahmud am Abend nach Hause kam und von dem Verlust meines Ausbildungsplatzes erfuhr, machte er auf mich nicht den Eindruck, als bedauerte er dies.

»*Benim sevgili* (mein Liebling), das ist doch kein Problem! Dann hast du wenigstens mehr Zeit, dich um den Haushalt zu kümmern. Außerdem kannst du dann endlich auch mal damit anfangen, Türkisch zu lernen«, war sein einziger Kommentar dazu.

Ich verzichtete darauf, ihn zu belehren, dass es in Deutschland von immenser Bedeutung sei, eine abgeschlossene Ausbildung vorzuweisen und ich allein mit türkischen Sprachkenntnissen sicherlich keinerlei berufliche Perspektiven haben würde.

Als wir später beim Abendessen saßen, rückte Mahmud ebenfalls mit einer Neuigkeit heraus.

»Mein Bruder Ogün wird mit seiner Frau in unsere Nachbarschaft ziehen. Du weißt ja, dass bei Petra und Ahmed im Haus eine Wohnung frei geworden ist. Ogün hat heute den Mietvertrag unterzeichnet.«

Erfreut blickte ich auf. Diese Nachricht fand ich wirklich erfreulich. Ich mochte Ogüns Frau Aysegül sehr. Ich hatte ja fast keinen Kontakt mehr zu meinem alten Freundeskreis. Nur mit Nina telefonierte ich hin und wieder. Die Verbindung zu Petra sah Mahmud auch nicht gern, sodass ich sie nur sporadisch treffen konnte. Ich hoffte, mit Aysegül eine Freundin zu bekommen, mit der ich mich aussprechen könn-

10. Kapitel – Die Kündigung

te und die mir vielleicht sogar bei meiner geplanten Flucht helfen würde.

Ich fieberte dem Umzugstag regelrecht entgegen. Da ich durch meine Arbeitslosigkeit nun viel Zeit zur Verfügung hatte, bat ich Mahmud, zu Aysegül in die alte Wohnung fahren zu dürfen, um ihr beim Packen zu helfen. Er hatte nichts dagegen, und so machte ich mich eines Morgens auf den Weg.

Aysegül freute sich, mich zu sehen.

»Komm herein, Katja!«, begrüßte sie mich und winkte mich hinein.

»Ich dachte, ich könnte dir vielleicht beim Umzug helfen. Kisten packen und so«, nannte ich den Grund für meinen Besuch.

»Das ist lieb von dir! Deine Hilfe kommt mir gerade recht. Ich darf im Moment sowieso nicht schwer heben.«

Sie deutete mit der Hand auf ihren Bauch.

»Bist du etwa schwanger?«, fragte ich gespannt.

»Ja, Katja. Ich weiß nur noch nicht, ob ich mich darüber wirklich freuen soll. All die Jahre habe ich heimlich die Pille genommen, aber in letzter Zeit wurde der Druck von Ogün und unserer Familie immer größer. Fast wöchentlich musste ich mich rechtfertigen, warum ich noch kein Kind bekommen habe. Ogün hat mir vor ein paar Monaten damit gedroht, sich eine Zweitfrau zu nehmen, falls ich nicht bald Nachwuchs erwarten würde. Deshalb musste ich die Pille absetzen.«

Betroffen schaute ich zu Boden.

»Ich weiß einfach nicht, ob ich schon reif für ein Kind bin! Meine Ehe ist auch so schon schwierig genug«, sprach Aysegül weiter. »Und ich bin doch erst siebzehn!«

Ich versprach, ihr zu helfen und sie mit dem Baby zu unterstützen.

»Du bist ein Glück für unsere Familie, weißt du das, Katja?«, sagte Aysegül und schaute mich eindringlich an. »Seit Langem habe ich wieder so etwas wie Hoffnung. Seit ich dich das erste Mal gesehen habe, muss ich oft an dich denken. Du bist eine starke Persönlichkeit, Katja. Du gibst mir Kraft, denn wenn du als deutsche Frau so leben kannst und nicht daran zerbrichst, muss ich es als Türkin doch schließlich auch schaffen können.«

Sie lächelte mich an. Eigentlich hatte ich ihr gerade von Mahmuds neuerlicher Prügelattacke und meinen Fluchtplänen erzählen wollen, aber nun brachte ich es nicht fertig. Ich sagte noch ein paar aufmunternde Worte zu ihr und half ihr dann, die ersten Kisten zu packen.

Am späten Nachmittag holte Mahmud mich ab. Bereits bei der Begrüßung spürte ich, dass er offenbar schlechte Laune hatte. Kaum saßen wir im Auto, begann er auch schon, seinen Ärger an mir auszulassen. Ich trug an diesem Tag ein T-Shirt mit einer Knopfleiste. Die beiden oberen Knöpfe hatte ich geöffnet. Ich war beim Packen ins Schwitzen geraten und hatte mir damit etwas Luft verschaffen wollen. Böse blickte er mich von der Seite an.

»Du läufst rum wie eine Hure!«, warf er mir an den Kopf.

Schnell schloss ich die Knöpfe. Ich wollte ihm erklären, warum ich sie geöffnet hatte, aber er ließ mich gar nicht erst zu Wort kommen.

»Ständig versuchst du mich zu provozieren, und wenn ich dann ausraste und die Nerven verliere, heulst du rum. Dabei bist du doch selbst schuld daran!«, redete er auf mich ein.

Am liebsten hätte ich mir die Ohren zugehalten. Ich konnte es einfach nicht mehr hören. Wir standen mittlerweile an einer Ampel und ich schaute, um mich abzulenken, zum Fenster hinaus. Im Wagen neben uns saßen ein paar junge Leu-

10. Kapitel – Die Kündigung

te, die viel Spaß miteinander zu haben schienen. Der Fahrer hatte die Musik aufgedreht und alle anderen sangen lauthals mit. Wie schön es sein musste, in diesem Auto zu sitzen!, dachte ich mit einem Anflug von Neid – als mich plötzlich ein Faustschlag mitten im Gesicht traf.

Sofort spürte ich, wie mir das Blut aus der Nase schoss. Langsam drehte ich den Kopf und sah direkt in Mahmuds hasserfülltes Gesicht. Vor meinen Augen blitzten die Funken auf, und mir wurde schwindelig.

»Warum hast du das getan?«, stieß ich zwischen zusammengepressten Zähnen hervor, bemüht, meine aufsteigenden Tränen zu unterdrücken.

»Allein für diese Frage hättest du noch einen Schlag verdient!«, brüllte er mich unbeherrscht an. »Da flirtest du hemmungslos vor meinen Augen mit dem Typen aus dem Auto neben uns und fragst mich auch noch, warum ich wütend werde! Katja, du bist die dümmste Frau, die ich je kennengelernt habe«, begann er mich auch noch zu verspotten.

Ich versuchte, mich nicht provozieren zu lassen, und schwor mir, es ihm irgendwann heimzuzahlen. Als wir später zu Hause waren, hatte sich Mahmud wieder beruhigt.

»Katja, ich hatte ziemlichen Stress heute auf der Arbeit. Deshalb habe ich im Auto etwas überreagiert. Sei nicht mehr sauer! Ich bin nun mal sehr eifersüchtig und mag es nicht, wenn du andere Männer anschaust.«

Reuevoll blickte er mich an. Mir lief ein Schauer nach dem anderen über den Rücken. Ich verstand nicht, wie ein Mensch so sein konnte. Mein Freund hatte definitiv zwei Gesichter!

In der Regel verließ Mahmud nach dem Essen immer für ein paar Stunden unsere Wohnung, um in eine türkische Teestube zu gehen. Dort traf er sich mit Verwandten und Freunden zum Reden und Kartenspielen – natürlich alles nur

Männer. Meistens war ich darüber sehr traurig, da ich dann allein in der Wohnung zurückblieb und mich langweilte. An dem Tag konnte ich es jedoch kaum erwarten, endlich allein zu sein. Ich brauchte ein paar Stunden für mich, um wieder Ordnung in meine Gedanken zu bringen. Aber ausgerechnet jetzt machte er keinerlei Anstalten, sich umzuziehen und aufzubrechen. Stattdessen schaltete er den Fernseher ein und machte es sich auf dem Sofa gemütlich.

»Ich bleibe heute extra für dich zu Hause«, strahlte er mich an. »Damit du auch siehst, dass mir mein Ausraster von vorhin wirklich leidtut«, fügte er noch hinzu.

Schweigend nahm ich auf seine Aufforderung hin neben ihm Platz. Viel lieber hätte ich mich in meinen Sessel gekuschelt und mich meinem Buch gewidmet.

»Mahmud, warum schlägst du mich?«, fragte ich nach einer Weile unvermittelt. »Ich denke, du liebst mich. Warum tust du mir dann absichtlich weh?«

»Katja, ich liebe dich mehr als mein eigenes Leben! Ich kann auch nichts dafür, dass ich so schnell wütend werde. Aber bitte zweifle nie an meiner Liebe zu dir!«

Zärtlich legte er den Arm um mich. Ich konnte seine Berührung kaum ertragen, aber mir blieb nichts anderes übrig, als stillzuhalten. Was für eine Antwort hatte ich eigentlich von ihm erwartet?, fragte ich mich selbstkritisch. Gab es eine Rechtfertigung dafür, eine Frau zu schlagen? Wohl kaum!

Ich beschloss, nicht weiter auf ihn einzudringen, es hatte ja ohnehin keinen Zweck. Er würde sich nicht ändern, das wusste ich nun. Es verging fast kein Tag, an dem er mir nicht irgendwelche neuen Verhaltensmaßregeln auferlegte. »Schau keinem Mann direkt in die Augen!«, »Halt den Blick gesenkt, wenn du draußen unterwegs bist!«, »Schmink dich nicht!«, »Verlass die Wohnung nur, wenn du es vorher mit mir abge-

10. Kapitel – Die Kündigung

sprochen hast!« waren nur einige davon. Wenn ich von ihm wissen wollte, ob er mir denn nicht vertraue oder warum er solche Dinge von mir verlange, hieß es nur: »Eine anständige Frau tut das nicht!« Dadurch, dass er um meine immense Angst vor ihm und seiner Drohung wusste, mich bei meinem nächsten Fluchtversuch zu töten, war die Situation für ihn sehr einfach: Er verlor jegliche Hemmungen und zwängte mir ohne Kompromisse seine unmenschlichen Traditionen auf.

In was für einen Alptraum bin ich da hineingeraten?, dachte ich wieder einmal verzweifelt, während Mahmud zärtlich meine Schulter drückte und laut über den Witz eines Fernsehkomikers lachte. Ich war zwanzig Jahre alt, eine hübsche junge Frau, die am Anfang ihres Lebens stand. Die trotz ihrer schwierigen Kindheit ihren Weg gemacht hatte, einen Beruf ausübte und einen großen Freundeskreis besaß… Aber all das war einmal!, korrigierte ich mich sofort. Die hübsche junge Frau von heute machte sich absichtlich unattraktiv, indem sie sich in dunkle Kutten hüllte, hatte ihre sämtlichen Freunde verloren, keine Arbeit und damit kein eigenes Geld mehr, lebte in ständiger Angst vor ihrem Geliebten und wurde regelmäßig von ihm verprügelt. Und das mitten in Deutschland im ausgehenden zwanzigsten Jahrhundert! Wie kam ich bloß aus dieser Hölle wieder heraus?

11. Kapitel

Fatima oder Die Zweitfrau

Seit Anfang September waren Ogün und Aysegül nun unsere Nachbarn. Wie erhofft verbrachten wir Frauen viel Zeit miteinander. Mahmud hatte Aysegül gebeten, mir Türkischunterricht zu erteilen, und so lernten wir jeden Tag ein paar Stunden. Ich war keine gute Schülerin, und sie hatte wirklich Mühe, mir die einzelnen Vokabeln einzutrichtern. Unter anderen Umständen wäre ich vielleicht mit größerem Eifer bei der Sache gewesen, aber die Tatsache, dass ich längst beschlossen hatte, mich von Mahmud zu trennen, bremste meine Lernbereitschaft gehörig. Aysegül musste oft über meine seltsame Aussprache lachen, doch wir hatten trotz allem viel Spaß.

Das Abendessen nahmen wir nun abwechselnd mal bei Mahmud und mir, mal bei Ogün und ihr ein. Aysegül zeigte mir, wie man die typischen türkischen Gerichte zubereitete. Hier war ich mit mehr Begeisterung als beim Sprachunterricht zugange, da mir die türkische Küche sehr zusagte. Bis heute übrigens. Denn das türkische Essen ist gesund und abwechslungsreich. Anders als bei der deutschen Küche bereiten die Türken nicht nur ein Hauptgericht und ein paar Beilagen zu, sondern es werden immer eine Menge Gerichte auf einmal serviert. In der Regel gibt es mindestens eine Suppe, ein Fisch- und ein Fleischgericht, verschiedene gebratene Gemüsesorten,

11. Kapitel – Fatima oder Die Zweitfrau

Reis, Brot, diverse Salate und – das von mir heiß geliebte – Cacık. Dabei handelt es sich um eine köstliche Joghurtsauce mit fein gehackten Gurken und Knoblauch sowie frischer Petersilie und Minze. Das Hauptgetränk zum Essen besteht entweder aus Wasser oder dem traditionellen türkischen Ayran, einer Wasser-Joghurt-Mischung, die mit etwas Salz und Minzblättern gewürzt wird. Nach dem Essen wird meist türkischer Tee, genannt »Chai«, mit viel Würfelzucker gereicht. Zum Dessert gibt es gern Baklava, ein mit Nüssen gefülltes und in Zuckerwasser getränktes Blätterteiggebäck.

Wenn Aysegül und ich nicht gerade kochten oder Vokabeln lernten, waren wir bei irgendwelchen Verwandten zu Gast. Am liebsten besuchte ich Aysegüls Familie. Sie hatte noch sieben Geschwister und ihre Mutter erwartete gerade ihr achtes Kind. Ich fand die Tatsache, dass Mutter und Tochter zum selben Zeitpunkt schwanger waren, schon sehr gewöhnungsbedürftig.

Bei meinem ersten Besuch in Aysegüls Elternhaus war ich fast ein wenig schockiert, als wir dort ankamen. Das Haus, in dem die Familie lebte, sah alles andere als einladend aus. Der Putz bröckelte von den Wänden, Müllsäcke türmten sich neben den überfüllten Containern im Hof. Die Türklingel hing lose an einem Draht herunter, sodass es mir lebensgefährlich erschien, sie zu benutzen. Es war allerdings auch nicht nötig, da die Tür sperrangelweit offen stand. Aus dem Inneren des Hauses konnte man türkische Musik und laute Stimmen vernehmen, die aus verschiedenen Räumen zu kommen schienen. Als wir den Hausflur betraten, stürmte uns eine Schar Kinder entgegen. Nachdem sie uns erkannt hatten, drehten sie wieder um und liefen aufgeregt in die Wohnung zurück. Doch noch bevor wir diese betreten konnten, kam uns auch schon Aysegüls Mutter entgegen und begrüßte uns herzlich. Stolz zeigte sie mir ihr Heim, das äußerst spärlich eingerichtet und für die Vielzahl von Menschen, die es bewohnten, auch nicht gerade üppig bemessen war. In den drei schmalen Schlafzimmern für die Eltern, die Mädchen und die Jungen standen lediglich die Betten und jeweils ein Schrank. Persönliche Gegenstände wie Bücher oder Spielzeug sah ich kaum. Auch Dekorationsgegenstände wie bunte Kissen, Bilder, Kerzen und Ähnliches fehlten völlig. Es gab nur einen einzigen Raum, der halbwegs an ein durchschnittliches deutsches Zimmer erinnerte und wohl eine Art gute Stube darstellen sollte. Es befanden sich zwei Sofas, ein kleiner Wohnzimmertisch und eine Schrankwand darin. Auf den Fensterbänken standen etliche Vasen mit Plastikblumen und an der Wand hing eine große beleuchtete Uhr, auf deren Zifferblatt eine Moschee abgebildet war. Dieses Zimmer blieb fast immer abgeschlossen und wurde nur benutzt, wenn sich Besuch angekündigt hatte, erklärte Aysegül mir. Auf diese Weise verhindere ihre Mutter, dass die Kinder dort ihr Unwesen trieben und die Möbel verschmutzten.

Von Aysegüls ganzen Geschwistern, die alle noch zu Hause wohnten, freute sich besonders Handan über unseren Besuch. Sie war mit ihren vierzehn Jahren die zweitälteste Schwester von Aysegül, und die beiden hatten ein besonders enges Verhältnis zueinander. Mit ihren großen Brüdern konnte sie hingegen wenig anfangen, hatte Aysegül mir einmal anvertraut, sie waren ihr zu sehr von sich eingenommen und zu autoritär den weiblichen Familienmitgliedern gegenüber. Ihr einziges Interesse an den Schwestern bestand darin, sie zu kontrollieren, herumzukommandieren und ein mögliches Fehlverhalten sofort an die Eltern weiterzupetzen.

Kaum hatten wir auf Aufforderung der Mutter im Wohnzimmer Platz genommen, wurden auch schon Kannen mit dampfendem Tee und mehrere Teller mit verschiedenen

11. Kapitel – Fatima oder Die Zweitfrau

Obstsorten hereingebracht. Mich berührte die Gastfreundschaft, die ich in Mahmuds Familie erleben durfte, immer wieder aufs Neue zutiefst. Ich wurde von allen Familienmitgliedern so herzlich aufgenommen, wie ich das bei Deutschen nie erlebt hatte.

Wir saßen schon eine ganze Weile beisammen, als sich plötzlich eine weitere junge Frau zu uns gesellte. Ich war mir sicher, sie in dieser Familie noch nie gesehen zu haben. Wie sich schnell herausstellte, hieß sie Fatima und wohnte mit ihren zwei Kindern in der Wohnung über Aysegüls Eltern. Zu meiner Freude sprach sie einigermaßen gut Deutsch. Sie konnte höchstens fünfundzwanzig Jahre alt sein. Das Erste, was mir an ihr auffiel, war die große Leere in ihrem Blick. Sie schien mir unsagbar traurig zu sein. Da ich von meinem Naturell her ein sehr offener Mensch bin, hätte ich sie am liebsten auf meine Beobachtung hin angesprochen. Aber weil sich die ganzen Kinder um uns versammelt hatten, ließ ich es sein.

Nachdem Fatima einen Tee getrunken hatte, verabschiedete sie sich rasch wieder von uns, nicht ohne Aysegül zu bitten, dass wir doch noch kurz bei ihr vorbeikommen sollten, bevor wir gehen würden: Sie habe für ihre kleine Tochter ein Anmeldeformular vom Städtischen Kindergarten erhalten und benötige Hilfe beim Ausfüllen. Also machten wir uns vor dem Heimweg noch auf den Weg nach oben.

Da sich Fatima allein in ihrer Wohnung befand, hatte sie ihr Kopftuch abgenommen. Nun erst erkannte ich, wie wunderschön sie war. Ihr glänzendes schwarzes Haar ging ihr fast bis zu den Hüften und sie bewegte sich mit einer Anmut und Leichtfüßigkeit, wie man es nicht oft zu sehen bekommt. Die ganze Wohnung war mit viel Liebe zum Detail eingerichtet. Aus allen Räumen strömte der Duft von türkischem Rosenwasser. Wir nahmen in der Küche Platz, und Fatima holte die

Papiere. Während sich Aysegül mit dem Ausfüllen der Formulare beschäftigte, sah ich mich weiter um. Auch die Küche war aufwendig dekoriert; an den Wänden hingen mehrere Fotos, unter anderem das eines alten Mannes und links und rechts davon jeweils ein Bild mit einem Kind darauf.

»Sind das deine Kinder?« Ich deutete auf die Fotos.

»Ja, das sind meine kleinen Engel«, antwortete Fatima voller Stolz und ihre Augen begannen zu leuchten.

»Dann ist das in der Mitte sicherlich dein Vater?«, fragte ich weiter.

Sofort erlosch das Leuchten in Fatimas Augen. Aysegül blickte mich erschrocken an.

»Ist schon okay, Aysegül, sie kann es ja nicht wissen.« Fatima hatte meiner Freundin beschwichtigend die Hand auf die Schulter gelegt. Dann wandte sie sich zu mir um. »Nein, Katja, das ist nicht mein Vater, das ist mein Ehemann!«

Ich wusste nicht, was ich sagen sollte, so schockiert war ich.

»Jetzt fragst du dich bestimmt, warum ich mir so einen alten Mann genommen habe«, erriet Fatima meine Gedanken. »Aber ich habe ihn mir nicht ausgesucht und auch meine Eltern haben diese Verbindung nicht gewollt. Bekir hat um meine Hand angehalten, doch meine Eltern haben abgelehnt. Dafür sprach nicht nur die Tatsache, dass er viel zu alt für mich ist, sondern auch, dass er bereits verheiratet war. Meine Eltern hätten mir nie zugemutet, lediglich eine Zweitfrau zu werden.«

»Aber warum bist du nun doch mit ihm verheiratet?«, platzte ich heraus.

»Oh, das ist schnell erzählt! Nachdem meine Eltern seinen Heiratsantrag abgelehnt hatten, ließ er mich entführen und vergewaltigte mich. Da ich somit keine Jungfrau mehr war, hätte mich kein anderer mehr geheiratet. Letztendlich blieb meinen Eltern gar nichts anderes übrig, als einer Hochzeit

11. Kapitel – Fatima oder Die Zweitfrau

zuzustimmen. Das war die einzige Möglichkeit, die Familienehre zu erhalten.«

Als Fatima meinen entsetzten Gesichtsausdruck sah, musste sie lachen.

»Katja, das ist bei uns nichts Ungewöhnliches! Viele Ehen entstehen auf diese Art und Weise. Man spricht nur nicht offen darüber, deshalb weiß das fast niemand.«

Ich schluckte. Was für eine Welt war das, in die ich mich hineingebracht hatte? Plötzlich kam mir noch ein anderer Gedanke.

»Lebt Bekirs erste Frau auch hier?«

»Nein.« Fatima schüttelte den Kopf. »Sie hat ein paar Straßen weiter eine eigene Wohnung. Bekir übernachtet abwechselnd mal hier und mal dort.« Auf meinen ungläubigen Blick hin klärte sie mich weiter auf. »Bei den Muslimen ist die Vielehe erlaubt. Der muslimische Mann darf bis zu vier Frauen heiraten. Die einzige Bedingung ist, dass er keine davon benachteiligen darf.«

»Aber wir sind hier in Deutschland, wie kann das sein? Hier bei uns ist Polygamie doch verboten!«, begehrte ich auf.

»Ach, Katja, du ahnst ja gar nicht, wie viele Mittel und Wege wir Türken kennen, die Deutschen und ihre Gesetze auszutricksen, wenn es sein muss. Außerdem machen die wenigsten Männer tatsächlich von diesem Recht Gebrauch«, warf Aysegül ein.

Wir redeten noch eine ganze Weile über die Stellung der Frau im Islam. Fatima und Aysegül erklärten mir, dass die Frau in ihrer Religion dem Mann eigentlich ebenbürtig sei und vergleichbare Rechte und Pflichten habe, aber dass die wenigsten Männer dies auch respektierten. Oftmals würden sie aus Unwissenheit oder auch, weil sie es der Bequemlichkeit halber nicht wahrhaben wollten, jahrhundertealte Traditionen mit den tatsächlichen Vorgaben des Korans verwechseln und ihre Frauen und Töchter behandeln wie Leibeigene. Mit dem Ergebnis, dass diese weder zur Schule gehen noch sich frei bewegen dürften und den familiären Weisungen gnadenlos ausgeliefert seien. Und selbst wenn aufgeklärte Eltern ihre Töchter nach modernen Prinzipien aufwachsen lassen wollten, hätten sie oft keine Chancen gegen die Macht der Umma, der sie umgebenden muslimischen Gemeinschaft, und müssten sich deren rückständigen Gesetzen beugen – wie man es ja an Fatimas Schicksal sehen könne.

Als Aysegül und ich am späten Nachmittag das Haus verließen, fühlte ich mich zutiefst deprimiert. Dass ich nicht die Einzige war, die in der Beziehung zu einem türkischen Mann fürchterliche Drangsalierungen und Misshandlungen erdulden musste, hatte ich ja schon geahnt. Und von meinen deutschen Freundinnen, die in vergleichbaren Verhältnissen lebten, letztlich bestätigt bekommen. Aber allmählich verfestigte sich in mir der Eindruck, dass es sich bei uns nur um die Spitze des Eisbergs handelte, um einige wenige Fälle, die mir zufällig persönlich bekannt waren. Wie mochte es unter der Oberfläche dieses dunklen Wassers aussehen, wie viele ähnliche oder gar schlimmere Frauenschicksale schlummerten dort unten in der Tiefe noch, gut versteckt vor den Blicken der anderen? Was passierte hier eigentlich wirklich im deutschen Friedens- und Fortschrittsstaat, von dem der Großteil der Bevölkerung nicht die leiseste Ahnung hatte? Vermutlich wollte es ja auch niemand so genau wissen, zu bequem war die Mär von der gelungenen Einwanderungspolitik! Und zu groß die Gefahr für die Betroffenen selbst, wenn sie versuchten, sich aus ihrer Unterdrückung zu befreien! Was sich hinter dem Wort »Ehrenmord« verbarg, davon hatte ich schließlich selbst schon eine deutliche Ahnung bekommen ...

12. Kapitel

Aysegül oder »Leider nur ein Mädchen«

Die täglichen Türkischstunden zeitigten langsam erste Erfolge. Nach mehreren Wochen strengen Unterrichts durch Aysegül war ich mittlerweile in der Lage, einfache Gespräche auf Türkisch zu führen. Mahmud war darüber sichtlich stolz und brachte mir eines Abends einen goldenen Ring als Belohnung für meine Bemühungen mit. Ich konnte nicht verhindern, dass ich mich insgeheim doch sehr über dieses Geschenk freute.

Leider sollte die Freude nur von kurzer Dauer sein, denn nur drei Tage später verlor ich den Ring wieder, durch meine eigene Schusseligkeit. Ich war zum Einkaufen unterwegs, als ich plötzlich dringend die nächstbeste Kundentoilette aufsuchen musste. Beim anschließenden Händewaschen zog ich den Ring aus und vergaß, ihn wieder von der Ablage zu nehmen und anzuziehen. Kaum hatte ich den Verlust bemerkt, ging ich sofort zu der Toilette zurück, aber der Ring war wie vom Erdboden verschluckt. Irgendjemand musste ihn an sich genommen haben. Verzweifelt überlegte ich, wie ich Mahmud diesen Verlust beichten könnte, ohne Gefahr zu laufen, gleich wieder einen neuen Streit vom Zaun zu brechen.

Natürlich bemerkte er am Abend sofort, dass mit mir etwas nicht stimmte. Es blieb mir nichts anderes übrig, als Farbe zu bekennen und ihm den Grund für meine Niedergeschlagenheit zu gestehen. Wieder einmal überraschte mich Mahmud sehr – diesmal allerdings im positiven Sinne. Tröstend nahm er mich in den Arm und strich mir über den Kopf.

»Sei nicht traurig! So was kann passieren. Ich werde dir einen neuen und noch viel schöneren Ring kaufen«, versprach er mir.

Tatsächlich kam er schon am nächsten Tag nicht nur mit einem neuen Ring für mich nach Hause, sondern auch noch mit der passenden Halskette und Ohrringen dazu. Es war kaum zu glauben, dass es sich hierbei um denselben Mann handelte, der mich permanent mit Vorschriften überhäufte und auch nicht davor zurückscheute, ihre Einhaltung notfalls mit Gewalt durchzusetzen. Mit seinen wechselhaften Verhaltensweisen schaffte er es immer wieder, mich in ein absolutes Gefühlschaos zu stürzen. Wenn unsere Partnerschaft eine Weile ohne größere Probleme funktionierte, trat die Erinnerung an die schlimmen Zeiten sofort in den Hintergrund und die Hoffnung wurde in mir genährt, dass doch noch alles gut werden könnte. Aber tief im Innersten wusste ich, dass dem nicht so sein würde.

Aysegüls Schwangerschaft schritt immer weiter voran. Da sie eher zierlich gebaut war, machte ihr der dicker werdende Bauch zunehmend zu schaffen. Ich half ihr, wo ich konnte, um ihr die Zeit bis zur Niederkunft angenehmer zu gestalten. Umso erschrockener war ich, als Aysegül eines Morgens völlig verstört vor unserer Wohnungstür stand. Sie befand sich in einem schrecklichen Zustand. Ihr Gesicht war stark angeschwollen, ihre Augen blutunterlaufen. Ihre Lippe war an einer Seite aufgeplatzt und ihre Stirn zierte eine etwa fünf Zentimeter lange Platzwunde. Schnell bat ich

12. Kapitel – Aysegül oder »Leider nur ein Mädchen«

sie herein. Natürlich wollte ich sofort von ihr wissen, was passiert war.

Es dauerte eine ganze Weile, bis sie sich so weit beruhigt hatte, dass sie mir alles erzählen konnte. Sie sei am Vorabend eine halbe Stunde vor ihrem Mann zu Bett gegangen, berichtete sie. Als Ogün sich dann später auch hinlegte, habe er vergessen, das Licht zu löschen. Er habe sie aufgefordert, dies für ihn zu tun.

»Doch ich habe mich geweigert, weil mir das Aufstehen mit dem dicken Bauch schon so schwer genug fällt«, schluchzte Aysegül. »Daraufhin ist Ogün völlig ausgerastet. Er hat mich aus dem Bett gezerrt und zu Boden geworfen, um anschließend wie von Sinnen auf mein Gesicht einzutreten. Nur weil ich mich unter dem Bett in Sicherheit gebracht habe, konnte ich Schlimmeres verhindern.«

Ich war entsetzt. Wie konnte man eine hochschwangere Frau derartig zusammentreten? Dieses Verhalten war an Primitivität ja nicht mehr zu überbieten! Ich versprach Aysegül, am Abend mit Mahmud zu sprechen. Er musste unbedingt mit seinem Bruder reden. Ogün hatte gefälligst die Finger von seiner schwangeren Frau zu lassen!

Ich bereitete einen Tee für Aysegül zu und ließ ihr Badewasser ein. Als sie sich auszog, um in die Wanne zu steigen, sah ich, dass sie am ganzen Körper von Blutergüssen übersät war, die offenbar schon älteren Datums waren. Jedenfalls glaubte ich dies an der schillernden Färbung zu erkennen, die Blutergüsse in der Regel annehmen, wenn sie bereits am Abklingen sind. Ich überlegte einen Moment, Aysegül darauf anzusprechen, tat es dann aber doch nicht. Ich wollte sie nicht in Verlegenheit bringen. Sicher war es ihr peinlich, sonst hätte sie mir bestimmt schon früher von sich aus erzählt, dass Ogün sie schlug. Plötzlich begann mich dasselbe

Gefühl von Ohnmacht zu durchströmen, das ich als Kind immer verspürt hatte, wenn meine Mutter sich wieder einmal bis zur Besinnungslosigkeit betrunken hatte. Wie gern hätte ich Aysegül geholfen! Aber ich konnte ja nicht einmal mir selbst helfen.

Als Mahmud am Abend von der Arbeit kam, stürzte ich sofort auf ihn zu und redete aufgeregt auf ihn ein. Ich erzählte ihm haarklein, was sich am Vorabend zwischen Ogün und Aysegül abgespielt hatte, und bat ihn inständig, ein Gespräch mit seinem Bruder zu führen. Doch Mahmud zuckte bloß mit den Schultern.

»Ich kann mich da nicht einmischen, Katja, so gern ich das auch tun würde.«

Seine Antwort war genau so, wie ich es bereits vermutet hatte. In seiner Familie war es eben nicht üblich, sich in die Ehestreitigkeiten der anderen einzumischen. Selbst dann nicht, wenn dabei körperliche Gewalt im Spiel war.

Ich ließ dennoch nicht locker. Ich bettelte so lange, bis Mahmud mir versprach, mit seinem Bruder zu reden. Ob dies letztendlich etwas ändern würde, wagte ich indes zu bezweifeln.

Etwa drei Wochen nach diesem Vorfall klingelte es nachts an unserer Wohnungstür. Nachdem Mahmud dem nächtlichen Besucher geöffnet hatte, kam er zu mir ins Schlafzimmer zurück.

»Steh auf und zieh dich an, Katja! Bei Aysegül ist es so weit: Sie hat Wehen. Du musst mit ihr ins Krankenhaus fahren!«, informierte er mich kurz und bündig.

Ich war noch gar nicht richtig wach, und so dauerte es einen Moment, bis ich begriff, was er von mir wollte.

»Wieso ich, Mahmud? Sie braucht jetzt ihren Mann an ihrer Seite. Warum fährt Ogün nicht mit?«

12. Kapitel – Aysegül oder »Leider nur ein Mädchen«

Er schnalzte mit der Zunge, wie er es immer tat, wenn er mit seiner Geduld am Ende war.

»Katja, du bist dumm! Was soll Ogün im Krankenhaus? Kinderkriegen ist Frauensache! Steh jetzt auf!«

Er begann an mir herumzuzerren. Schnell sprang ich aus dem Bett und schlüpfte in meine Kleider. Mir war mehr als mulmig zumute. Ich fühlte mich mit dieser Situation eindeutig überfordert. Da ich aber sowieso nicht die Wahl hatte, machte ich mich rasch auf den Weg zu Aysegüls Wohnung.

Sie war in keiner guten Verfassung und schien starke Schmerzen zu haben. Beruhigend sprach ich auf sie ein und packte das Nötigste zusammen. Ogün hatte es noch nicht einmal für nötig befunden, sein Bett zu verlassen. Er tat so, als ob ihn das alles gar nichts anginge.

Zehn Minuten später steuerte ich Mahmuds Auto Richtung Krankenhaus. Es schien mir eine Ewigkeit zu dauern, bis ich endlich einen Parkplatz gefunden hatte. Die ganze Fahrt über hatte Aysegül leise vor sich hin geweint. Mich beschlich das dumpfe Gefühl, dass kein Mensch sie auf das vorbereitet hatte, was nun auf sie zukommen würde. Dass Frauen aus ihrer Familie einen Geburtsvorbereitungskurs besuchten, war absolut nicht üblich. Ogün hätte Aysegül niemals erlaubt, für einen solchen Kurs das Haus zu verlassen.

Ich half Aysegül aus dem Auto und versuchte sie zu stützen, so gut ich konnte. In der anderen Hand trug ich ihre Tasche. Nachdem ich sie in der Aufnahme angemeldet hatte, wurden wir sofort auf die Entbindungsstation gebracht. Irgendwie schien es selbstverständlich zu sein, dass ich bei der Geburt dabei sein würde. Ich hatte mich längst in mein Schicksal gefügt. Ich hätte es sowieso nicht übers Herz gebracht, sie nun allein zu lassen. Wieder einmal wurden mir die unterschiedlichen kulturellen Verhältnisse bewusst, in denen wir aufgewachsen waren. In deutschen Familien war es Anfang der Neunzigerjahre längst üblich, dass der werdende Vater bei der Geburt seines Kindes dabei war und seine Frau unterstützte, so gut es eben in dieser Situation ging. In der türkischen Kultur ist das Kinderkriegen bis heute meist reine Frauensache. Viele der frischgebackenen Väter besuchen ihre Frau nicht einmal nach der Geburt im Krankenhaus, sondern sehen ihr Kind zum ersten Mal, wenn die Frau entlassen wird und wieder zu Hause ist. Selbstverständlich gibt es auch hier Ausnahmen, aber in der Regel wird es noch immer so gehandhabt wie in Aysegüls Fall.

Auf der Entbindungsstation wurden wir gleich von einer Hebamme in Empfang genommen. Sie wies uns zuerst ein separates Zimmer zu, in dem sie Aysegül untersuchen wollte, um zu sehen, wie weit sich der Muttermund schon geöffnet hatte. Während der Untersuchung wollte ich vor die Tür gehen, aber Aysegül umklammerte meine Hand wie eine Ertrinkende. Aus ihrem Blick konnte ich die großen Schmerzen ablesen, die sie erleiden musste. Sie zitterte am ganzen Körper. Während der Untersuchung streichelte ich ununterbrochen ihr Gesicht. Ich wollte ihr Trost und Zuversicht geben, um ihre Angst ein wenig zu schmälern.

Auch die Hebamme richtete ein paar aufmunternde Worte an sie.

»Sieht doch gar nicht so schlecht aus! Der Muttermund ist immerhin schon sechs Zentimeter geöffnet«, unterrichtete sie uns über das Ergebnis ihrer Untersuchung. »Wenn Sie möchten, können Sie noch ein bisschen auf dem Flur umherlaufen, bevor wir Sie in den Kreißsaal bringen.«

Aysegül schüttelte den Kopf.

»Es wäre mir lieber, Sie würden mich gleich dorthin bringen. Ich fühle mich zu schwach zum Laufen«, erwiderte sie mit kraftloser Stimme.

12. Kapitel – Aysegül oder »Leider nur ein Mädchen«

In dem Moment rollte eine neue Wehe heran und sie krümmte sich vor Schmerzen. Als sie die anschließende Frage der Hebamme nach einem Geburtsvorbereitungskurs verneinte, stieß diese einen tiefen Seufzer aus.

»Es ist doch immer das Gleiche mit euch Türken! Da kommen blutjunge Mädchen zu uns, die nicht die geringste Ahnung vom Kinderkriegen haben, und die Familien halten es nicht mal für nötig, sie darauf vorzubereiten!« Vorwurfsvoll schaute sie mich an. »Na ja, da habe ich ja heute mal richtig Glück, dass wenigstens Sie als Begleitung dabei sind!«

Mir war nicht ganz klar, ob ihre letzte Bemerkung nun ironisch gemeint war oder nicht. Jedenfalls versuchte sie mir in ein paar Sätzen die richtige Atemtechnik bei Wehen zu erläutern und mich zu instruieren, wie ich diese zusammen mit Aysegül anzuwenden hätte. Nachdem sie uns in den Kreißsaal gebracht hatte, schloss sie Aysegül noch an einen Wehenschreiber an und ließ uns beide dann allein.

Die Schmerzen schienen unterdessen immer schlimmer zu werden, doch es sollten noch viele Stunden vergehen, bis die kleine Özlem endlich das Licht der Welt erblickte. Die ganze Zeit wich ich nicht von Aysegüls Seite und litt stumm mit ihr mit. Selbst als sie schon lange auf dem Stationszimmer lag und ihre kleine Tochter friedlich in einem fahrbaren Bettchen neben ihr schlummerte, saß ich noch bei ihr und hielt ihre Hand. Ich spürte mit jeder Faser meines Körpers, dass es Aysegül seelisch sehr schlecht ging. Wie sie mir Monate später gestehen sollte, hätte sie sich in diesen Stunden am liebsten das Leben genommen. Sie hatte eine unsagbare Furcht davor, als Mutter zu versagen. Hinzu kam, dass sie »nur« ein Mädchen auf die Welt gebracht hatte und genau wusste, welche Zukunft Özlem erwarten würde.

Es war bereits Mittag, als ich mich aus dem Krankenhaus auf den Heimweg machte. Da Aysegüls Eltern kein Telefon besaßen, beschloss ich spontan, dort vorbeizufahren und ihnen die Nachricht zu überbringen, dass sie Großeltern geworden waren. Wie erwartet, war die Freude verhalten, als sich herausstellte, dass Aysegül einem kleinen Mädchen das Leben geschenkt hatte. Einzig Handan weinte ein paar Freudentränen und hätte sich am liebsten sofort auf den Weg ins Krankenhaus gemacht. Ich versprach ihr, sie am Abend abzuholen und für einen kurzen Besuch zu ihrer Schwester mitzunehmen. Nachdem ich kurz mit ihrem Vater gesprochen hatte, erteilte er mir die Erlaubnis dazu.

Ich genoss mittlerweile das Vertrauen von Mahmuds Familie. Natürlich blieb ihnen nicht verborgen, dass ich mich all ihren Traditionen angepasst hatte, und so hatte ich mit der Zeit den Status der »Deutschen« verloren. Ich war längst eine von ihnen geworden. Die Tatsache, dass ich mittlerweile etwas Türkisch sprechen konnte, hatte ihr Übriges dazu beigetragen.

Nachdem ich noch einen Tee getrunken hatte, machte ich mich völlig übermüdet auf den Heimweg. Ich hatte ja fast die ganze Nacht nicht schlafen können und sämtliche emotionale Höhen und Tiefen erlebt, die eine Geburt so mit sich bringt. Zu Hause angekommen, hatte ich nur noch den Wunsch nach einer heißen Dusche und meinem Bett. Das Klingeln unseres Telefons hielt mich jedoch davon ab. Ich hatte kaum den Hörer abgenommen und meinen Namen gesagt, als mich auch schon Mahmuds unbeherrschte Stimme am anderen Ende der Leitung in Angst und Schrecken versetzte.

Er war völlig außer sich und wollte wissen, warum er mich erst jetzt zu Hause erreichen könne. Mit keinem Wort erkundigte er sich nach seiner Schwägerin, geschweige denn nach

12. Kapitel – Aysegül oder »Leider nur ein Mädchen«

dem Baby. Ich versuchte mich zu rechtfertigen und ihm die Situation zu erklären, aber er ließ mich gar nicht erst zu Wort kommen. »Hure« und »Schlampe« waren noch die harmlosesten Beleidigungen, mit denen er mich bedachte. Ich hätte schreien können, so gedemütigt fühlte ich mich. Ohne weiter darüber nachzudenken, legte ich einfach den Hörer auf und zog die Telefonschnur aus der Buchse.

Nachdem ich mich kurz abgeduscht hatte, ließ ich mich endlich erleichtert in mein Bett fallen. Doch leider sollte die Ruhe nur von kurzer Dauer sein. Ich bekam gerade noch im Halbschlaf mit, wie die Schlafzimmertür aufgerissen wurde, als Mahmud auch schon in Drohposition vor mir stand.

»Steh sofort auf!«, brüllte er mich an. »Wie kommst du dazu, einfach den Hörer aufzulegen, wenn du mit mir telefonierst, du Schlampe?«

Schlagartig war ich hellwach. Sofort hielt ich mir schützend die Arme vors Gesicht. Er packte mich an den Haaren und zog mich aus dem Bett. Als ich zitternd vor ihm stand, spuckte er vor mir auf dem Boden aus.

»Wag es nie wieder, wenn ich mit dir rede, den Hörer aufzulegen! Ich breche dir alle Knochen!«

Plötzlich wurde mir die schreiende Ungerechtigkeit dieser Situation klar. Ich hatte mir die ganze Nacht im Krankenhaus um die Ohren geschlagen, um seiner Schwägerin bei ihrer ersten Geburt beizustehen, während sein Bruder gemütlich im Bett lag und schlief. Als Belohnung hatte ich nun einen riesigen Krach mit Mahmud am Hals und musste mich wieder einmal heftig beschimpfen lassen.

»Warum ist dein blöder Bruder denn nicht selbst mit seiner Frau ins Krankenhaus gefahren?«, schrie ich deshalb zurück.

Mahmud schien einen Moment mit der Fassung zu ringen. Kurz dachte ich darüber nach, dass es für mich wahrscheinlich am besten wäre, so schnell wie möglich ins Badezimmer zu flüchten, um mich dort so lange einzuschließen, bis sein Zorn sich wieder gelegt haben würde, aber da war es auch schon zu spät: Mit voller Wucht traf mich der erste Schlag. Ich taumelte zurück. Mit einem Satz war Mahmud bei mir, packte mich an den Haaren und schlug meinen Kopf hart gegen die Wand.

»Du wagst es nicht, meine Familie zu beleidigen! Du nicht!«, war das Letzte, was ich hörte, bevor ich in eine gnädige Ohnmacht abtauchte.

13. Kapitel

Ayla oder Die Vergewaltigung

Voller Hingabe hatte ich die Heimkehr von Aysegül und Özlem aus dem Krankenhaus vorbereitet. Das kleine Bettchen war frisch bezogen, auf der Wickelkommode stapelte sich ein Vorrat an Wegwerfwindeln und in der Küche standen genügend saubere Babyfläschchen sowie einige Packungen Milchpulver. Da sich Ogün für das Abholen seiner kleinen Familie ebenfalls nicht zuständig fühlte, übernahm ich auch diese Aufgabe. Er hatte seine Tochter bislang noch nicht ein einziges Mal zu Gesicht bekommen. Ich war mir sicher, dass, wenn es sich um einen Sohn gehandelt hätte, er schon am Tag der Geburt ins Krankenhaus geeilt wäre.

Aysegül hatte sich von der Entbindung offensichtlich noch immer nicht richtig erholt. Sie sah blass und müde aus. Jeder Schritt, den sie gehen musste, schien sie enorm viel Kraft zu kosten. Als wir in ihrer Wohnung angekommen waren, schlug ich ihr vor, Özlem für ein paar Stunden mit zu mir zu nehmen, damit sie sich etwas ausruhen könne. Ich litt zwar selbst noch unter heftigen Kopfschmerzen, die mir als Erinnerung an Mahmuds jüngsten Angriff geblieben waren, aber dennoch war wohl eindeutig ich die Fittere von uns beiden. Dankbar nahm Aysegül meinen Vorschlag an.

Ich packte ein paar Sachen zusammen und bettete Özlem in ihre Tragetasche. Vorsichtig, wie einen kostbaren Schatz, trug ich die Kleine in meine Wohnung. Als Mahmud am Abend nach Hause kam, war er alles andere als begeistert über die Tatsache, dass ich mich als Babysitterin zur Verfügung gestellt hatte. Sofort begann er über Aysegül zu schimpfen. Ich hätte ihm am liebsten gehörig meine Meinung gesagt, aber ich war zu dem Zeitpunkt schon so eingeschüchtert, dass mir jeder Mut dazu fehlte.

Wenn ich in jenen Tagen einmal zur Ruhe kam, musste ich oft darüber nachdenken, was die Beziehung zu Mahmud aus mir gemacht hatte. Früher war ich eine starke, selbstbewusste Persönlichkeit gewesen, die mit beiden Beinen fest im Leben stand und die so schnell nichts aus der Bahn werfen konnte. Heute hingegen wurde fast mein ganzes Leben von irgendwelchen obskuren Regeln und ständiger Angst bestimmt. Halt und Trost fand ich nur bei den Frauen aus Mahmuds Familie und bei Petra. Auch wenn Petra und ich uns nicht so oft treffen konnten, wie wir wollten, verband uns mittlerweile doch eine tiefe Freundschaft. Ihr konnte ich zu jeder Zeit mein Herz ausschütten. Obwohl sie selbst oft ihre Schwierigkeiten mit Ahmed hatte, besaß sie doch stets ein offenes Ohr für mich.

Nachdem Mahmud und ich zu Abend gegessen hatten, verließ er wie üblich unsere Wohnung, um in die Teestube zu gehen. Ich gab der kleinen Özlem noch ihre Flasche und brachte sie anschließend zu Aysegül. Ogün war ebenfalls schon nicht mehr zu Hause. Bevor ich mich wieder auf den Heimweg begab, schärfte ich Aysegül noch ein, mich zu Hilfe zu rufen, falls sie sich überfordert fühlen sollte. Zu Hause angekommen, machte ich mich sofort bettfertig. Mir brummte der Kopf und ich fühlte mich so erschöpft wie lange nicht mehr. Ich fiel auch sofort in einen tiefen, traumlosen Schlaf.

13. Kapitel – Ayla oder Die Vergewaltigung

Mitten in der Nacht wurde ich unsanft geweckt. Mahmud war zurückgekehrt und hatte offensichtlich einiges an Alkohol genossen. Er hatte sich kaum zu mir ins Bett gelegt, als ich auch schon seine Hand unter meinem Nachthemd spürte. Normalerweise verweigerte ich mich ihm nicht, aber seine Alkoholfahne widerte mich dermaßen an, dass ich nicht die geringste Lust auf Sex verspürte. Freundlich, aber bestimmt schob ich seine Hand zurück.

»Mahmud, bitte lass mich schlafen! Ich bin sehr müde, und es geht mir nicht gut«, versuchte ich sein Verständnis zu erlangen.

»Was soll das?«, war seine einzige Einlassung zu meinem Erklärungsversuch, bevor er seine Hand entschlossen wieder unter mein Nachthemd schob.

Ich entschied, seinem Annäherungsversuch dadurch zu entkommen, dass ich auf dem Sofa nächtigen würde. Mahmud trank normalerweise keinen Alkohol und ich konnte nicht einschätzen, wie sich der übermäßige Konsum auf sein Verhalten auswirken würde.

Ich war mit einem Bein gerade aus dem Bett gestiegen, als er sich auch schon auf mich stürzte und mir mit einem Ruck das Nachthemd zerriss. Bevor ich überhaupt reagieren konnte, hatte er meine Beine auseinandergezwungen und war gewaltsam in mich eingedrungen. Ich versuchte ihn von mir zu stoßen, was mir aber lediglich eine Ohrfeige einbrachte. Mahmud war völlig von Sinnen und fiel wie ein wildes Tier über mich her. Als er seinen Höhepunkt erreicht hatte, rollte er sich von mir herunter und schlief fast auf der Stelle ein.

In dieser Nacht kam mir zum ersten Mal der Gedanke, in die Küche zu gehen, mir ein Messer zu holen und Mahmud einfach abzustechen. Natürlich wäre ich im Endeffekt gar nicht in der Lage zu einer solchen Tat gewesen, aber manchmal wusste ich wirklich nicht, ob ich nicht einen jahrelangen Gefängnisaufenthalt der Beziehung mit ihm vorziehen sollte. Man hörte und las immer wieder von Frauen, die im Affekt töteten, wenn ihnen oder – noch schlimmer – ihren Kindern Gewalt angetan wurde: Nun hatte ich eine ziemlich konkrete Ahnung von dem, was in den Köpfen dieser zu Täterinnen gemachten Opfer vorgehen mochte.

Mit zitternden Beinen schleppte ich mich ins Badezimmer, denn ich hatte das dringende Bedürfnis, mich zu übergeben. Als schließlich auch der letzte Rest meines Mageninhalts in der Toilettenschüssel gelandet war, begab ich mich direkt unter die Dusche. Ich tat das, was die meisten Frauen in meiner Situation tun: Ich wollte meinen Körper wieder rein waschen. Da ich mich nicht traute, mir aus dem Schlafzimmer ein frisches Nachthemd zu holen, weil ich dadurch womöglich Mahmud aufgeweckt hätte, wickelte ich mich in ein großes Badehandtuch und legte mich aufs Sofa, um endlich zu schlafen.

Obwohl ich körperlich und seelisch total erschöpft war, wollte sich der ersehnte Schlaf lange nicht einstellen. Immer wieder machte ich mir bewusst: Dein Freund hat dich vergewaltigt; er hat dich nicht nur erniedrigt und brutal verprügelt, sondern dir nun auch noch sexuelle Gewalt angetan. Was war das nur für eine kranke Beziehung, in der ich seit bald drei Jahren steckte? Vergewaltigt, vom eigenen Partner – tiefer konnte man doch eigentlich kaum sinken!

Ich war gerade vor lauter Ermattung in eine Art Dämmerzustand gefallen, als mich Mahmuds herrische Stimme wieder zurück in die Realität holte.

»Was soll das, Katja? Warum liegst du hier auf dem Sofa? Komm sofort zurück ins Bett!«, wies er mich zurecht.

Da ich wusste, dass jeder Widerspruch nur unangenehme Folgen für mich haben würde, stand ich auf und tappte hin-

13. Kapitel – Ayla oder Die Vergewaltigung

ter ihm ins Schlafzimmer. Selbst als wir nebeneinanderlagen und er den Arm um mich legte, machte ich keinerlei Anstalten, mich zur Wehr zu setzen. Trotzdem wurde ich die ganze Nacht immer wieder von dem Satz verfolgt: »Dein Freund hat dich vergewaltigt«, »Dein Freund hat dich vergewaltigt« ...

Am nächsten Morgen verhielt sich Mahmud so, als ob rein gar nichts zwischen uns vorgefallen wäre. Strahlend eröffnete er mir, dass wir zu einer Hochzeit eingeladen seien. Eine seiner Cousinen sollte in zwei Tagen heiraten, die ganze Familie werde dort zusammenkommen. Da ich noch nie bei einer türkischen Hochzeitszeremonie zugegen war, freute ich mich unbeschadet von allem Elend sehr darauf, ein solches Ereignis einmal miterleben zu dürfen. Meine Freude bekam allerdings sofort einen Dämpfer, als ich erfuhr, dass selbst während einer Hochzeitsfeier Männer und Frauen getrennt voneinander sein würden. Auf meine Frage nach dem Grund hierfür erklärte mir Mahmud, dass dies nur wegen der Frauen so gehandhabt werde: In Anwesenheit von Männern könnten sich Frauen nicht so frei bewegen und müssten ständig auf ihr Benehmen achten. So absurd es war, irgendwie leuchtete mir seine Begründung ein, hatte doch auch ich mittlerweile die Vorteile des Unter-sich-Seins für die Türkinnen entdeckt.

Weniger einsichtig erschien mir jedoch, was Mahmud mir kurz darauf erklärte.

»Übrigens, Katja, ich möchte, dass du aus Rücksicht auf die anderen Frauen bei der Hochzeit ebenfalls ein Kopftuch trägst.«

Ungläubig starrte ich ihn an.

»Das kannst du nicht von mir verlangen! Ich habe bisher alles getan, was du von mir wolltest, aber bitte nimm mir nicht mein letztes bisschen Identität!«, bestürmte ich ihn.

»Red nicht so einen Blödsinn, Katja!«, fuhr Mahmud mir über den Mund. »Du verlierst doch wegen eines Stücks Stoff auf dem Kopf nicht deine Identität! Du weißt ganz genau, dass alle Frauen in meiner Familie ein Kopftuch tragen. Hast du mal daran gedacht, wie sie sich fühlen, wenn du dort ein und aus gehst und als Einzige deine Haare nicht bedeckt hast? Ganz zu schweigen davon, dass es den Männern in der Familie gegenüber respektlos wäre!«

Ich hatte nie den Eindruck gehabt, die Frauen der Familie könnten sich daran stören, dass ich kein Kopftuch trug. Und was die Männer anbelangte, so war es mir ziemlich egal, was sie von mir dachten. Dies behielt ich aber wohlweislich für mich.

Mahmud setzte mir die Pistole auf die Brust.

»Kein Kopftuch, keine Hochzeit, liebe Katja! So einfach ist das. Du hast die Wahl; du kannst dir überlegen, was dir wichtiger ist.«

Mit dieser erpresserischen Aussage war das Gespräch für ihn beendet. Er wusste ganz genau, dass ich um jeden Preis auf die Hochzeit wollte. Bei dem abgeschotteten Dasein, das ich mittlerweile fristete, war jede Abwechslung gleichsam wie ein Lebenselixier für mich.

Nachdem ich mich irgendwann notgedrungen mit dem Gedanken an meine Verschleierung abgefunden hatte, machte ich mich auf die Suche nach dem Tuch, das mir Hatice bei unserer ersten Begegnung als Geschenk überreicht hatte. Ich hatte es in die hinterste Ecke meines Kleiderschranks verbannt, weil ich damals nichts damit hatte anfangen können. Nun betrachtete ich die aufwendigen Stickereien genauer. Die Handarbeit war so filigran, dass sie an ein kleines Kunstwerk erinnerte. Ich faltete das Tuch zu einem Dreieck und band es mir um den Kopf. Der ungewohnte Anblick im Spie-

13. Kapitel – Ayla oder Die Vergewaltigung

gel erschreckte mich zutiefst: Nichts, aber auch gar nichts an mir erinnerte mehr an eine moderne junge Frau aus dem Deutschland kurz vor der Jahrtausendwende!

Auch Aysegül zeigte sich bestürzt, als sie mich mit Özlem besuchen kam.

»Das kann Mahmud doch nicht mit dir machen!«, lautete ihr spontaner Kommentar. »Du hast dich doch sowieso schon in allem an ihn angepasst – warum verlangt er jetzt auch noch, dass du ein Kopftuch trägst?« Unwillig schüttelte sie den Kopf. »In was für eine Welt sind wir bloß hineingeboren worden!«

Traurig schaute sie mich an.

Am Tag der Hochzeit verbrachten Aysegül und ich eine halbe Ewigkeit damit, uns hübsch zu machen. Zu solchen Festlichkeiten war den Frauen sogar das Auflegen von Make-up erlaubt. Als ich mit dem Schminken fertig war, konnte ich kaum den Blick von meinem Spiegelbild lösen. Wie lange hatte ich mir schon nicht mehr die Wimpern getuscht? Wie lange schon keinen Lippenstift mehr aufgelegt? Zum Schluss band ich mir das Kopftuch um. Wer war die Frau, die mich da so unsicher aus dem Spiegel heraus ansah?

Mahmud und Ogün brachten uns zu dem Haus, in dem die Feierlichkeiten stattfinden sollten. Sie selbst begaben sich in eine benachbarte Gaststätte, in der die Männer die Hochzeit zunächst unter sich feiern würden. Von Aysegül wusste ich, dass eine traditionelle türkische Hochzeit an einem Montag beginnt und an einem Freitag endet, wobei in der Nacht vom Donnerstag zum Freitag die Hochzeitsnacht stattfindet. Vorher muss sich die Braut noch einer rituellen Waschung unterziehen und alle Körperhaare sorgfältig entfernen. In der meist am Vortag der Hochzeit stattfindenden »Hennanacht«

werden ihre Handflächen und Fußsohlen mit Henna bemalt. Manchmal bemalen sich auch die anderen Teilnehmerinnen des Festes die rechte Handfläche mit Henna, und das symbolische Rot, das sowohl das Gute herbeiführen als auch das Übel abwehren soll, taucht entweder in der Farbe des Hochzeitsschleiers oder gar -kleides wieder auf oder zumindest im Gürtel und dem aus Perlen und Blumen bestehenden Kopfschmuck. Der Kreis schließt sich dann mit dem Rot des Jungfrauenblutes auf dem Bettlaken nach Vollziehung der Ehe in der Hochzeitsnacht.

Als Aysegül und ich die Wohnung betraten, in der das Fest abgehalten wurde, stockte mir fast der Atem. Hier drängten sich bestimmt an die hundert Frauen auf etwa achtzig Quadratmetern. Es ging zu wie in einem Bienenstock. Die Luft, die dort herrschte, konnte man getrost als stickig bezeichnen. Kaum hatten die Frauen unser Kommen bemerkt, begrüßten sie uns auch schon herzlich. Lauter fremde Münder küssten meine Wangen. Erstaunlicherweise schienen alle diese Frauen genau zu wissen, wer ich war. Ich hingegen konnte nur einige wenige Gesichter zuordnen, nämlich die von Mahmuds Schwestern und Cousinen. Besonders freute ich mich über die Anwesenheit Hatices. Zufrieden registrierte sie, dass ich das Kopftuch trug, das sie mir einst geschenkt hatte. Da meine Türkischkenntnisse mittlerweile für einfache Gespräche ausreichen, brauchte Aysegül dieses Mal nicht den Dolmetscher für uns zu spielen.

Nachdem Hatice und ich ein paar Worte miteinander gewechselt hatten, nahm sie mich und Aysegül bei der Hand, um uns die Braut zu zeigen. Wir gingen in den größten Raum der Wohnung. Zwar war auch dieses Zimmer total überfüllt, aber wenigstens war die Luft dort besser. Aus einem Radiorekorder ertönte orientalische Musik. Alle Anwesenden hat-

13. Kapitel – Ayla oder Die Vergewaltigung

ten sich im Kreis aufgestellt und klatschten zum Rhythmus der Melodie in die Hände. In der Mitte des Zimmers hatte man die Braut auf einen Stuhl gesetzt. Sie war komplett von einem nahezu blickdichten weißen Spitzenschleier bedeckt, sodass man kaum ihr Gesicht erkennen konnte. Das Erste, was mir an ihr auffiel, war ihre geringe Körpergröße. Und das Zweite die Tatsache, dass sie am ganzen Leib zitterte. Sie bebte so sehr, dass ihr weißes Tüllkleid raschelte, was ich trotz der lauten Musik hören konnte.

Eine vage Ahnung beschlich mich, dass mit dieser jungen Frau irgendetwas nicht stimmen konnte. Bei der ersten Gelegenheit nahm ich Aysegül zur Seite und sprach sie auf meine Beobachtung an. Sie zuckte nur mit den Schultern.

»Soweit ich weiß, ist Ayla erst zwölf Jahre alt. Da würdest du auch zittern, wenn du die Hochzeitsnacht noch vor dir hättest!«

Aysegüls Stimme hatte völlig gleichgültig geklungen, als verspürte sie nicht einmal ansatzweise Mitgefühl mit der kindlichen Braut. Gern hätte ich meine Vermutung genauer hinterfragt, aber wegen des hohen Lärmpegels und der vielen Menschen um uns herum verschob ich das lieber auf später. Ich nahm mir ein Glas Tee und begann mir die Hochzeitsgesellschaft genauer anzuschauen.

Manche der Frauen schienen sich in einer Art Rausch zu befinden. Sie tanzten und klatschten mit verzückten Gesichtern und stießen dabei unverständliche Laute aus. Andere Anwesende befestigten Geldscheine mit Sicherheitsnadeln am Kleid der jungen Braut. Es verging sowieso fast keine Minute, in der nicht irgendjemand an Ayla herumzupfte. Immer wieder wurden auch ihre aufwendig mit Henna bemalten Handflächen einer intensiven Betrachtung unterzogen. Regungslos ließ sie alles über sich ergehen.

»Warum sitzt sie denn so stocksteif auf ihrem Stuhl herum?«, fragte ich Aysegül verständnislos.

»Das ist einfach so, unsere Tradition verlangt es eben, dass die Braut nicht mit den Gästen mitfeiert, sondern die ganze Zeit unbeweglich auf ihrem Stuhl zu sitzen hat. Sie darf auch nicht sprechen oder essen und trinken. Sogar aufs Klo darf sie nicht – solange sie nicht wirklich Gefahr läuft, sich in die Hose zu machen.«

Aysegül lachte freudlos auf, als könnte nicht einmal sie selbst über diesen schlechten Witz lachen. Wieder einmal blieb mir nur, den Kopf zu schütteln. Sollte die Hochzeit nicht der schönste Tag im Leben einer Frau sein? Hier war die Braut noch dazu ein Kind, das vor lauter Angst nicht mehr ein noch aus wusste. Allein der Gedanke, dass dieses Mädchen in ein paar Stunden dem Geschlechtsakt unterzogen werden würde, ließ in mir einen nie da gewesenen Ekel aufkommen. Aber das Schlimmste war, dass ich mich offenbar als Einzige unter den Gästen daran störte! Erneut überkam mich jenes nun schon bekannte Gefühl von hilfloser Ohnmacht. Ich musste mir eingestehen, dass es nichts gab, was ich für Ayla hätte tun können.

Aysegül riss mich aus meinen Gedanken.

»Warum schaust du denn so ernst? Wir sind hier, um zu feiern – und nicht, um Trübsal zu blasen!«

Energisch packte sie mich am Arm und zog mich in den Kreis der Tanzenden. Ehe ich mich dagegen wehren konnte, hatten die Frauen mich untergehakt und rissen mich im Rhythmus der Musik mit. Notgedrungen machte ich gute Miene zum bösen Spiel und versuchte, mir meine Verzweiflung nicht anmerken zu lassen.

Nachdem wir auf diese Weise mehrere Stunden verbracht hatten, hörten wir plötzlich das laute Hupen eines Autos auf

13. Kapitel – Ayla oder Die Vergewaltigung

der Straße. Neugierig stürzten alle zum Fenster. Der Bräutigam war vorgefahren! Ich rang nach Luft, als ich ihn genauer in Augenschein nehmen konnte: Er musste mindestens fünfzig Jahre alt sein, wenn nicht älter! Unter lautem Gejohle verließ er zusammen mit einigen männlichen Mitgliedern der Familie den Wagen. Auch Mahmud befand sich unter seinen Begleitern.

Als Ayla registrierte, was da vor sich ging, fing ihr zarter Körper noch viel stärker an zu zittern. Ein herzzerreißendes Schluchzen entrang sich ihrer Brust.

Mir lief ein Schauer nach dem anderen über den Rücken. Am liebsten hätte ich dieses kleine Mädchen bei der Hand genommen und wäre mit ihr davongelaufen. Aber ganz abgesehen davon, dass ich nicht gewusst hätte, wo ich mit ihr hätte untertauchen sollen, wir hätten auch nicht den Hauch einer Chance gehabt, aus der vollkommen überfüllten Wohnung zu gelangen. So blieb mir nichts anderes übrig, als weiterhin Zuschauerin jenes makaberen Schauspiels zu bleiben.

Es dauerte nicht lange, und der Bräutigam betrat die Wohnung. Er und seine Begleiter wurden mit Tee bewirtet. Irgendjemand stellte einen Stuhl neben den von Ayla. Dieser war für ihren Mann gedacht – für die Hochzeitsfotos. Als er neben Ayla Platz nahm, konnte man sehen, wie sie vor ihm zurückschreckte und sekundenlang die Luft anhielt.

Die vormals ausgelassene Atmosphäre wich einer merkwürdigen Stimmung gemischt aus Anspannung und Erwartung auf das, was nun folgen würde. Ich hatte in einer Ecke des Zimmers Platz genommen und starrte wie versteinert auf das ungleiche Paar, als sich beide plötzlich von ihren Stühlen erhoben, um sich in das angrenzende Schlafzimmer zu begeben. Sofort versammelte sich ein Großteil der anwesenden Frauen vor der Tür. Da ich keine Ahnung hatte, was nun folgen würde, wandte ich mich an Aysegül, die mich nur befremdet anschaute.

»Ja, was denkst du denn, was jetzt passiert? Ich hab's dir doch erklärt: Ayla muss nun den Nachweis erbringen, dass sie noch Jungfrau ist. Sobald die beiden Brautleute den Geschlechtsakt vollzogen haben, muss das mit dem Blut des Jungfernhäutchens befleckte Betttuch herausgereicht werden. Erst dann gilt die Hochzeit als vollzogen.«

Die Worte kamen ihr mit einer Leichtigkeit über die Lippen, dass es mir fast den Verstand raubte. Natürlich, sie hatte mir von der Sache mit dem Bettlaken erzählt. Aber sie hatte mir nichts zu den näheren Umständen gesagt, kein Wort davon, wie dieses Ritual vollzogen würde, um welch ein menschenverachtendes Spektakel es sich dabei handelte! Am liebsten hätte ich Aysegül an den Schultern gepackt und geschüttelt. Mein Gehirn wollte und konnte nicht begreifen, dass hier gerade ein Kind vergewaltigt wurde, während die ganze Familie wartend vor der Tür stand und so tat, als sei dies die schönste Sache der Welt.

Fieberhaft überlegte ich, ob ich nicht doch noch etwas gegen diesen unglaublichen Vorgang tun könnte. In dem Moment wurde die Schlafzimmertür einen Spalt geöffnet und das Betttuch herausgereicht. Wie auf Kommando brachen alle in tosenden Jubel aus: Ayla, das zwölfjährige Vergewaltigungsopfer, hatte den Beweis ihrer Jungfräulichkeit erbracht.

14. Kapitel

Vom Zusammenleben zwischen Mann und Frau

»Wenn du mich noch einmal so blamierst, wird das äußerst unangenehme Folgen für dich haben!«
Mahmuds Augen funkelten mich böse an.
Ich hatte fluchtartig die Hochzeitsfeier verlassen und war auf direktem Wege zu Petra gerannt. Das Gefühl, unbedingt mit einem Außenstehenden über das reden zu müssen, wessen ich gerade Zeugin geworden war, hatte mich jede Etikette und zugleich jede Vorsicht vor Mahmuds garantiertem Wutausbruch vergessen lassen.
Dass Zwangsverheiratungen in einem Land wie Deutschland möglich waren, noch dazu mit Minderjährigen, erschütterte mich an Aylas Geschichte fast am meisten. Wie konnte es sein, dass unser Staat diese barbarische Sitte nicht stärker ahndete? Wo waren all die Frauenrechtlerinnen, die doch sonst immer so schnell laut Protest schrien, wenn ihre Geschlechtgenossinnen in irgendeiner Form misshandelt wurden? Und was war mit dem Jugendamt – auch dort musste man doch Kenntnis davon haben, dass es in manchen türkischen Familien offenbar üblich war, kleine Mädchen unter dem Deckmantel der Eheschließung lüsternen alten Männern unterzuschieben?
Petra hatte mich liebevoll in den Arm genommen und getröstet. Auch sie war tief betroffen von Aylas Schicksal. Im

Gegensatz zu mir hatte sie jedoch schon öfter von ähnlichen Fällen gehört. Sie erzählte mir, dass sich die jeweiligen Familien gern direkt auf den Propheten Mohammed berufen, dessen Lieblingsfrau Aischa auch erst neun Jahre alt gewesen sein soll, als sie mit ihm die Ehe vollzog.

»Weißt du, Katja, solche Zwangsehen – die übrigens sehr häufig mit minderjährigen Mädchen geschlossen werden, also de facto Kinderehen sind – gibt es in vielen islamischen Ländern. In Deutschland machen sich Migranten, die ihre Kinder hier zwangsverheiraten, zwar strafbar. Aber zum einen müssen die Behörden den Eltern diesen Straftatbestand erst einmal nachweisen, was gar nicht so einfach ist, wie du dir sicher vorstellen kannst. Wenn nämlich die ganze Familie abstreitet, das Mädchen sei unter Zwang verheiratet worden, und die Betroffene selbst aus lauter Angst vor der drohenden Bestrafung den Mund hält, was willst du als deutscher Polizist oder Staatsanwalt dann machen? Und zum anderen werden die Mädchen, die hier aufgewachsen sind, auch oft einfach in ihre Heimatländer ausgeflogen, wo sie dann mit einem ortsansässigen Mann zwangsverheiratet werden. So entgehen die Eltern der Strafverfolgung in Deutschland. Und sind die Mädchen erst mal weg, kräht natürlich kein deutscher Hahn mehr nach ihnen! Zumal sie nach einer Weile der Abwesenheit sowieso die deutsche Staatsbürgerschaft verlieren. Sie haben also praktisch keine Chance – außer der Flucht! Nur: Welches muslimische junge Mädchen macht das schon, dass es alle Brücken hinter sich abbricht und sich noch dazu der Verfolgung seiner rachsüchtigen Familie aussetzt?«

Ich fand keine Worte mehr zu Petras Erläuterungen. Das Ausmaß des Elends, das ich anhand eines konkreten Falles persönlich hatte miterleben müssen, schien noch viel größer zu sein, als ich mir je hätte träumen lassen.

14. Kapitel – Vom Zusammenleben zwischen Mann und Frau

»Weiß man denn, wie viele Mädchen hier bei uns von diesem skandalösen Unrecht betroffen sind?«, brachte ich noch immer um Fassung ringend hervor.

»Genaue Zahlen kennt niemand, Katja. Die Dunkelziffer ist enorm hoch. In den wenigsten Fällen bekommt die Außenwelt ja mit, was in diesen Familien wirklich abläuft.« Petra zuckte resigniert mit den Schultern. »Das siehst du doch an uns! Wir beide haben ja auch keinen Kontakt mehr zu unseren alten Freunden. Und was bei uns so passiert, ist ja nun auch nicht immer toll. Aber es ändert ja doch nichts – oder?«

Fast mussten wir beide lachen, so fatalistisch hatte ihre letzte Äußerung geklungen. Na, immerhin hatten wir unseren Galgenhumor noch nicht ganz verloren! Und Petra hatte es tatsächlich geschafft, meine Stimmung wieder etwas zu heben. Es war schon sehr gut, eine Freundin zu haben, mit der man sich aussprechen konnte, auch wenn sich die Lage selbst dadurch natürlich kein Stück besserte.

Nachdem ich mich schließlich aufgerafft hatte, den Heimweg anzutreten, wartete Mahmud schon voller Zorn in unserer Wohnung auf mich.

»Ich wollte dich nicht blamieren, Mahmud!«, rechtfertigte ich mich sofort. »Aber ich konnte es dort einfach nicht mehr aushalten! Als du mir gesagt hast, wir würden zu einer Hochzeit gehen, dachte ich an eine Verbindung zwischen einem Mann und einer Frau. Hättest du mir gleich gesagt, dass eine Hochzeit bei euch gleichbedeutend ist mit der Vergewaltigung eines Kindes durch einen alten Mann, wäre ich gar nicht erst mitgegangen.«

Mahmud hatte mir ausnahmsweise einmal aufmerksam zugehört. Als ich geendet hatte, brach er unvermittelt in herzhaftes Gelächter aus. Irritiert blickte ich ihn an. Woraufhin er noch lauter lachte.

»Oh, *sevgili,* du bist wirklich dumm! Ayla kann froh sein, so einen guten Mann abbekommen zu haben! Er verdient viel Geld und sie wird in der Lage sein, ein sorgenfreies Leben zu führen.«

»Mahmud, ich kann es nicht fassen, was du gerade von dir gibst!«, schüttelte ich unwillig den Kopf. »Wie lange lebst du schon in Deutschland? Was seid ihr nur für Menschen, du und deine Familie, dass ihr so denkt?« Es gelang mir nicht, meine Tränen zurückzuhalten. »Euer ganzes Leben dreht sich nur um die Familienehre, um irgendwelche Regeln und die Unterdrückung eurer Frauen und Töchter«, fuhr ich schluchzend fort. »Der einzige Ort, an dem sich bei euch Männer und Frauen wirklich treffen, ist das Bett. Aber selbst da hat die Frau kein Mitbestimmungsrecht und soll ihrem Mann rund um die Uhr mit ihrem Körper zur Verfügung stehen. Was hat das alles mit Liebe zu tun? Bei euch wird ja sogar das Essen getrennt voneinander eingenommen, wenn Besuch kommt. Die Frauen müssen den Männern die Mahlzeiten im Wohnzimmer servieren und sie selbst dürfen dann wie die Dienstboten in der Küche essen. Wo ist da Platz für Vertrauen und ein echtes Miteinander?«

Mahmud hatte mir schweigend zugehört. Als ich geendet hatte, bemühte er sich um einen ruhigen, sachlichen Ton.

»Ach, Katja, ich habe dir doch schon oft genug erzählt, dass in unserer Tradition die Liebe keine Rolle spielt. Es geht einzig und allein darum, dass die Frau durch den Mann versorgt wird und ihm dafür den Haushalt führt und ihm Kinder gebärt. Am besten natürlich Söhne, denn Jungen sind mehr wert als Mädchen. Mädchen sind unzuverlässige Wesen, sie machen nur die Männer verrückt. Deshalb ist es ja so wichtig, dass sie sich ab einem gewissen Alter verschleiern, züchtig kleiden und früh verheiratet werden, damit sie kei-

14. Kapitel – Vom Zusammenleben zwischen Mann und Frau

ne Gelegenheit haben, Schande über ihre Familie zu bringen, indem sie herumhuren. So wie ihr Deutschen – schaut euch doch mal an, Katja! Hier bei euch ist es normal, dass eine Sechzehnjährige schon mit vier oder fünf Männern im Bett war. Wenn es ganz schlecht läuft, wird sie auch noch schwanger und der Vater des Kindes lässt sie sitzen. Außerdem habt ihr doch überhaupt keine Traditionen! Ihr kümmert euch ja noch nicht mal um eure Eltern, wenn sie alt und gebrechlich sind! Du kannst verdammt froh sein, dass ich dich aus deinem armseligen deutschen Leben herausgeholt und eine anständige Frau aus dir gemacht habe!«

Ich wollte gerade erwidern, dass ich auch vorher schon ein anständiges Leben geführt hätte, als er die Diskussion mit einer abrupten Geste beendete. So war es immer: Sobald ich zu einem Thema eine andere Meinung hatte, verbot er mir das Wort. Würde ich nun noch weiterreden, müsste ich damit rechnen, eine Ohrfeige zu bekommen. Also schwieg ich und dachte mir nur meinen Teil.

Am nächsten Morgen stand Petra vor meiner Tür. Sie hatte sich wegen meines aufgelösten Befindens nach der Hochzeit Sorgen um mich gemacht und wollte kurz nach mir schauen. Freudig bat ich sie herein. Sie strahlte immer so eine Herzlichkeit aus, dass mir allein ihre bloße Gegenwart unwahrscheinlich guttat. Obwohl sie selbst so viele Unannehmlichkeiten wegen Ahmed auf sich nehmen musste, hatte sie stets ein offenes Ohr für mich. Wie sich aber schnell herausstellte, war sie diesmal selbst in keiner guten Verfassung.

Ich bereitete uns eine Tasse Kaffee zu und forderte sie auf, mir zu erzählen, was sie bedrückte. Fast hatte ich es schon vermutet: Ein Streit mit Ahmed war der Grund für Petras Traurigkeit. Die beiden hatten eigentlich geplant, in Kürze zu heiraten. Da Ahmed nur eine befristete Aufenthaltsgenehmigung für Deutschland besaß und permanent damit rechnen musste, dass diese nicht verlängert würde, wäre er durch die Ehe mit einer deutschen Frau einer Ausweisung entkommen. Nachdem Petra und er am Vortag einen letzten Anwaltstermin vor der geplanten Hochzeit wahrgenommen hatten, um die nötigen Papiere zu erlangen, hatte sich jedoch herausgestellt, dass Ahmed aufgrund einer kürzlich erfolgten Änderung im Ausländerrecht auch ohne deutsche Ehefrau einen unbefristeten Aufenthalt beantragen konnte. Ahmed hatte diese Tatsache freudestrahlend zur Kenntnis genommen und Petra sofort verkündet, sie unter den aktuellen Umständen nun doch nicht mehr heiraten zu wollen.

Während Petra mir ihr Herz ausschüttete, liefen ihr unablässig die Tränen die Wangen hinunter. Die maßlose Enttäuschung war ihr deutlich anzusehen.

»Sogar mein Hochzeitskleid habe ich schon gekauft!«, brachte sie zwischen zwei Schluchzern hervor.

»Soll ich Mahmud bitten, noch mal mit Ahmed zu reden?«, erbot ich mich.

»Nein, lass nur! Das hat doch sowieso keinen Sinn. Wenn er mich nicht aus Liebe heiratet, soll er es doch lassen!«

Wütend schnaubte Petra in ein Papiertaschentuch. Ich nahm sie in den Arm und streichelte ihr tröstend über den Rücken. Ich wusste, wie sehr sie trotz aller Schwierigkeiten an Ahmed hing. Sie hatte sich so sehr auf eine Hochzeit mit ihm gefreut! Für sie wäre es mehr als eine Formalität gewesen. Aber Petra wurde als Deutsche einfach nicht von Ahmeds Familie akzeptiert. Wenn sie mit ihm zusammen in der Stadt war, was ohnehin selten genug vorkam, und ihnen zufällig jemand aus seiner Verwandtschaft begegnete, ließ er sie einfach stehen und tat so, als gehörten sie nicht zu-

14. Kapitel – Vom Zusammenleben zwischen Mann und Frau

sammen. Natürlich verletzte sie dieses Verhalten sehr, und so hatte sie sich von der Hochzeit auch eine innerfamiliäre Legitimierung ihrer Beziehung versprochen. Ich selbst war mir allerdings ziemlich sicher, dass eine Ehe an der Einstellung von Ahmeds Clan nichts geändert hätte. Möglicherweise hätte er ihnen noch nicht einmal etwas von seiner Eheschließung erzählt. Aber das war ja jetzt hinfällig, jetzt konnte er Petra weiter hinhalten und trotzdem in Deutschland bleiben.

»Sollte mir hier jemals die Flucht gelingen, dann nehme ich dich mit«, versprach ich ihr. »Dann bauen wir beide uns irgendwo ein ganz neues, freies Leben auf.«

Aus verheulten Augen sah Petra mich an.

»Wenn uns das mal gelingen sollte …«, grinste sie schief.

15. Kapitel

Heimlicher Cafébesuch

»Sag mal, Katja, hast du zufällig Lust, in die Stadt zu fahren?«, fragte mich Aysegül an einem Montagnachmittag im April.

Sie müsse zum Frauenarzt, um sich ein neues Rezept für die Pille ausstellen zu lassen, erklärte sie mir. Das könne uns doch als Vorwand dienen ... Denn einfach so zum Bummeln in die Stadt zu fahren war uns natürlich nicht erlaubt.

Begeistert rief ich bei Mahmud an.

»Aysegül bittet mich, sie in die Stadt zu begleiten. Bist du einverstanden, wenn ich mitfahre?«

Ich erzählte ihm, dass meine Begleitung dringend nötig sei, Aysegül müsse schließlich die kleine Özlem im Kinderwagen mitnehmen, und ohne meine Hilfe sei sie spätestens beim Einsteigen in den Bus auf die Unterstützung durch Fremde angewiesen.

Mahmud willigte ein, vergaß aber nicht, mir eine Uhrzeit vorzugeben, zu der wir spätestens wieder zurück sein sollten. Auch erinnerte er mich daran, dass ich die Wohnung auf keinen Fall ohne Kopftuch zu verlassen hätte.

Ich versicherte ihm, mich auf jeden Fall an seine Vorschriften zu halten, und legte erleichtert den Telefonhörer auf. Ich liebte es, durch die Fußgängerzone zu schlendern, mir die Auslagen in den Schaufenstern anzusehen oder mich in ein

15. Kapitel – Heimlicher Cafébesuch

Café zu setzen und die vorbeilaufenden Menschen zu beobachten. Irgendwie fühlte ich mich dann ein bisschen wie früher, als ich noch mein freies Leben hatte genießen können.

In Windeseile zog ich mich um und lief zum Nachbarhaus, um Aysegül und ihre kleine Tochter abzuholen. Mit meinem Kopftuch und dem züchtigen Kleidungsstil hielten mich die beiden türkischen Frauen, denen ich auf der Straße begegnete, wohl für eine Landsmännin, denn sie begrüßten mich mit einem freundlichen »*Merhaba!*«

Ohne den Blick zu heben, erwiderte ich den Gruß und verschwand im Hauseingang. Aysegül erwartete mich schon, und sogleich machten wir uns auf den Weg zur Bushaltestelle. Wir wollten keine kostbare Minute verlieren. Die kleine Özlem lag so zufrieden in ihrem Kinderwagen, dass ich mich unwillkürlich fragte, ob sich dieses winzige Wesen auch schon über die gebotene Abwechslung freute.

In der Innenstadt angekommen, beschlossen wir, erst einmal in ein Café zu gehen und uns ein Stück Torte zu gönnen. Entsetzt beobachtete ich, wie Aysegül begann, ihr Kopftuch abzunehmen. Als sie meinen ängstlichen Blick sah, lachte sie.

»Du kannst ruhig auch dein Kopftuch ausziehen! Ich habe noch nie gesehen, dass ein männliches Mitglied unserer Familie zum Kaffeetrinken hierhergekommen wäre.«

Akkurat faltete sie das Tuch zusammen und legte es auf den leeren Stuhl neben sich.

Obwohl ich ein komisches Gefühl dabei hatte – was war bloß aus mir geworden? –, tat ich es ihr nach kurzem Zögern nach. Es war so befreiend! Sofort spürte ich, wie mein altes Selbstbewusstsein zurückkehrte. Ich schüttelte meine langen blonden Haare und fuhr mit allen zehn Fingern hindurch, um meine Frisur zu ordnen. Plötzlich fiel mir auf, wie sehr das Kopftuch mein Hörvermögen einschränkte. Hatte ich vorher nur ein dumpfes Gemurmel von den Nebentischen vernommen, konnte ich nun wieder einzelne Gesprächsfetzen deutlich wahrnehmen.

»Kennst du das?«, fragte ich Aysegül, nachdem wir uns beide ein Stück Himbeertorte und einen Cappuccino bestellt hatten.

»Klar! Ich habe ja auch erst als Jugendliche anfangen müssen, ein Kopftuch zu tragen«, erzählte sie mir. »Erst habe ich mich kaum aus dem Haus getraut. Meine deutschen Mitschüler kannten mich ja nur unverschleiert und haben in den ersten Tagen jede Gelegenheit genutzt, mich zu verspotten. Ich weiß nicht, wie oft ich mich in dieser Zeit weinend in der Schultoilette eingeschlossen habe. Lange hat dieser Zustand aber nicht angedauert, da ich die Schule irgendwann sowieso nicht mehr besuchen durfte. Meine Eltern waren der Meinung, dass es wichtiger sei, mich auf meine Aufgaben als Haus- und Ehefrau vorzubereiten.«

Aysegül schaute mich so unglücklich an, dass ich ihr gern etwas Tröstendes gesagt hätte. Aber mir wollte partout nichts Passendes einfallen. Ihre dunklen Augen schimmerten verräterisch und ließen die große Traurigkeit erahnen, die ihr Leben bestimmte. Doch bevor wir uns dazu hinreißen lassen konnten, uns über unser Schicksal zu grämen, holte uns Özlems fröhliches Quieken zurück in die Gegenwart.

In dem Café herrschte reger Betrieb. Seit ich mit Mahmud und seiner Familie zusammenlebte, registrierte ich viel genauer, welche Kleidung die deutschen Frauen trugen oder wie Paare öffentlich miteinander umgingen. Mein Blick verfolgte gerade, wie ein junger Vater seinen Sohn mit Eis fütterte, als ich aus den Augenwinkeln Mahmuds Vater wahrnahm, der sich mit Mahmuds Onkel durch die Eingangstür des Cafés schob.

15. Kapitel – Heimlicher Cafébesuch

Mein Herz fing wie wild an zu hämmern. Völlig panisch zupfte ich Aysegül am Ärmel und machte sie auf die beiden Männer aufmerksam. Von einer Sekunde auf die andere wurde sie leichenblass. Und bevor ich reagieren konnte, hatte sie mich auch schon unter den Tisch gezogen. Zusammengekauert hockten wir da und überlegten, was nun zu tun sei. Immerhin schaffte ich es, unbemerkt unsere Kopftücher unter den Tisch zu holen. Schnell banden wir diese um, und ich betete im Stillen, dass Özlem nicht ausgerechnet jetzt zu weinen anfangen und dadurch die Aufmerksamkeit auf unseren Tisch lenken würde. Denn sollte Mahmuds Vater uns entdecken, wartete ganz sicher jede Menge Ärger auf uns. Keiner Frau der Familie war es erlaubt, ohne männliche Begleitung ein öffentliches Café zu besuchen.

Just in dem Moment kam die Kellnerin auf unseren Tisch zu, in der Hand die beiden Teller mit der Torte. Irgendwie gelang es mir, ihr zu signalisieren, dass wir uns unter dem Tisch versteckt hatten und auf keinen Fall bemerkt werden durften. Glücklicherweise zeigte sie großes Verständnis für unsere Not. Mit ihrer Hilfe konnten wir das Café bereits kurze Zeit später – unbemerkt von Mahmuds Vater und Onkel – durch den Hintereingang verlassen.

Als wir wieder auf der Straße standen, atmete ich tief durch. Das war ja gerade noch mal gut gegangen! Auch Aysegül stand der Schrecken noch ins Gesicht geschrieben. Wir fühlten uns, als hätte uns jemand bei einer Straftat ertappt. Hätte man mir vor meiner Mahmud-Zeit erzählt, dass sich etwas so Selbstverständliches wie ein Cafébesuch mit einer Freundin eines Tages zu einem Problem für mich auswachsen würde, ich hätte laut gelacht.

16. Kapitel

Die neuen Nachbarn

Als ich ein paar Tage später zufällig aus dem Küchenfenster schaute, sah ich einen Lkw vor dem Nachbarhaus vorfahren. Offenbar ein Umzugswagen. Aysegül hatte gar nichts davon erwähnt, dass wieder eine Wohnung in ihrem Haus frei geworden war. Neugierig beobachtete ich, wie zwei Männer und zwei Frauen begannen, Kisten auf dem Gehweg zu stapeln. Ich vermutete, dass es sich bei den neuen Nachbarn ebenfalls um eine türkische Familie handelte, denn die Frauen trugen Kopftücher und einer der Männer rief dem anderen etwas auf Türkisch zu.

Ein Gefühl der Enttäuschung machte sich in mir breit. Wie sehr hätte ich mich über nette deutsche Nachbarn gefreut! Die Einzige, die von meinem »deutschen« Leben noch übrig geblieben war, war Petra. Manchmal vergaß ich sogar, dass ich mich in Deutschland befand. Ich fühlte mich wie eine Fremde im eigenen Land. Meine alte Clique hatte ich schon ewig nicht mehr gesehen. Mahmud hatte meine sozialen Kontakte nur auf seine Familie beschränkt. Und den Kontakt zu Petra duldete er lediglich, weil Ahmed einer seiner besten Freunde war. Selbst die selten gewordenen Besuche bei meiner Mutter fanden nur unter seiner Aufsicht statt. Er achtete peinlich genau darauf, dass ich keinerlei Möglichkeit hatte, mit meiner Mutter unter vier Augen zu sprechen.

16. Kapitel – Die neuen Nachbarn

Mahmud wusste, dass ich sie niemals am Telefon mit meinen Sorgen belastet hätte, viel zu groß war meine Angst, dass sie sich wieder in ihre Alkoholsucht flüchten könnte. Allein in meinen wirren nächtlichen Träumen lebte ich deutsch. Oft wachte ich morgens auf und merkte, dass ich wieder einmal im Schlaf geweint hatte.

Als Mahmud an dem Abend von der Arbeit nach Hause kam, hatte er ziemlich schlechte Laune. Kaum hatte ich das Essen auf den Tisch gebracht, legte er auch schon los.

»Das Essen ist eine Katastrophe, Katja! Das würde noch nicht mal ein Hund fressen!«

»Dann lass es einfach stehen«, antwortete ich so ruhig wie möglich.

Mahmuds Mund wurde ganz spitz. Dann sprang er auf und warf den Teller mitsamt Inhalt vor meine Füße auf den Küchenboden.

Geistesgegenwärtig drehte ich den Kopf zur Seite, um den aufspritzenden Scherben auszuweichen. Ich zitterte am ganzen Körper und es fiel mir wahnsinnig schwer, nach außen hin ruhig und beherrscht zu wirken. Mir war klar, dass Mahmud versucht hatte, mich zu provozieren.

Wortlos begann ich den Fußboden zu säubern. Vermutlich hatte er Ärger bei der Arbeit gehabt und ich sollte mal wieder als Ventil für seine aufgestaute Wut dienen. Doch mein Schweigen schien seinen Groll nur noch mehr anzustacheln. Kaum hatte ich die letzten Spuren seines Abendessens beseitigt, startete er die nächste Attacke.

»Katja, dein Türkisch ist immer noch viel zu schlecht! Lernst du denn nicht täglich mit Aysegül, wie ich es dir befohlen habe?«

Ich schaute ihm fest in die Augen

»Doch, wir lernen immer noch täglich.«

Verächtlich schnalzte er mit der Zunge.

»Na, wenn du so oft lernst und es immer noch nicht richtig kannst, bist du wahrscheinlich zu dumm dafür. Ich möchte, dass du mir ab morgen jeden Abend die Vokabeln vorlegst, die du gelernt hast!«, ordnete er an.

Er versuchte noch eine ganze Weile mich mit irgendwelchen unflätigen Bemerkungen aus der Reserve zu locken. Ohne Erfolg. Schließlich gab er auf und verließ die Wohnung, um sich mit seinen Brüdern in der Teestube zu treffen.

Völlig erledigt ließ ich mich auf das Sofa fallen, um endlich dieses fürchterliche Zittern in den Griff zu bekommen. Aber nur zwei Minuten später wurde ich wieder aufgescheucht, weil es an der Tür klingelte: Petra.

Sie habe nur mal kurz vorbeischauen wollen, meinte sie. Ich brachte ihr einen Tee und Kekse und wir setzten uns nebeneinander aufs Sofa.

»Stell dir mal vor«, sagte Petra und nahm sich einen Keks, »meine neuen Nachbarn sind ein türkischer Mann und seine zwei Ehefrauen. Aber das Spannende daran ist, dass die eine auch Deutsche ist!«

Erstaunt zog ich die Augenbrauen hoch.

»Ich dachte, ich hätte zwei Männer gesehen. Aber dann war der eine wohl nur ein Umzugshelfer.«

»Nein, nein.« Petra schüttelte den Kopf. »Der andere ist sein Bruder. Der ist auch mit eingezogen.«

»Wie kommst du denn darauf, dass unter den Frauen eine Deutsche ist?«

Petra schob ein paar Kekskrümel auf dem Tisch hin und her.

»Am Nachmittag haben sich die beiden Frauen bei mir als meine neuen Nachbarinnen vorgestellt und mir Baklava geschenkt. Da habe ich sie natürlich auf einen Kaffee hereingebeten und mich ein bisschen mit ihnen unterhalten.«

16. Kapitel – Die neuen Nachbarn

Petra machte eine bedeutungsvolle Pause und nippte an ihrem dampfenden Tee. Ich ahnte, dass die Pointe noch bevorstand.

»Komm, erzähl schon weiter!«

Tatsächlich fand ich es schon mehr als spannend, dass es nun eine Frau in meiner direkten Umgebung gab, die offensichtlich genauso angepasst an die türkischen Traditionen lebte wie ich.

»Na ja, die beiden haben sich als Hülya und Erika vorgestellt ... Logisch, dass ich über den deutschen Namen gestolpert bin. Also habe ich nachgefragt, und Erika hat mir erzählt, sie sei schon vor sieben Jahren zum Islam übergetreten und die Zweitfrau von Hülyas Mann Ismet geworden.«

Als Petra den Religionswechsel ansprach, zog ich unwillkürlich die Schultern hoch. Denn dieses Thema brachte auch Mahmud seit einiger Zeit immer wieder aufs Tapet. Bisher hatte ich mich dem erfolgreich entziehen können. Aber auf Dauer würde mir das sicher nicht gelingen.

Petra hatte den beiden Frauen natürlich auch von mir erzählt, mit dem Ergebnis, dass sie uns beide für zwei Tage später zum Tee eingeladen hatten. Ich brannte darauf, eine andere deutsche Frau in einer vergleichbaren Situation kennenzulernen – die es allerdings noch viel schlimmer getroffen haben musste als ich. Immerhin war sie nur eine Zweitfrau und musste sich ihren Mann mit einer anderen teilen.

Ich hatte einen herrlichen Blumenstrauß für Erika und Hülya besorgt. Mahmud wusste nichts von dem geplanten Besuch; ich hatte es ihm verschwiegen, weil ich instinktiv befürchtete, er könnte etwas dagegen haben. Mir blieb also nur zu hoffen, dass er nicht ausgerechnet an dem Tag früher nach Hause kommen würde.

Mit der gewohnten Herzlichkeit in türkischen Haushalten wurden wir empfangen. Die beiden Frauen mussten in den letzten zwei Tagen enorme Anstrengungen auf sich genommen haben, denn die kleine Wohnung war schon jetzt nahezu komplett eingerichtet und nirgends waren mehr Spuren eines gerade erst erfolgten Umzugs zu entdecken. Die Herren des Hauses waren zum Glück nicht anwesend, sodass wir Frauen unter uns waren und uns ungestört unterhalten konnten. Nachdem wir es uns in der Sitzecke gemütlich gemacht und die üblichen Höflichkeiten ausgetauscht hatten, erzählte uns Erika ihre Geschichte.

Vor etwa acht Jahren hatte sie Ismet in der Gaststätte kennengelernt, die sie zum damaligen Zeitpunkt mit ihrem Mann führte. Sie verliebte sich auf Anhieb in Ismet und auch er hegte offenbar große Sympathien für sie, denn von nun an kam er fast täglich in das kleine Lokal. Nach einer Weile fingen sie an, sich heimlich zu treffen. Ismet machte kein Geheimnis daraus, dass er bereits verheiratet war, denn als Moslem, so erklärte er ihr, sei es ihm gestattet, sich bis zu vier Ehefrauen zu nehmen. Erika war bereits so verliebt in ihn, dass sie Hals über Kopf ihre Sachen packte und sich von ihrem Mann trennte. Zunächst nahm sie sich eine eigene Wohnung und Ismet pendelte zwischen Hülya und ihr hin und her. Als Erika dann geschieden war, heiratete sie Ismet und zog zu ihm und Hülya.

»Vor ein paar Monaten ist dann Ismets Bruder Kerim aus der Türkei zu uns gestoßen, weshalb wir uns eine neue Wohnung suchen mussten. Kerim will hier in Deutschland auf Brautschau gehen und heiraten, um eine gültige Aufenthaltserlaubnis zu bekommen«, schloss Erika ihren Bericht.

Gespannt hatten Petra und ich ihr zugehört. Es gab ja so viele Fragen, die ich ihr stellen wollte!

16. Kapitel – Die neuen Nachbarn

»Wann hat Ismet denn von dir verlangt, deinen Glauben abzulegen und zum Islam überzutreten?«, fragte ich neugierig.

Erika lachte herzlich.

»Gar nicht! Im Gegenteil, er hat sogar ganz lange versucht, mir das auszureden. Er hätte sich schließlich absichtlich eine deutsche Frau genommen, hat er gesagt, eine türkische hätte er ja schon.«

Ich verstand die Welt nicht mehr.

»Dann verlangt er auch nicht von dir, dass du ein Kopftuch trägst?«, bohrte ich ungläubig weiter.

Sie schüttelte den Kopf, der von einem teuer aussehenden Tuch bedeckt war.

»Nein, auch das ist meine freie Entscheidung. Ich könnte das Tuch jederzeit abnehmen, wenn ich wollte. Aber das würde ich niemals tun. Das Kopftuch ist für mich ein äußeres Zeichen meines Glaubens, ich trage es Allah zu Ehren.«

Auch Petra schien beeindruckt zu sein. Wenn Erika nicht eine begnadete Schauspielerin war und alles, was sie uns erzählt hatte, der Wahrheit entsprach, dann führte sie wirklich ein glückliches Leben.

Leider kam ich nicht mehr dazu, meine weiteren Fragen loszuwerden, denn plötzlich stand Erikas und Hülyas Schwager Kerim in der Tür. Aufmerksam musterte er Petra und mich, bevor er uns freundlich begrüßte.

Natürlich sprach er noch kein Wort Deutsch, und so kamen mir meine mittlerweile recht umfangreichen Türkischkenntnisse zugute. Doch Kerims Gegenwart war mir sofort unangenehm. Einmal mehr, weil ich wusste, dass Mahmud mich verprügeln würde, sollte er je erfahren, dass ich mich mit einem fremden Mann in einem Zimmer aufgehalten hatte.

Petra bemerkte, dass mit mir etwas nicht stimmte, und so verabschiedeten wir uns eilig, jedoch nicht ohne die beiden Frauen zu einem Gegenbesuch aufzufordern.

Als Mahmud und ich einige Tage später zu unserem Auto gingen, lief uns Kerim über den Weg. Er begrüßte mich mit ein paar freundlichen Worten, woraus Mahmud natürlich sofort schloss, dass wir uns bei anderer Gelegenheit schon kennengelernt hatten.

Kaum war Kerim außer Sichtweite, zerrte er mich zurück in unsere Wohnung, knallte die Tür hinter uns zu und holte aus. Mehrere Ohrfeigen landeten in meinem Gesicht, bevor ich den Versuch startete, zu entkommen und mich im Schlafzimmer einzuschließen. Doch Mahmud war schneller und fing mich ab. Hemmungslos prügelte er auf mich ein. Während ich vor lauter Schlägen noch nach Luft rang, umfasste er plötzlich mit beiden Händen meine Kehle und drückte zu. In wilder Panik begann ich um mich zu treten.

»Du gottverdammte Hure! Ich bringe dich um!«, keuchte Mahmud unter der Anstrengung, die es ihn zu kosten schien, sein Vorhaben in die Tat umzusetzen.

Das Letzte, was ich wahrnahm, war das schrille Klingeln an unserer Wohnungstür.

Als ich aus meiner Ohnmacht erwachte, war alles um mich herum ruhig. Wie es aussah, lag ich in meinem eigenen Bett. Unter Schmerzen drehte ich den Kopf zur Seite. Petra …

Sie nahm meine Hand und streichelte sie ein wenig unbeholfen. Oh, wie lieb ich sie hatte! Auf ihrem Schoß sah ich ein paar Kühlakkus liegen, mit denen sie mein geschwollenes Gesicht und meinen Hals gekühlt haben musste. Unwillkürlich warf ich einen Blick in den verspiegelten Kleiderschrank gegenüber dem Bett. Mein Hals war blutunterlaufen und es

16. Kapitel – Die neuen Nachbarn

waren deutliche Würgemale auf der Haut zu erkennen. Mein linkes Auge war fast komplett zugeschwollen und meine Lippe hatte die Größe eines Taubeneis.

Ich versuchte mich im Bett aufzusetzen. Sofort wurde mir übel und ich musste mich übergeben. In dem Moment öffnete sich die Tür und Mahmud kam herein. Ich zuckte zusammen, als würden gleich die nächsten Hiebe auf mich niederprasseln.

»Katja muss sofort in ein Krankenhaus!«, sagte Petra mit fester Stimme an Mahmud gewandt. »Ich vermute, dass sie eine Gehirnerschütterung hat. Ihr Schädel muss geröntgt werden.«

Mahmud schüttelte nur den Kopf.

»Sie kommt in kein Krankenhaus! Sie ist selbst schuld daran, dass es wieder so weit gekommen ist. Wie kann sie sich einfach hinter meinem Rücken mit einem anderen Mann treffen?«

Wieder stieg die Übelkeit in mir hoch, aber ich biss fest die Zähne zusammen. Mein Kopf dröhnte.

Petra sprang auf.

»Sie hat sich nicht hinter deinem Rücken mit einem anderen Mann getroffen! Wir waren bei den Frauen zum Tee eingeladen. Als Kerim dazukam, sind wir sofort aufgestanden und haben die Wohnung verlassen.«

Mahmud schnaubte.

»Das kann ich glauben, muss es aber nicht.«

Damit drehte er sich um und überließ mich wieder meinem Schicksal.

Mit dem Mut der Verzweiflung warf Petra einen Kühlakku hinter ihm her, sodass ich schon befürchtete, er würde zurückkommen und sich an ihr vergreifen. Aber er tat, als hätte er nichts bemerkt.

Ratlos schaute Petra mich an.

»Was mache ich nur mit dir? Du musst dringend zu einem Arzt, Katja!«

Ich zuckte mit den Schultern. Hauptsache, ich hatte Ruhe und meine Freundin war bei mir.

»Wieso bist du eigentlich hier?«

Ohne sie wäre ich jetzt vielleicht ... Ich schluckte.

»Ich habe zufällig aus dem Küchenfenster geschaut und die Begegnung zwischen dir und Kerim beobachtet. Als ich sah, wie Mahmud dich zurück in die Wohnung gezerrt hat, dachte ich mir schon, dass es zwischen euch gewaltig krachen würde. Also bin ich sicherheitshalber rübergekommen und habe dich furchtbar schreien und weinen gehört. Zuerst hat auf mein Klingeln und Klopfen niemand geöffnet. Erst als Ahmed dazukam und Mahmud durch die Tür bei seinem Namen rief, hat er uns geöffnet. Du lagst bewusstlos am Boden. Ahmed und ich haben dich dann zusammen in dein Bett gelegt. Seitdem sitze ich hier bei dir und Ahmed versucht Mahmud zu beruhigen.«

Schweigend drückte ich ihre warme Hand. Wie gern hätte ich sie in den Arm genommen, aber als ich einen neuen Versuch startete, mich aufzusetzen, hatte ich das Gefühl, jemand stäche mir mit heißen Nadeln in den Kopf.

»Bleib bloß ruhig liegen!«, sagte Petra und drückte mich sanft zurück in die Kissen. »Ich werde kurz mit Ahmed sprechen. Vielleicht kann er Mahmud ja dazu überreden, dich wenigstens zu deinem Hausarzt zu bringen.«

Ich wollte ihr vermitteln, dass ich das für aussichtslos hielt, als plötzlich Aysegül hereinkam. Sie versuchte zwar, sich nichts anmerken zu lassen, doch mein Aussehen schien sie sehr zu erschrecken. Da mir das Sprechen schwerfiel, klärte Petra sie über alles auf.

16. Kapitel – Die neuen Nachbarn

Aysegül schlug die Hände vors Gesicht und brach in Tränen aus.

»Ich schäme mich für meine Familie und für das, was sie dir alles antun!«, brachte sie mit schluchzender Stimme hervor. »Ich werde meinen Vater bitten, dass er mit Mahmuds Vater spricht. So kann es nicht weitergehen!«

Ich war mir nicht sicher, ob Aysegüls Idee wirklich so gut war, aber ich hatte in dem Moment einfach nicht die Kraft, ihr zu widersprechen. Er wollte mich umbringen!, war der einzige Gedanke, zu dem ich fähig war. Wenn Petra nicht gekommen wäre, hätte Mahmud mich ohne mit der Wimper zu zucken erdrosselt. Und das wegen eines Mannes, den ich nicht einmal kannte, geschweige denn jemals näher kennenlernen wollte.

17. Kapitel

Doppelter Heiratsantrag

Nur langsam erholte ich mich von meinen Verletzungen. Natürlich hatte Mahmud mir verboten, zum Arzt zu gehen. Wahrscheinlich ahnte er, dass dieser mir meine zahlreichen Treppenstürze und Haushaltsunfälle nicht mehr glauben und die Polizei informieren würde. Also kümmerten sich Petra und Aysegül um mich. Abwechselnd räumten sie die Wohnung auf, kochten Essen und besorgten die Einkäufe. Mahmud hingegen redete nur das Nötigste mit mir und ließ keine Gelegenheit aus, mich darauf hinzuweisen, dass ich an meinem Elend selbst schuld sei. Wie gern hätte ich ihm geantwortet, dass ich ihn für einen Psychopathen hielt, aber ich hatte viel zu viel Angst, mich erneut in Gefahr zu bringen.

Als ich ungefähr eine Woche nach der Unheil bringenden Begegnung mit unserem neuen Nachbarn die Wohnung für ein paar Besorgungen verlassen wollte, wäre ich fast über einen herrlichen Blumenstrauß gestolpert, der vor unserer Tür lag. Von Neugier erfüllt, kehrte ich mit dem Strauß in die Wohnung zurück, um ihn auf eine Karte hin zu untersuchen, die Aufschluss über den Absender geben könnte. Wie sich herausstellte, war der Blumenstrauß von Kerim. Er wolle sich für die Unannehmlichkeiten entschuldigen, die ich seinetwegen gehabt hätte, schrieb er.

17. Kapitel – Doppelter Heiratsantrag

Mir stockte der Atem. Wie konnte dieser Mann mir das antun! Ich kannte Kerim kaum und lief nun schon zum zweiten Mal Gefahr, seinetwegen in riesige Schwierigkeiten zu geraten. Hätte Mahmud die Blumen nebst zugehöriger Karte in die Hände bekommen, wäre die letzte Auseinandersetzung noch ein harmloser Spaziergang gewesen gegen das, was mich dann erwartet hätte.

Schnell nahm ich die Karte, legte sie ins Spülbecken und zündete sie mit einem Feuerzeug an. Anschließend stopfte ich die Blumen in den Müllcontainer im Hof. Da die Tonnen von allen Mietern benutzt wurden, konnte Mahmud auf keinen Fall nachvollziehen, wem der Strauß gehört hatte.

Als Petra am Nachmittag vorbeikam, um nach mir zu sehen, und ich ihr von Kerims Strauß berichtete, war sie genauso empört wie ich.

»Aber ...« Fragend blickte sie mich an. »Woher weiß Kerim überhaupt, was passiert ist?«

Darüber hatte ich noch gar nicht nachgedacht.

Petra versprach mir, später bei Hülya und Erika vorbeizugehen und mit den beiden zu reden. Sie sollten Kerim begreiflich machen, dass er jeden Kontaktversuch zu mir absolut zu unterlassen hätte. Er musste unbedingt wissen, dass er mich damit in ernstliche Gefahr brachte.

Als Mahmud abends nach Hause kam, eröffnete er mir, dass sein Vater und zwei seiner Onkel ihren Besuch für denselben Abend angekündigt hätten. Hatte Aysegül ihre Ankündigung wahr gemacht und mit ihrem Vater gesprochen?

Mahmud wollte wissen, ob ich mich bei seiner Familie über ihn beschwert hätte. Sein Vater hatte uns noch nie besucht, und so konnte er sich das plötzliche Interesse der Familienältesten nicht erklären.

»Nein«, antworte ich wahrheitsgemäß.

Ich klärte Mahmud allerdings auch nicht darüber auf, dass ich ahnte, wer mit seinem Vater gesprochen haben könnte. Stattdessen begann ich Vorbereitungen für den Besuch zu treffen. Ich richtete frisches Obst in einer Schale an und setzte Wasser für eine neue Kanne Tee auf. Auf ein Tablett stellte ich Teegläser sowie ausreichend Zucker und eine frische Zitrone. Mahmud beobachtete mich mit Argusaugen, verkniff sich aber jeglichen Kommentar.

Als die Männer eintrafen, spürte ich, dass er angespannter war als sonst. Ich wusste, dass Mahmud vor seinem Vater großen Respekt hatte. Höflich geleitete er den Besuch in unser Wohnzimmer. Ich kam lediglich für einen kurzen Moment hinzu, um den Gästen den Tee und das Obst zu servieren. Dann zog ich mich in die Küche zurück.

Da die beiden Räume aneinandergrenzten, konnte ich jedes Wort verstehen. Mahmud wurden Vorwürfe gemacht, weil er mich so schlecht behandle und ich relativ oft äußere Anzeichen von Gewalt aufweise. Aysegüls Vater wollte von Mahmud wissen, ob ich mich denn wirklich so schlecht benähme, dass diese Misshandlungen notwendig wären.

Nun war ich aber sehr gespannt, was Mahmud ihnen für Lügenmärchen auftischen würde! Doch zu meinem großen Erstaunen eröffnete er seinen Verwandten, er liebe mich über alles, aber diese Liebe raube ihm eben von Zeit zu Zeit den Verstand.

Plötzlich wurde es still im Wohnzimmer. Ich wusste, dass es in der türkischen Kultur für einen Mann absolut unüblich war, mit seinem Vater oder anderen männlichen Familienmitgliedern über Gefühle zu sprechen. Die Verblüffung der Anwesenden war förmlich durch die Wand hindurch zu spüren.

Nach einer Weile brach Mahmuds Vater das Schweigen.

17. Kapitel – Doppelter Heiratsantrag

»Ich würde es für das Beste halten, wenn ihr heiratet«, lautete kurz und knapp der Rat, den er seinem Sohn gab.

Ich hielt die Luft an. Mit allem Möglichen hatte ich gerechnet, nur nicht mit einem bevorstehenden Heiratsantrag! Diesen Mann, der mir schon so viel angetan hatte, wollte ich ganz bestimmt nicht auch noch zu meinem Ehemann erküren! »Warum sollte eine Hochzeit deinen Sohn davon abhalten, mich auch künftig zu schlagen?«, hätte ich Mahmuds Vater am liebsten gefragt.

Ich konnte hören, wie die Onkel ihm beipflichteten, und schon wurden die Details erörtert. Allerdings war ich so aufgeregt, dass ich nicht mehr alles genau mitbekam. »Türkei«, »Haus kaufen«, »Übertritt zum Islam« war das Einzige, was ich verstand.

Nach einer Weile öffnete sich die Küchentür und Mahmud bat mich, ins Wohnzimmer zu kommen.

»Wir haben etwas mit dir zu bereden.«

Mit zitternden Knien folgte ich ihm vor den »Familienrat«.

Ohne Umschweife setzte mich Mahmuds Vater von dem Ergebnis der Unterredung in Kenntnis. Keiner von den Männern kam auch nur eine Sekunde auf die Idee, mich zu fragen, ob ich denn mit einer Heirat überhaupt einverstanden sei. Dies wurde einfach als selbstverständlich vorausgesetzt.

Mahmuds Vater erzählte etwas von religiösen Maßstäben, dass wir ja nun schon lange genug in »wilder Ehe« zusammengelebt hätten und dass die Familie einer Hochzeit zustimmen würde, obwohl ich eine deutsche Frau sei.

»Weil du dich in der ganzen Zeit, die du schon mit meinem Sohn zusammen bist, durchaus bewährt hast und ja auch recht gut vertraut bist mit der türkischen Kultur und Lebensweise, machen wir in deinem Fall eine Ausnahme. Ich möchte nur, dass du in den nächsten Monaten regelmäßig die

Moschee besuchst, damit du die islamische Religion besser verstehen lernst.«

Weil ich großen Respekt vor den Männern aus Mahmuds Familie hatte, wagte ich nicht zu widersprechen und nickte nur hin und wieder mal bei seinen Worten. In meinem Inneren allerdings schrie alles laut und panisch: »Nein, nein, ich will das nicht! Nein!«

Mahmud hatte die Wohnung zusammen mit seinen Verwandten verlassen. Nachdenklich saß ich auf meinem Sofa und überlegte fieberhaft, wie ich am besten aus dieser Situation wieder herauskam. Ich konnte und wollte Mahmud nicht heiraten! Ich war mir sicher, dass, wenn ich erst seine offizielle Ehefrau war, meine Lage nur noch dramatischer werden würde.

Da ich zu keinem Ergebnis kam, beschloss ich, mir bei Aysegül einen Rat zu holen. Ich war mir zwar nicht sicher, ob sie imstande war, mir zu helfen, aber ich wollte es zumindest versuchen. Vielleicht konnte sie mit ihrem Vater nochmals sprechen.

Mahmud war telefonisch nicht zu erreichen, daher schrieb ich ihm einen Zettel, auf dem stand, dass ich mich bei Aysegül aufhalten würde. Ich hoffte inständig, dass es für ihn so in Ordnung war und meine Eigenmächtigkeit nicht wieder Anlass für einen neuen Krach gab.

Im Treppenaufgang zu Aysegüls Wohnung lief mir ausgerechnet Kerim über den Weg! Grußlos wollte ich an ihm vorbeigehen, doch erwartungsgemäß versperrte er mir den Weg.

»Warum sprichst du nicht mit mir, Katja? Warum untersagst du mir den Kontakt zu dir? Du bist eine deutsche Frau – du kannst tun und lassen, was du willst!«

17. Kapitel – Doppelter Heiratsantrag

Ich hatte absolut keine Lust, diesem Mann irgendwelche Erklärungen abzugeben oder ihn gar über meine Lebenssituation aufzuklären.

»Bitte, Kerim, lass mich durch! Ich kann jetzt nicht mit dir reden. Am besten, du lässt mich einfach ein für alle Male in Ruhe und sprichst mich nie wieder an!«

Doch Kerim war ganz und gar nicht bereit, klein beizugeben. Statt mich vorbeizulassen, packte er mich am Arm.

Ich war so entsetzt über diese Geste, dass ich laut zu schreien begann. Aysegül musste mich sofort gehört haben: Innerhalb von Sekunden öffnete sie ihre Wohnungstür, um dem Lärm im Treppenhaus auf den Grund zu gehen.

Als Kerim begriff, dass wir beobachtet wurden, ließ er schweigend von mir ab und machte sich schnurstracks aus dem Staub.

Fragend sah Aysegül mich an. Mit knappen Worten erklärte ich ihr, was vorgefallen war. Sie schüttelte nur den Kopf.

»Wenn das nicht aufhört, wird dir wohl nichts anderes übrig bleiben, als Mahmud von Kerims aufdringlicher Art zu erzählen«, riet sie mir. »Wer weiß, zu was der sonst noch fähig ist, Katja!«

Ich wusste, dass sie recht hatte, aber schon allein der Gedanke daran, mit Mahmud über Kerim reden zu müssen, löste heftige Bauchschmerzen bei mir aus. Bestimmt würde er wieder versuchen, die ganze Schuld auf mich abzuwälzen, und mir unterstellen, Kerim ermuntert zu haben, Kontakt zu mir aufzunehmen. Nein, lieber wollte ich einen Moment abpassen, da Kerim das Haus verlassen haben würde, um das Gespräch mit Erika und Hülya zu suchen. Sie mussten ihrem Schwager doch klarmachen können, dass er mich in Ruhe zu lassen hatte!

Mit diesem Entschluss beendete ich das Thema »Kerim« bei Aysegül und erzählte ihr stattdessen von dem eigentlichen Grund meines Besuches. Im Gegensatz zu mir war sie von den Neuigkeiten keinesfalls überrascht. In der Familie sei schon öfter darüber gesprochen worden, dass Mahmud und ich endlich heiraten sollten, kommentierte sie meinen Bericht.

»Warum hast du mir nie was davon erzählt?«, wollte ich von ihr wissen.

Schweigend blickte Aysegül mich an.

»Ich fand es nicht wichtig«, antwortete sie schließlich achselzuckend.

»Aber was mache ich nun? Ich kann doch unmöglich einen Mann heiraten, der mich vor Kurzem noch beinah umgebracht hätte!«

Meine Augen füllten sich mit Tränen. Flehend schaute ich Aysegül an und griff nach ihrer Hand.

»Bitte, Aysegül, rede mit deinem Vater! Ich möchte Mahmud nicht heiraten! Es geht einfach nicht!«

Sanft nahm Aysegül mich in den Arm und versprach, mir zu helfen. Sie willigte auch ein, mich nach Hause zu begleiten – zu groß war meine Angst, dass Kerim mir im Treppenhaus erneut auflauern könnte.

Schon von Weitem sah ich, dass in unserer Wohnung Licht brannte. Mahmud war also bereits nach Hause gekommen. Doch zu meinem großen Erstaunen schien er kein Problem damit zu haben, dass ich noch einmal weggegangen war. Das erste Mal seit seinem letzten Übergriff sprach er sogar ganz normal mit mir. Selbst ein Lächeln brachte er zustande. Da ich aber an dem Tag schon genug emotionale Achterbahn gefahren war, gab ich vor, sehr müde zu sein, und verzog mich ins Bett. Ich wollte einfach nur noch meine Ruhe haben.

17. Kapitel – Doppelter Heiratsantrag

Die nächsten Tage verliefen relativ ruhig. Mahmud hatte kein einziges Wort mehr zum Thema »Hochzeit« verloren. Allmählich begann sich unser Verhältnis wieder zu normalisieren – sofern man bei uns überhaupt von einem normalen Verhältnis sprechen konnte. Es hatte auch keinerlei sexuelle Annäherungen mehr seinerseits gegeben, wofür ich ihm besonders dankbar war: Ich wusste nicht, ob ich seine Berührungen hätte ertragen können.

Kaum hatte sich meine innere Anspannung also ein wenig gelegt, fand ich eines Nachmittags, als ich kurz zum Supermarkt gegenüber gehen wollte, eine Schachtel Pralinen vor meiner Wohnungstür. Obwohl kein Zettel oder Ähnliches auf den Absender hinwies, war ich mir sicher, dass die Süßigkeiten nur von Kerim stammen konnten. Ich spürte, wie meine Angst einer gewaltigen Wut wich. Was bildete sich dieser Typ eigentlich ein? Hatte ich ihm nicht mehr als deutlich genug zu verstehen gegeben, dass er mich gefälligst in Ruhe zu lassen hatte?

Voller Zorn nahm ich die Pralinen und begab mich auf direktem Wege zu unserem Nachbarhaus, um sie Kerim vor die Füße zu werfen. Sofort nach dem ersten Klingeln wurde mir geöffnet. Hülya war an der Tür und bat mich gleich herein. Als sie die Schachtel mit den Süßigkeiten in meiner Hand sah, breitete sich ein Lächeln auf ihrem Gesicht aus. Sie dachte wohl, ich hätte die Pralinen als Gastgeschenk mitgebracht. Als sie aber meinen bösen Blick bemerkte, wurde ihr schlagartig klar, warum ich gekommen sein musste.

Zum Glück war Kerim auch anwesend, sodass ich meine Wut an der richtigen Stelle herauslassen konnte. Meine Stimme überschlug sich fast, so außer mir brüllte ich ihn an.

Völlig entsetzt kam Erika aus dem Badezimmer hinzu und wollte wissen, was los sei. Abwechselnd auf Türkisch und Deutsch brachte ich hervor, dass ich mich von Kerim bedrängt fühlen würde und deshalb extreme Probleme mit meinem Freund bekommen hätte.

»So geht das nicht weiter!«, erklärte ich Erika und Hülya. «Ihr müsst mir unbedingt helfen, wenn ihr nicht wollt, dass etwas Fürchterliches geschieht. Bitte, sprecht mit eurem Mann, dass er Kerim zur Räson bringt!«

Die ganze Zeit während meiner Anklage hatte Letzterer steif wie ein Zinnsoldat mitten im Zimmer gestanden und eisern geschwiegen. Als er sah, dass ich mich langsam wieder beruhigt hatte, trat er einen Schritt auf mich zu. Automatisch wich ich zurück.

»Du bist die Frau, die ich heiraten werde!«, sagte er mit fester Stimme und schaute mir gerade in die Augen. »Ich habe dich gesehen und mich sofort in dich verliebt«, verlieh er seiner Aussage noch mehr Nachdruck.

Mir blieb angesichts dieser Offenbarung die Spucke weg. Auch Erika und Hülya waren sprachlos.

»Wie kannst du behaupten, dass du in mich verliebt bist?«, herrschte ich ihn an, als ich wieder halbwegs klar denken konnte. »Du kennst mich nur vom Sehen und wir haben bis auf den heutigen Tag noch keine drei Sätze miteinander gewechselt!«

Kerim zuckte nur mit den Schultern und wiederholte nochmals seine Absicht, mich heiraten zu wollen.

»Solltest du mich nicht in Ruhe lassen, werde ich Mahmud darüber informieren müssen!«, drohte ich ihm in meiner Verblüffung und Not noch, um dann auf der Stelle die Wohnung zu verlassen.

Statt sofort nach Hause zu gehen, legte ich einen Zwischenstopp bei Petra ein. Ich musste das eben Erlebte unbedingt loswerden und mit jemand »Normalem« darüber reden. Un-

17. Kapitel – Doppelter Heiratsantrag

möglich konnte ich mich jetzt daheim zu Bett begeben und so tun, als wäre alles in bester Ordnung.

Zum Glück war Petra tatsächlich zu Hause und öffnete mir sogleich die Tür. Als ich ihr die neuesten Ereignisse geschildert hatte, schüttelte sie nur den Kopf.

»Am Ende bleibt dir wirklich nichts anderes übrig, als Mahmud davon zu erzählen! Ich denke nicht, dass Kerim dich nun in Ruhe lassen wird«, orakelte sie düster.

Schwerfällig erhob ich mich von meinem Stuhl, um mir eine Tasse Kaffee aus ihrer Küche zu holen. Sie hatte ja recht mit dem, was sie sagte! Mit großer Wahrscheinlichkeit würde ich nicht umhin kommen und Mahmud alles berichten müssen. Augenblicklich fiel mir die Szene bei der Telefonzelle wieder ein, als Mahmud gleich zwei junge Männer windelweich geprügelt hatte, nur weil sie mir eine Zigarettenkippe gegen das Bein geschnippt hatten.

Mahmud und ich hatten zusammen mit Ogün, Aysegül und Özlem zu Abend gegessen. Zum ersten Mal hatte Aysegüls Tochter an dem Tag ein paar klein gedrückte Kartoffeln mit Gemüse verzehrt. Die Kleine entwickelte sich prächtig und war mittlerweile der ganze Stolz ihrer Eltern. Selbst Ogün hatte mit der Zeit sein Herz für das Kind entdeckt.

Die Stimmung am Tisch war ruhig und friedlich, und so fasste ich mir ein Herz und berichtete Mahmud von den Belästigungen durch Kerim. Bereits während ich die Begebenheiten der letzten Tage schilderte, sah ich, wie sich Mahmuds Augen zu schmalen Schlitzen verengten. Selbst Ogün schien verärgert zu sein. Ich hatte die Geschichte natürlich bewusst in seiner Anwesenheit zur Sprache gebracht, da ich mir von ihm einen gewissen Schutz erhofft hatte. Erstaunlicherweise gab Mahmud jedoch nicht mir die Schuld an dem aufdringlichen Verhalten unseres Nachbarn. Sein gesamter Zorn richtete sich gegen Kerim.

»Dieser verdammte Hurensohn!«, fluchte er auf Türkisch. »Dem werde ich zeigen, was mit Typen passiert, die sich an die Frauen von anderen Männern ranmachen!«

Wie angestochen sprang er vom Tisch auf und stürmte aus der Wohnung. Ogün rannte hinterher.

Entgeistert blieben Aysegül und ich zurück. Zumindest in einer Sache hatte ich mit meiner Vermutung richtig gelegen, dachte ich dann: Es bestand kein Zweifel daran, dass Mahmud Kerim nun zusammenschlagen würde. Und dennoch verspürte ich kein schlechtes Gewissen. Ich hatte Kerim schließlich oft genug gebeten, mich in Ruhe zu lassen. Die Konsequenzen seines Handelns würde er nun selbst tragen müssen.

Aysegül und ich machten uns daran, den Tisch abzuräumen und wieder Ordnung in der Küche zu schaffen. Keine von uns sprach ein Wort. Beide hingen wir unseren Gedanken nach und verrichteten die Arbeit fast schon mechanisch.

Wir waren längst fertig, als Mahmud und Ogün immer noch nicht zurück waren. Allmählich begannen wir uns Sorgen zu machen. Wir überlegten gerade, ob eine von uns mal nach dem Rechten schauen sollte, als wir die Männer durch das Fenster zurückkommen sahen. Man merkte Mahmud sofort an, dass er eine Schlägerei gehabt haben musste. Er trug zwar keinerlei Anzeichen von äußeren Verletzungen, aber die Anstrengung stand ihm deutlich ins Gesicht geschrieben.

»Ich verbiete dir, noch einmal dieses Haus da drüben zu betreten, wenn ich nicht dabei bin!«, befahl er mir, kaum dass er die Wohnung betreten hatte. »Sollte ich mitbekommen, dass du je auch nur einen Fuß dort reinsetzt, passiert ein Unglück, Katja. Ich warne dich im Voraus!«

17. Kapitel – Doppelter Heiratsantrag

Mit diesen Worten verschwand er im Badezimmer und kurz darauf konnte ich hören, wie die Dusche in Betrieb genommen wurde.

Ogün hatte weiter nichts gesagt. Er befahl Aysegül, Özlem die Jacke anzuziehen, da er nach Hause wollte. Bevor sie gingen, nahm er mich noch zur Seite.

»Ich gebe dir einen guten Rat, Katja: Halte dich an das, was Mahmud dir gesagt hat! Am besten grüßt du die Familie nicht mal mehr, wenn dir einer von ihnen auf der Straße begegnet.«

Ich brachte nur ein kurzes Nicken zustande.

Nachdem die beiden gegangen waren, musste ich mich erst einmal hinsetzen. Zu gern hätte ich gewusst, was sich in Kerims Wohnung zugetragen hatte. Ich hatte aber nicht den Mut, Mahmud oder Ogün danach zu fragen.

Als Mahmud aus der Dusche kam, schärfte er mir erneut ein, mich unbedingt an sein Verbot zu halten und Kerim und seine Familie zu meiden. Wieder drohte er mir, dass etwas Schreckliches passieren würde, falls ich mich darüber hinwegsetzte. Dann zog er sich an und verließ die Wohnung.

Voller Fragen blieb ich zurück. Bestimmt hatte Petra in ihrer Wohnung von der Auseinandersetzung etwas mitbekommen, fiel mir ein. Sie wohnte ja fast Tür an Tür mit Kerim und das Haus war sehr hellhörig. Ich hatte schon den Telefonhörer in der Hand, um sie anzurufen und meine Neugier zu stillen, als es an der Haustür klingelte. Zu meiner Freude war es tatsächlich Petra. Völlig aufgelöst stürmte sie in die Wohnung und ließ sich auf einen Küchenstuhl fallen.

»Sag mal, was war denn gerade bei uns im Haus los?«, sprudelte es aus ihr heraus. »Ich konnte Mahmud in einer Lautstärke brüllen hören, als hätte er bei mir in der Wohnung gestanden.«

Ich wollte etwas sagen, aber sie redete schon weiter.

»Lass mich raten Katja: Du hast ihm die Geschichte mit Kerim erzählt. Stimmt's?«

Sie legte den Kopf schief und schaute mich so drollig an, dass ich lachen musste.

»Stimmt!«, pflichtete ich ihr bei. »Und jetzt wollte ich dich gerade anrufen, um von dir zu erfahren, was sich dort drüben abgespielt hat.«

»So genau kann ich dir das leider auch nicht sagen«, erwiderte sie bedauernd. »Ich habe ja nichts gesehen, sondern nur gehört. Auf jeden Fall muss es da ganz schön zur Sache gegangen sein, Katja. Ab und zu hat man ein Gepolter gehört, als hätte Mahmud irgendwelche Möbel umgeworfen. Nachdem er gegangen ist, habe ich Hülya und Erika deutlich weinen gehört«, schloss Petra ihren kurzen Bericht.

Als ich ihr erklärte, dass ich sie künftig nicht mehr besuchen könne, da Mahmud mir verboten habe, ihr Wohnhaus zu betreten, versprach sie mir, am nächsten Tag bei ihren Nachbarn vorbeizuschauen. Sie wollte sich ein Bild von den Geschehnissen machen und mir dann sofort Bericht erstatten.

»Ich denke nicht mal, dass es Kerim um deine Person gegangen ist«, mutmaßte sie. »Ich fürchte eher, dass er sich an dich rangemacht hat, weil er hoffte, in dir eine geeignete Heiratskandidatin gefunden zu haben.«

Von dieser Seite hatte ich die Geschichte noch gar nicht betrachtet. Je länger ich darüber nachdachte, umso mehr glaubte ich, dass Petra recht hatte. Ich erinnerte mich an das erste Treffen mit Hülya und Erika, als die beiden Frauen mir erzählt hatten, Kerim befinde sich auf Brautschau, um an eine Aufenthaltserlaubnis für Deutschland zu gelangen. Sollte dem wirklich so sein, dann hatte er jetzt wohl die Quittung für sein falsches Spiel bekommen.

17. Kapitel – Doppelter Heiratsantrag

Petra sah es ähnlich wie ich. Auch ihr Mitleid mit Kerim hielt sich in Grenzen.

Wir saßen noch eine ganze Weile zusammen und redeten über unsere Zukunft. Wenn ich jemals einen Weg aus meiner Beziehung zu Mahmud finden sollte, so hatte ich Petra ja versprochen, würde ich sie mitnehmen. Auch sie war in ihrer Beziehung mit Ahmed zunehmend unglücklich. Den letzten schweren Knacks hatte ihr Verhältnis durch die geplatzte Hochzeit bekommen. Petra hatte Ahmed schon viele Dinge verziehen, aber hier war selbst sie an ihre Grenzen gestoßen.

Wir stellten uns oft vor, wie es sein würde, wenn wir wieder frei leben könnten. In unseren Träumen richteten wir uns eine gemeinsame Wohnung ein, gaben Partys und gingen oft aus. All dies völlig ohne Angst! Im Sommer würden wir täglich ins Schwimmbad gehen und uns von der Sonne knackig braun färben lassen, malten wir uns aus. Schon allein die Vorstellung weckte Glücksgefühle in uns. Der Besuch eines Freibades war etwas, das ich fast am meisten vermisste. Noch nie war meine Haut so strahlend weiß gewesen, wie seit ich mit Mahmud zusammen war!

Fast alle Frauen in meinem Umfeld, die aus traditionsbewussten türkischen Familien stammten, hatten noch nie in ihrem Leben ein Schwimmbad besucht. Es war völlig undenkbar, dass man sich als Frau halb nackt der Öffentlichkeit präsentierte. Die Frauen aus Mahmuds Familie hatten mir erzählt, dass es in der Türkei eigene Strandabschnitte nur für Frauen gebe. Diese seien von einem hohen Sichtschutz umgeben, sodass niemand Einblick bekomme. Die Mädchen, die hier in Deutschland lebten, dürften selbst in der Schule nicht am Schwimmunterricht teilnehmen. Oft würde ihnen auch der ganz normale Sportunterricht untersagt. Obwohl diese

Fächer ebenfalls mit einer Anwesenheitspflicht belegt seien, würden die Mädchen davon ferngehalten.

»Weißt du, was ich auch gerne mal wieder tun würde?«, fragte Petra mich mit einem sehnsüchtigen Glanz in den Augen, als sie schon an der Tür stand, um sich zu verabschieden. »Tanzen gehen! Einfach nur in die Disco zum Abtanzen ...«

Auch ich hatte schon seit einer Ewigkeit keine Diskothek mehr von innen gesehen. Ich wusste aber sehr genau, dass Mahmud und Ahmed des Öfteren in einem der einschlägigen Läden der Stadt zu Gast waren. Mich und Petra mal mitzunehmen, war für sie undenkbar. Was mich umso mehr ärgerte, als ich mir sehr sicher war, dass die beiden bestimmt nicht nur zum Tanzen dorthin gingen.

»Bald, Petra!«, tröstete ich meine Freundin. »Bald gehen auch wir beide wieder tanzen. Und ins Schwimmbad! Und überhaupt – du wirst sehen!«

Petra schaute mich mitleidig an. Das glaubst du doch selber nicht!, schien ihr Blick zu sagen. Aber sie gab mir nur einen Abschiedskuss auf die Wange und machte sich mit hängenden Schultern auf den Weg nach Hause.

18. Kapitel

Ein Besuch in der Moschee

»Ich möchte, dass du von nun an regelmäßig die Moschee besuchst!« Streng blickte Mahmud mich an. »Du weißt, was mein Vater gesagt hat. Als meine zukünftige Ehefrau gehört das zu deinen Pflichten!«

Ich hatte schon die leise Hoffnung genährt, das Thema »Hochzeit« würde in unserem Alltag allmählich wieder in Vergessenheit geraten, nachdem Mahmud etwa einen Monat lang nicht mehr auf die Unterredung mit seinem Vater zurückgekommen war. Doch schlagartig war diese drohende Zukunftsperspektive erneut gegenwärtig. Und zwar gegenwärtiger denn je! Fast beiläufig teilte Mahmud mir mit, sein Vater habe als Hochzeitsgeschenk ein Haus in der Türkei für uns gekauft.

Ich musste schlucken. Wie naiv ich doch manchmal war! Ich konnte doch nicht ernsthaft geglaubt haben, dass Mahmud und seine Familie die geplante Hochzeit einfach vergessen würden! Fieberhaft überlegte ich, wie ich meinen Kopf am besten aus dieser Schlinge befreien konnte. Schließlich beschloss ich, mich zunächst einmal in allem, was den Islam betraf, einfach dumm zu stellen, um damit einen Übertritt zu dieser Religion hinauszuzögern. Jener Schritt war schließlich eine wichtige Voraussetzung für die Eheschließung.

Und dennoch konnte ich nicht verhindern, dass mich eine große Faszination ergriff, als ich zum ersten Mal den Fuß in unsere städtische Moschee setzte. Es war an einem Freitag, denn das Freitagsgebet ist für Muslime das wichtigste der Woche: Gegenüber den an den anderen Wochentagen fünfmal täglich stattfindenden Ritualgebeten ist es um eine Predigt durch den Imam erweitert. Ich hatte mich mit meinem schönsten Kopftuch verschleiert. Mahmud hatte mir Aysegül und Hatice zur Begleitung mitgeschickt. Die beiden Frauen sollten mir helfen, mich in der Moschee zurechtzufinden.

Von außen war der Bau fast nicht von den anderen Häusern in der Straße zu unterscheiden. Er bestand aus roten Backsteinen und machte nicht gerade einen einladenden Eindruck auf mich. Ich wäre nie darauf gekommen, dass sich ein Gotteshaus hinter der einfachen Fassade verbergen könnte. Kaum hatte ich die Moschee betreten, wurde ich allerdings angenehm überrascht. Im Eingangsbereich befand sich eine kleine Kammer, in der die Gläubigen zunächst ihre Schuhe abstellen mussten, denn das Betreten des Gebetsraums mit Schuhen war aus hygienischen Gründen strengstens untersagt. Von dort aus führte ein langer Gang zu den eigentlichen Räumen. Der Bereich für die weiblichen Besucher war durch einen blickdichten Vorhang abgetrennt. Dicke Teppiche in wunderschönen Farben und mit kunstvoll eingewebten Ornamenten bedeckten den Fußboden.

Gespannt auf das, was mich nun erwarten würde, folgte ich Hatice und Aysegül. Als wir den uns zugedachten Raum betraten, saßen da bereits sechs andere Frauen. Das war vergleichsweise wenig, denn auf dem Weg in die Moschee hatte ich ungefähr das Zehnfache an Männern gesehen, die sich alle dorthin aufgemacht hatten. Sofort sprach ich Aysegül auf meine Feststellung an. Sie erklärte mir, dass Frauen im Islam im Gegensatz zu Männern, für die der freitägliche Moscheebesuch verpflichtend sei, ihre Gebete auch zu Hause

18. Kapitel – Ein Besuch in der Moschee

verrichten dürften. Viele konnten ja ihre Wohnung der Kinder wegen nicht verlassen. Oder aber sie hatten ein generelles Ausgehverbot von ihren Männern erhalten.

Wir gesellten uns zu den anderen Frauen und nahmen ebenfalls auf dem dicken Teppich Platz, die Gesichter alle in eine Richtung, nämlich zur Kaaba, dem zentralen Heiligtum des Islam in Mekka, gewandt. Durch den Vorhang konnte man ein leises Stimmengewirr aus dem Männerbereich hören, das aber plötzlich von der einen auf die andere Sekunde verstummte: Der Imam hatte den Gebetsraum betreten. In einem monotonen Singsang begann er aus dem Koran vorzulesen.

Leider verstand ich nicht wirklich etwas von seinen Worten, da er fast ausschließlich die arabische Sprache benutzte. Trotzdem fühlte ich mich inmitten der anderen Frauen äußerst wohl. Ich spürte, wie sich eine mir unerklärliche, aber umso angenehmere Wärme in meinem Körper ausbreitete. Obwohl ich evangelisch getauft bin, hatte ich in meinem bisherigen Leben nur selten eine Kirche besucht. Einer der Gründe dafür war, dass es mich dort immer gefröstelt hatte. Niemals hatte ich in einer christlichen Kirche so etwas wie Geborgenheit empfunden. Hier, in dieser kleinen Moschee, war es genau andersherum.

Die Zeit verging wie im Flug, und als der Imam das Gebet beendet hatte und sich alle von ihren Plätzen erhoben, um sich in Richtung Ausgang zu begeben, war ich fast ein wenig traurig, dass es schon vorbei war. Wir zogen unsere Schuhe wieder an und blieben noch eine Weile bei den anderen Frauen vor der Moschee stehen, um uns zu unterhalten.

Natürlich wollten Hatice und Aysegül sofort von mir wissen, wie es mir denn gefallen habe. Sie freuten sich sehr, als ich ihnen von den positiven Gefühlen erzählte, die mich während des Aufenthaltes in der Moschee überkommen hatten.

»Da bist du ja endlich! Ich stehe mir hier schon die Beine in den Bauch!«, begrüßte mich Petra aufgeregt, als ich von meinem Ausflug nach Hause zurückkehrte.

Erstaunt blickte ich sie an. Sie schien schon länger auf mich gewartet zu haben.

»Hatten wir etwa eine Verabredung, die ich vergessen habe?«

Ungeduldig hüpfte Petra von einem Bein aufs andere.

»Nein, nein ... Aber jetzt mach schon! Schließ endlich die Haustür auf! Ich muss dir dringend was erzählen!«

Kaum hatten wir in der Küche Platz genommen, platzte es auch schon aus ihr heraus.

»Stell dir vor, jetzt fängt dieser Kerim an, sich an mich ranzuschmeißen! Er hat mir heute Blumen vorbeigebracht und mich gefragt, ob ich mal einen Kaffee mit ihm trinken gehe.«

Für einen Moment war ich völlig perplex. Dieser Mann war an Charakterlosigkeit aber wirklich nicht mehr zu überbieten! Nachdem er bei mir keinen Erfolg gehabt hatte, baggerte er nun meine beste Freundin an, obwohl er doch genau wusste, dass Petra mit Ahmed zusammen war.

Plötzlich kam mir noch ein anderer Gedanke.

»Wie konntet ihr euch denn eigentlich verständigen? Du sprichst doch gar kein Türkisch, und Kerim kann fast kein Wort Deutsch.«

»Erika war dabei und hat alles übersetzt«, klärte Petra mich auf.

Ich war ehrlich entrüstet. Wie konnte Erika die billigen Anmacheversuche ihres Schwagers auch noch unterstützen?

»Erzählst du Ahmed davon?«, wollte ich von meiner Freundin wissen.

»Bist du verrückt?«, entfuhr es ihr. »Der würde garantiert auch nicht anders als Mahmud reagieren und Kerim in Stücke reißen.«

18. Kapitel – Ein Besuch in der Moschee

Wir beratschlagten noch eine Weile, was nun zu tun sei. Petra hatte Kerim ebenso wie ich unmissverständlich klargemacht, dass sie an einer näheren Bekanntschaft mit ihm keinerlei Interesse hätte. Nun blieb abzuwarten, ob er diese Tatsache respektierte – oder ob er in ihrem Fall auch so reagierte, wie er es bei mir getan hatte.

Irgendwann wechselten wir das Thema, denn Petra wollte von mir wissen, wie es mir denn in der Moschee gefallen habe. Skeptisch schaute sie mich an, nachdem ich mit meinem Erlebnisbericht geendet und auch von meinem Wohlbefinden dort berichtet hatte.

»Du willst jetzt aber nicht ernsthaft zum Islam übertreten, oder?«

»Nein, nein, natürlich nicht!«, wiegelte ich sofort ab. »Ich werde mit Sicherheit nichts tun, was mich einer Hochzeit mit Mahmud auch nur einen Schritt näherbringen könnte.«

Ein Grinsen umspielte Petras Mundwinkel.

»Ja, ich weiß, das war wirklich eine dumme Frage von mir!«, sagte sie mit einem verschwörerischen Augenzwinkern.

Wir saßen noch immer am Tisch und klönten über alles Mögliche, als Mahmud unerwartet früh von der Arbeit nach Hause kam.

»Katja, ich muss morgen ins Krankenhaus«, eröffnete er mir ohne lange Vorrede.

Der Schreck fuhr mir in die Glieder.

»Was ist passiert? Geht's dir nicht gut?«

»Meine Magenschmerzen waren heute so schlimm wie noch nie. Selbst meine Medikamente haben mir nicht mehr geholfen. Ich bin dann bei meinem Hausarzt vorbeigefahren, und der hat mir gleich eine Einweisung fürs Krankenhaus mitgegeben. Er meinte, diesmal komme ich um eine Operation nicht herum.«

Ich hatte zwar gewusst, dass Mahmud hin und wieder unter Magenproblemen litt, aber dass es so schlimm um ihn stand, war mir neu. Er behauptete ja immer, dass er seine Magenschmerzen nur mir zu verdanken hätte. Angeblich hatten diese ihren Ursprung in der ganzen Aufregung, die er meinetwegen erdulden musste.

»Mach dir um mich keine Sorgen! Ich komme prima auch mal ein paar Tage alleine klar«, wollte ich ihm Mut machen.

Mahmud stieß ein bitteres Lachen aus.

»Ja, das kann ich mir lebhaft vorstellen! Wahrscheinlich würdest du während meines Krankenhausaufenthalts all das nachholen, was du nicht mehr machen kannst, seit du mit mir zusammen bist.« Er machte eine bedeutsame Pause. »Ich habe meinen Cousin Mustafa angerufen. Er wird für die Zeit, die ich im Krankenhaus bin, hier bei dir einziehen. Du glaubst doch nicht wirklich, dass ich dich nach dem, was gerade mit diesem Kerim passiert ist, hier allein in der Wohnung lasse!«

»Das kann doch wohl nicht dein Ernst sein, Mahmud!« Ungläubig starrte ich ihn an. »Wie kommst du dazu, hier einfach jemanden einzuquartieren? Ich könnte ja in dieser Zeit auch bei Petra oder bei Aysegül schlafen«, versuchte ich ihn umzustimmen.

»Ja, das könnte dir so passen!«, fauchte Mahmud. »Dann hättest du es nicht mehr so weit zu deinem Verehrer«, fügte er noch bissig hinzu.

Wieder einmal resignierte ich. Ich wusste, ich hatte sowieso keine Chance, ihn umzustimmen. Wenn Mahmud etwas beschlossen hatte, dann war das so. Punkt, aus.

19. Kapitel

Betrogen

Am nächsten Morgen verabschiedete sich Mahmud zärtlich von mir. Ich musste ihm versprechen, mich an alle Regeln zu halten, die er für mich aufgestellt hatte, und mich so zu benehmen, wie es sich in seinen Augen für eine anständige Frau gehörte. Mustafa würde ihm sofort Bericht erstatten, falls ich mir irgendetwas zuschulden kommen lassen würde, schärfte er mir ein.

Netterweise ließ er sich von seinem Cousin in die Klinik fahren, damit ich während seiner Abwesenheit das Auto zur Verfügung hatte. Natürlich nicht, um damit in der Gegend herumzufahren, sondern nur für den Fall, dass jemand aus der Verwandtschaft auf meine Fahrdienste angewiesen sein würde. Immerhin war ich die einzige Frau in der Familie, die einen Führerschein besaß, und wurde entsprechend oft für Arztbesuche oder Behördengänge in Anspruch genommen. Besonders häufig kamen die Anfragen, nachdem ich genügend Türkisch gelernt hatte. Nun konnte ich ja auch noch dolmetschen! Da es in Mahmuds Familie sehr viele Frauen gab, verging fast keine Woche, in der ich nicht zu irgendeinem Termin fahren musste.

Als die beiden Männer die Wohnung verlassen hatten, gab ich erst einmal einen Seufzer der Erleichterung von mir. Auch wenn ich für die nächsten Tage einen männlichen Aufpasser an meiner Seite haben würde, so brauchte ich mir zumindest keine Gedanken über mögliche Gewaltattacken durch Mahmud zu machen. Diese Gefahr war zunächst gebannt. Fröhlich pfeifend begann ich die Wohnung aufzuräumen. Petra wollte später herüberkommen. Wir hatten verabredet, zusammen Kuchen zu backen.

Als sie kurz darauf in meiner Küche saß, bemerkte ich sofort, dass mit ihr etwas nicht stimmte. Doch als ich sie darauf ansprach, gab sie mir nur ausweichend Antwort.

Plötzlich sah ich, dass sie eine neue Goldkette trug.

»Ist das ein Entschuldigungsgeschenk von Ahmed für die geplatzte Hochzeit?«, wollte ich wissen.

Eine leichte Röte stieg ihr ins Gesicht. Aber noch immer gab sie mir keine vernünftige Antwort. Ich hatte schon den Mund geöffnet, um mich über ihr seltsames Verhalten zu beschweren, als ein fürchterlicher Verdacht in mir aufkeimte.

»Sag mal, Petra, kann es sein, dass du diese Kette von Kerim geschenkt bekommen hast?«, fragte ich langsam.

Ihr Gesicht wurde noch eine Spur röter. Mit einem beinah schon böse zu nennenden Blick fauchte sie mich an:

»Und wenn es so wäre, was wäre so schlimm daran?«

Ich konnte es nicht glauben, was meine Freundin da gerade von sich gab.

»Was so schlimm daran wäre? Sag mal, spinnst du, Petra?« Erregt sprang ich von meinem Stuhl auf. »Du hast doch mitbekommen, wie sich dieser Typ ohne Rücksicht auf Verluste an mich rangemacht hat. Glaubst du wirklich, Kerim hat jetzt ganz plötzlich sein Herz für dich entdeckt? So naiv kannst du doch gar nicht sein!«

Ich musste eine Pause einlegen, um Luft zu holen, bevor ich weitersprach, so sehr ärgerte ich mich über Petras Gutgläubigkeit.

19. Kapitel – Betrogen

»Petra, du weißt ganz genau, dass er eine deutsche Frau zum Heiraten sucht! Wenn er die nicht schnell findet, muss er zurück in die Türkei!«

»Jetzt mach mal halblang, Katja! Weißt du, wie lange es her ist, dass Ahmed mir ein Geschenk gemacht hat? Jahre ist das her! Warum hätte ich die Kette denn nicht annehmen sollen?« Trotzig warf sie ihre langen dunkelblonden Haare über die Schulter. »Kann es sein, dass du am Ende eifersüchtig bist?«, fragte sie mit einem herausfordernden Blick direkt in meine Augen.

Mühsam versuchte ich mich zu beherrschen, um nicht vollends die Geduld zu verlieren und sie nur noch anzubrüllen.

»Ich weiß nicht, was von gestern auf heute mit dir passiert ist, Petra, aber ich glaube, es ist besser, wenn wir erst mal nicht mehr über dieses Thema sprechen. Aber um deine letzte Frage noch zu beantworten: Nein, ich bin definitiv nicht eifersüchtig!«

Wir saßen noch eine ganze Weile in meiner Küche herum und schwiegen uns an. So sehr wir uns auch bemühten, es wollte uns nicht gelingen, ein normales unverfängliches Gespräch miteinander zu führen. Die Lust auf Kuchenbacken war uns ebenfalls gründlich vergangen. Nach einer Weile stand Petra auf, um sich mit einer fadenscheinigen Begründung von mir zu verabschieden. Zum ersten Mal, seit wir uns kannten, war ich froh, als sie gegangen war. Sie kam mir plötzlich vor wie eine Fremde.

Aber nun hatte ich mit einem Mal unvorhergesehen freie Zeit zur Verfügung. Was tun? Mahmud war im Krankenhaus, Mustafa war noch nicht von seiner Fahrt dorthin zurückgekehrt, meine Hausarbeiten waren bereits alle erledigt ... Spontan beschloss ich, Manuela anzurufen und sie zu fragen, ob ich sie besuchen könnte.

Meine Geduld wurde nicht lange strapaziert: Schon nach dem dritten Tuten nahm Manuela den Hörer ab. Als sie den Grund für meinen Anruf erfuhr, war sie ehrlich erfreut. Wegen der vierzig Kilometer Entfernung zwischen unseren Wohnorten sahen Manuela und ich uns nicht allzu oft. Meist telefonierten wir nur miteinander.

»Es ist gut, dass du vorbeikommst, Katja! Es gibt da was, das wollte ich schon länger unbedingt persönlich mit dir besprechen«, weckte sie meine Neugier.

Natürlich versuchte ich bereits am Telefon herauszufinden, um was es sich denn handelte. Doch vergeblich. Manuela betonte nur nochmals, dass sie das mit mir persönlich bereden müsse.

Schnell schrieb ich für Mustafa einen Zettel, auf dem ich ihm mitteilte, dass ich Manuela besuchen würde, und machte mich auf den Weg. Die ganze Fahrt über versuchte ich zu ergründen, was wohl passiert sein mochte. Manuela hatte am Telefon so ernst geklungen.

Als ich endlich bei ihr eingetroffen war, begrüßte sie mich mit der gewohnten Herzlichkeit. Sie hatte schon Kaffee gekocht und sogar noch auf die Schnelle einen Kuchen herbeigezaubert. Trotzdem konnte mich all dies nicht darüber hinwegtäuschen, dass ihr ganz offensichtlich etwas auf der Seele lag.

Sobald wir uns an den Tisch in ihrer gemütlichen Küche gesetzt hatten, kam sie auch schon zur Sache.

»Weißt du, dass sich Mahmud seit einiger Zeit wieder mit Tamara trifft?«

Manuelas Frage erschütterte mich dermaßen, dass ich mich an meinem Kaffee verschluckte und vor lauter Husten kaum noch Luft bekam. Erschrocken sprang sie von ihrem Stuhl auf und klopfte mir mehrmals kräftig auf den Rücken.

19. Kapitel – Betrogen

»Ich deute diese Reaktion jetzt mal als ein Nein«, beantwortete sie sich selbst ihre Frage, während ich noch krampfhaft bemüht war, wieder zu Atem zu kommen.

»Mahmud tut was?«, presste ich schließlich zwischen zwei Hustenanfällen hervor. »Wie kommst du denn darauf, Manuela?«

Voller Mitleid schaute sie mich an.

»Ich weiß das absolut sicher: Seit über einem Monat ruft mich Tamara fast jeden Tag an, um sich bei mir auszuheulen«, erwiderte sie im Brustton der Überzeugung.

»Seit über einem Monat? Und warum erzählst du mir das erst jetzt? Ich dachte, du wärst meine Freundin und würdest hinter mir stehen! Du weißt doch genau, was ich mit Mahmud alles durchmache!«

Wut und Enttäuschung breiteten sich in mir aus. Das war ja wohl das Allerletzte! Mahmud, der ein solches Theater veranstaltete, wenn ich von einem fremden Mann auch nur angeschaut wurde, betrog mich mit seiner Exfreundin! Und ich war wahrscheinlich die Letzte, die es erfuhr.

In dürren Worten erzählte mir Manuela, wie alles begonnen hatte. Mahmud hatte wohl als Erster wieder telefonisch Kontakt zu Tamara aufgenommen. Nach einer Weile hatten sie angefangen, sich regelmäßig zu treffen. Offenbar ging es ihm nicht darum, die Beziehung zu ihr wieder aufzunehmen, sondern er wollte nur ab und zu Sex mit ihr haben. Nachdem Tamara sich zunächst darauf eingelassen hatte, war sie irgendwann so weit gegangen, Mahmud vor eine Entscheidung zu stellen: Entweder er würde sich von mir trennen oder aber ihre Affäre sei beendet. Daraufhin habe Mahmud sich nicht mehr bei Tamara gemeldet, erklärte Manuela, was diese dann zum Anlass genommen habe, sich bei ihr auszuweinen.

»Ich wusste einfach nicht, wie ich dir das beibringen sollte«, sagte sie mit schuldbewusster Miene.

Meine Gedanken begannen Karussell zu fahren. Fieberhaft überlegte ich, wie ich mit meinem neuen Wissen umgehen sollte. Ich war mir sicher, dass Mahmud alles abstreiten würde, wenn ich ihn darauf ansprach. Der einzige Beweis, den ich hatte, war Manuelas Aussage. Konnte ich von meiner Freundin wirklich verlangen, ihre Behauptung in Mahmuds Beisein zu wiederholen?

Manuela schien meine Gedanken erraten zu haben.

»Mir ist klar, dass ich ziemlichen Ärger mit Hassan bekommen werde, aber wenn du möchtest, fahre ich mit dir zu Mahmud ins Krankenhaus und konfrontiere ihn in deinem Beisein mit allem, was ich von Tamara weiß«, bot sie mir an.

Ich spürte, wie mir ein paar Tränen die Wangen hinunterkullerten. Aber nicht, weil mich Mahmud offensichtlich über einen längeren Zeitraum betrogen hatte, sondern weil ich mich Manuela in diesem Moment so nahe fühlte! Ich wusste, dass sie große Angst vor Hassan und seinen Gewaltausbrüchen hatte. In dieser Ehe schützte sie noch nicht einmal die Macht der Liebe, denn diese war ja von Hassans Seite aus definitiv nicht vorhanden.

Dankbar nahm ich ihr Angebot an. Vielleicht war Mahmuds Fremdgehen ja meine Chance, aus der Beziehung auszubrechen und einer Hochzeit zu entkommen! Ich würde in jedem Fall seine Familie informieren und mir von dort Rückendeckung für eine Trennung zu holen versuchen.

Als ich eine gute Stunde später auf dem großen Krankenhausparkplatz aus dem Auto stieg, zitterten meine Beine wie verrückt und meine Handflächen waren schweißnass. Ein Blick zu Manuela sagte mir, dass sie genauso aufgeregt war

19. Kapitel – Betrogen

wie ich. Ohne ein Wort miteinander zu wechseln, machten wir uns auf den Weg in die Klinik.

Erstaunt blickte Mahmud von seiner Zeitschrift auf, als er erkannte, wer sich da auf sein Bett zubewegte.

»Was macht ihr denn hier?«, rief er statt einer Begrüßung.

»Ich muss dringend mir dir sprechen!«, lautete meine knappe Antwort.

Mein Tonfall hatte ihm wohl genug verraten. Wie immer, wenn er Unheil ahnte oder ihm irgendetwas nicht passte, verengten sich seine Augen zu schmalen Schlitzen. Doch bevor er etwas sagen konnte, schleuderte ich ihm schon meinen ganzen Zorn entgegen. Ich warf ihm all die Dinge vor, die ich von Manuela erfahren hatte. Meine Stimme überschlug sich fast, so laut brüllte ich. Da Mahmud das Krankenzimmer für sich allein hatte, gab es auch niemanden, auf den ich hätte Rücksicht nehmen müssen.

Mahmud hatte längst sein Bett verlassen und sich drohend vor mir aufgebaut. Mit beiden Händen umfasste er mein Gesicht. Ich war gerade dabei zu überlegen, was er damit wohl bezwecken wollte, als sein Kopf plötzlich vorschnellte und hart gegen meinen schlug. Für einen Moment sah ich lauter kleine Lichtpunkte auf und ab tanzen.

»Wie redest du mit mir?«, schrie er mich an, um sich dann mit zornbebender Stimme an Manuela zu wenden. »Und wie kommst du dazu, Katja so einen Blödsinn zu erzählen? Du hast wohl schon lange keine Prügel mehr von deinem Mann bekommen, was? Kein Problem, Manuela, das lässt sich ändern: Ich werde nachher gleich Hassan anrufen und ihm erzählen, was für eine missratene Frau er hat. Was denkst du wohl, was der mit dir macht?«, lachte er höhnisch.

Doch Manuela ließ sich von seinen Drohungen nicht einschüchtern.

»Das ist ja mal wieder typisch für dich, Mahmud! Du gehst fremd und Katja kassiert die Prügel dafür. Und was Hassan betrifft: Tu, was du nicht lassen kannst!«

Mahmud hatte von mir abgelassen und wollte sich gerade zu Manuela umdrehen, als plötzlich die Tür zu seinem Krankenzimmer aufging: der Narkosearzt. Überrascht blickte er auf die Szenerie, die sich ihm da bot: zwei deutsche Frauen, davon eine mit Kopftuch und in Tränen aufgelöst, und ein zornroter türkischer Patient im Schlafanzug. Höflich, aber bestimmt bat uns der Mediziner, der garantiert sofort eins und eins zusammengezählt hatte, das Zimmer zu verlassen. Er müsse mit Mahmud die Narkose für den nächsten Tag besprechen, gab er als Begründung an.

Kurz bevor wir die Tür hinter uns schließen konnten, hörte ich noch, wie Mahmud mir hinterherrief:

»Wir sprechen uns zu Hause, Katja! Das wird Konsequenzen haben!«

Ohne etwas darauf zu erwidern, knallte ich die Tür heftig ins Schloss. Zu Hause hätte ich mich das nie getraut, aber hier in der Sicherheit des Krankenhauses konnte ich meiner Wut freien Lauf lassen.

Reichlich belämmert standen Manuela und ich kurze Zeit später wieder auf dem Parkplatz. Es war genauso gekommen, wie ich es befürchtet hatte: Mahmud hatte alle Vorwürfe bestritten und wir beide hatten nun eine Menge Ärger am Hals. Ich wusste, dass nach Mahmuds Entlassung aus dem Krankenhaus einiges auf mich zukommen würde. Schon allein die Tatsache, dass ich ohne seine Erlaubnis einfach zu Manuela gefahren war, würde für ihn einen Grund zur Aufregung darstellen. Ich konnte nur hoffen, dass Mahmud noch lange im Krankenhaus bleiben musste und sein Zorn sich bis zu seiner Entlassung halbwegs gelegt haben würde. Im Moment

19. Kapitel – Betrogen

machte ich mir mehr Sorgen um Manuela. Ich zweifelte keine Sekunde daran, dass Mahmud seine Ankündigung wahr machen und bei der nächstbesten Gelegenheit Hassan über die Mitteilsamkeit seiner Frau informieren würde.

Bedrückt machten wir uns auf den Heimweg zu Manuelas Wohnung. Ihre Einladung, noch einen Kaffee bei ihr zu trinken, schlug ich aus. Hätte ich geahnt, dass Mahmud und Hassan uns wegen des Vorfalls jeden weiteren persönlichen Kontakt verbieten würden, hätte ich bestimmt anders reagiert, so aber kam ich gar nicht auf die Idee, Manuela und ich könnten uns nie mehr wiedersehen. Ich hatte in dem Moment einfach nur das dringende Bedürfnis, allein zu sein. Schon seit Längerem zeigte mein Körper Anzeichen, den ständigen psychischen Druck, den Mahmud auf mich ausübte, nicht weiter klaglos hinnehmen zu wollen. In der letzten Zeit hatte ich öfter aus heiterem Himmel Herzrasen bekommen oder war von einer Sekunde auf die andere von heftigen Migräneattacken befallen worden. Ich musste unbedingt demnächst einen Arzt aufsuchen, nahm ich mir zum wiederholten Male vor.

Zu Hause erwartete mich das nächste Ungemach. Mahmud musste mit Mustafa telefoniert haben, um ihn über mein unerlaubtes Verlassen der Wohnung zu unterrichten. Obwohl ich Mustafa kaum kannte, hielt er mir sofort eine Standpauke. Ich empfand es als äußerst entwürdigend, dass sich ein mir fast fremder Mensch das Recht herausnehmen konnte, mir zu sagen, was ich zu tun und zu lassen hätte. Schlimm genug, dass Mahmud das ständig tat, aber er war zumindest mein Lebenspartner.

Mustafa schien sich in seiner Rolle als Aufpasser zu gefallen, denn er ließ mich in den folgenden Tagen kaum aus den Augen. Selbstverständlich erwartete er auch, dass ich ihn bekochte und bediente, so wie das in türkischen Familien oftmals üblich ist. Bald empfand ich seine Anwesenheit als unerträglich und begann tatsächlich Mahmuds Rückkehr herbeizusehnen.

Dieser hatte sich zwischenzeitlich wieder beruhigt. Bei meinem nächsten Krankenbesuch hatte er mir noch einmal versichert, dass Manuelas Behauptungen allesamt frei erfunden wären. Auf meine Frage, warum sie das hätte tun sollen, behauptete er, dass Manuela neidisch auf uns sei, weil wir im Gegensatz zu ihr und Hassan doch glücklich miteinander seien. Ich musste all meine Selbstbeherrschungskunst aufbieten, um bei dieser Begründung nicht in Hohngelächter auszubrechen.

Was ich Mahmud wirklich übel nahm, war der Umstand, dass er wirklich seinen Cousin Hassan angerufen hatte, um sich über Manuela zu beschweren. Diese hatte daraufhin den erwarteten Krach mit ihrem Mann bekommen. Er hatte sie zwar nicht geschlagen, dafür aber einen Porzellanengel, den sie von ihrer verstorbenen Mutter geschenkt bekommen hatte, gegen die Wand geschmissen, sodass er in alle Einzelteile zersprungen und irreparabel kaputtgegangen war. Manuela hatte mir schluchzend am Telefon davon berichtet und mein schlechtes Gewissen war ins Unermessliche gewachsen. Aus Rücksicht auf sie hatte ich auch bisher darauf verzichtet, Mahmuds Familie von seinem Seitensprung in Kenntnis zu setzen. Ich wollte nicht noch mehr Staub aufwirbeln, am Ende wäre doch wieder sie die Leidtragende gewesen.

Petra und Aysegül hingegen hatte ich natürlich von Mahmuds Affäre mit seiner Exfreundin erzählt. Die beiden zeigten sich nicht im Geringsten überrascht. Sie kannten Mahmud ja schon viel länger als ich und wussten um seine notorische Untreue.

19. Kapitel – Betrogen

»Dieser scheinheilige Scheißtyp!«, schimpfte sich Petra ihren Ärger über Mahmuds Verhalten von der Seele. »Aber dich prügelt er halb tot, nur weil du ein paar Worte mit Kerim gewechselt hast!«

Als Petra Kerims Namen erwähnte, zuckte ich unwillkürlich zusammen. Meine Freundin hatte mir mittlerweile gebeichtet, dass sie sich regelmäßig mit ihrem Nachbarn traf. Da Ahmed abends meist unterwegs war, nutzte Petra die Gelegenheit, Kerim zu sehen. Ich war mir sicher, dass es nur noch eine Frage der Zeit war, bis sie Kerims ständigem Werben nachgeben und mit ihm ins Bett gehen würde. Was dann geschehen mochte, wollte ich mir gar nicht erst ausdenken – Ahmed würde vermutlich den Versuch starten, die beiden umzubringen. Aber Petra teilte meine Sorgen nicht. Sie scheute nicht einmal davor zurück, die Treffen mit Kerim in ihrer und Ahmeds gemeinsamer Wohnung stattfinden zu lassen. Auf meine Frage, ob sie denn nicht Angst hätte, dass ihr Freund einmal früher als üblich nach Hause kommen könnte, hatte sie mich lediglich ausgelacht. Seitdem vermied ich, das Thema anzusprechen. Offensichtlich hatte sich meine Freundin ernsthaft verliebt. Warum sonst sollte sie ein so hohes Risiko eingehen?

20. Kapitel

Petras Plan

Nach einer Woche wurde Mahmud endlich aus der Klinik entlassen. Die Operation war problemlos verlaufen. Ich hätte vor Freude einen Luftsprung machen können, als Mustafa seine Habseligkeiten in seiner Reisetasche verstaut hatte und sich von uns verabschiedete. Er war bisher das einzige Mitglied der Familie, das mir wirklich von ganzem Herzen unsympathisch war.

Mahmud brachte Neuigkeiten mit nach Hause. Einer seiner unzähligen Onkel, der schon länger in Deutschland wohnte, beabsichtigte, seine in der Türkei lebende Ehefrau samt den fünf gemeinsamen Kindern zu sich zu holen. Ich sollte der Familie bei der Wohnungssuche und den erforderlichen Behördengängen helfen. Ich tat so etwas immer gern, bedeutete es doch, dass ich unsere Wohnung für ein paar Stunden verlassen konnte.

Sofort am nächsten Tag begann ich die regionalen Tageszeitungen nach passenden Wohnungsangeboten zu durchforsten. Wie ich schnell feststellen konnte, hatte sich der Wohnungsmarkt in den letzten Jahren kaum verändert. Unwillkürlich musste ich daran denken, wie Mahmud mich bald zwei Jahre zuvor zum ersten Mal verprügelt hatte und ich aus unserem gemeinsamen Apartment wieder hatte ausziehen wollen. Schon damals war bezahlbarer Wohnraum

20. Kapitel – Petras Plan

knapp gewesen und ich war trotz intensiver Suche nicht fündig geworden. Dieses Mal hatte ich mehr Glück: Immerhin betrug meine Ausbeute drei für die Familie infrage kommende Wohnungen. Ich wollte gerade anfangen, diese nacheinander abzutelefonieren, als es plötzlich klingelte und Petra vor meiner Tür stand.

»Ich muss unbedingt mit dir reden, Katja!«, begrüßte sie mich aufgeregt.

Sofort begannen sämtliche Alarmglocken in mir zu schrillen.

»Ist was passiert? Oder warum bist du so aufgewühlt?«
Prüfend schaute ich in ihr Gesicht.

»Ja und nein«, lautete die verwirrende Antwort meiner Freundin. »Am besten setzt du dich hin, denn das, was ich dir jetzt erzählen werde, haut dich sonst vermutlich um.«

Gemeinsam nahmen wir an meinem Küchentisch Platz, und Petra begann sofort zu erzählen. Zum ersten Mal sprach sie offen darüber, dass sie ein Verhältnis mit Kerim eingegangen war. Sie hatte sich ernsthaft in ihn verliebt und wollte ihn heiraten. Natürlich war beiden klar, dass sie unter diesen Umständen nicht vor Ort bleiben konnten – Ahmed hätte mit Sicherheit versucht, sie umzubringen. Aus dem Grund hatte Kerim mit seinen Verwandten Kontakt aufgenommen, die in einer etwa dreihundert Kilometer entfernt gelegenen Kleinstadt lebten. Dorthin wollten sie zunächst ziehen, um sich dann irgendwo eine eigene Wohnung zu suchen.

Petra redete ohne Punkt und Komma und ich hatte Mühe, ihren Ausführungen zu folgen. Was sie geplant hatte, schockierte mich zutiefst. Am liebsten hätte ich sie an den Schultern gepackt und kräftig durchgeschüttelt. Wie konnte sie auch nur daran denken, Kerim zu heiraten, wo sie doch genau wusste, dass er sein Glück zuerst bei mir versucht hatte und es ihm offenbar vollkommen egal war, wer die deutsche Frau war, mit der er sich zu verbandeln beabsichtigte?

Für diesen Abend hätte sie die Polizei zu sich nach Hause bestellt, fuhr Petra in ihrem Bericht fort. Die Polizeibeamten sollten dabei sein, wenn sie Ahmed ihren Entschluss mitteilte, sich von ihm zu trennen. Da es sowieso ihre Wohnung sei, in der sie lebten, würde er in Gegenwart der Polizisten seinen Haustürschlüssel abgeben und dann mit seinen persönlichen Sachen die Wohnung verlassen müssen.

Mit strahlenden Augen blickte sie mich an. Sie sah aus, als hätte sie den Hauptgewinn im Lotto gewonnen. Keines meiner Argumente gegen ihre Verbindung zu Kerim, gegen ihren wahnwitzigen Plan, die Beziehung zu Ahmed in Anwesenheit der Polizei zu beenden, ließ sie gelten. Anscheinend war Petra fest davon überzeugt, das Richtige zu tun.

»Aber tut Ahmed dir denn gar nicht leid? Immerhin wart ihr sechs Jahre lang ein Paar!«, unternahm ich einen letzten Versuch, sie zur Räson zu bringen.

Doch Petra zuckte nur mit den Schultern.

»Er ist selbst schuld, Katja. Er hat seine Chance gehabt. Lange genug habe ich mich von ihm hinhalten und verarschen lassen – einmal ganz davon abgesehen, dass er mich ständig verprügelt hat«, ergänzte sie mit trotziger Miene.

Letztlich blieb mir nichts anderes übrig, als ihr bei auftretenden Schwierigkeiten meine Hilfe anzubieten. Allerdings zweifelte ich daran, ihr diese Hilfe im Bedarfsfall auch wirklich gewähren zu können. Denn wenn Mahmud von alledem erfuhr, würde er mir den Kontakt zu Petra sicher sofort für alle Zeiten verbieten. In seinen Augen wäre sie dann tatsächlich die Hure, die er immer in ihr vermutet hatte, und somit nicht mehr der richtige Umgang für mich.

20. Kapitel – Petras Plan

Am selben Abend – Mahmud und ich saßen gerade beim Essen – klingelte es Sturm an unserer Wohnungstür. Mahmud ging öffnen und kehrte mit einem völlig aufgelösten Ahmed in die Küche zurück. Dessen leichenblasses Gesicht und zitternder Körper sprachen Bände: Petra musste ihren Plan in die Tat umgesetzt haben.

Doch natürlich verriet ich mit keinem Wort, dass ich in die ganze Geschichte eingeweiht war, sondern hörte mir gemeinsam mit Mahmud zunächst einmal Ahmeds Bericht an. Vor Aufregung stotternd erzählte dieser, was sich wenige Minuten zuvor in Petras Wohnung abgespielt hatte.

Petra hatte Ahmed in der türkischen Teestube angerufen und ihn gebeten, sofort nach Hause zu kommen, weil etwas Schreckliches passiert sei. Ohne eine nähere Erklärung abzugeben, hatte sie einfach den Hörer aufgelegt. Ahmed hatte sich sofort in ein Taxi gesetzt und war losgefahren. In Petras Wohnung wurde er von ihr und zwei Polizeibeamten empfangen. Mit knappen Worten erklärte ihm seine Freundin, die Beziehung als beendet zu betrachten, und drückte ihm ein paar Taschen mit seinen Habseligkeiten in die Hand. Alle seine Versuche, noch einmal mit ihr über ihre Entscheidung zu reden, blockte sie ab. Wegen der anwesenden Polizisten blieb ihm schließlich nichts anderes übrig, als Petra wie verlangt ihren Haustürschlüssel auszuhändigen und die Wohnung zu verlassen.

»Ich bin dann sofort zu euch, irgendwo muss ich ja hin.«

Ahmeds Stimme klang brüchig. Dann, als hätte ihn eine Eingebung überkommen, drehte er sich zu mir um.

»Sag mal, Katja, wusstest du etwas von Petras Plan?«

Selbstverständlich stritt ich alles ab. Mahmud schien mir jedoch nicht zu glauben, denn er trat sofort in seiner typischen Drohhaltung auf mich zu.

»Sag mir die Wahrheit, Katja! Petra und du seid beste Freundinnen – du kannst mir nicht erzählen, dass sie nicht mit dir darüber geredet hat! Wenn du mich jetzt anlügst und ich irgendwann die Wahrheit rausfinde, schlage ich dich tot wie einen Hund!«

Um seiner Drohung Nachdruck zu verleihen, hatte er mich bei seinen letzten Worten am Arm gepackt. Der Druck seiner Finger war dermaßen stark, dass ich das Gefühl hatte, in einen Schraubstock gezwängt worden zu sein. Ich biss die Zähne zusammen, um nicht vor Schmerz laut aufzuschreien. Mit der anderen Hand hatte Mahmud mein Kinn umklammert, sodass ich seinem Blick nicht ausweichen konnte und ihm direkt in die Augen schauen musste.

»Ich frage dich zum letzten Mal: Hast du davon gewusst, Katja?«

Aus Erfahrung wusste er genau, dass ich wegen meiner großen Angst vor ihm unter einem solchen Druck irgendwann einknicken würde. Und natürlich brach ich prompt in Tränen aus und gestand mit einem Nicken, ihn angelogen zu haben.

Sofort ließ Mahmud mich los, um mir gleich darauf mit voller Wucht ins Gesicht zu schlagen. Dann packte er mich bei den Schultern und begann mich wild hin und her zu schütteln.

»Was hat Petra vor? Warum hat sie das getan?«, brüllte er mich an.

Schützend hielt ich mir die Hände vors Gesicht und versuchte mein Schluchzen zu unterdrücken. Auch Ahmed schrie nun wie von Sinnen auf mich ein. Würde er auch gleich losschlagen? Was hatten die beiden Männer mit mir vor, wo würde ihre Wut sie noch hintreiben?

Vor lauter Panik erzählte ich schließlich alles, was ich wusste. Ich berichtete von Petras Verhältnis zu Kerim, dem beabsichtigten Umzug und der geplanten Hochzeit.

20. Kapitel – Petras Plan

Kaum war ich fertig mit meiner Aussage, schlug mir Ahmed auch schon mehrmals mit der flachen Hand ins Gesicht. Beide Männer überhäuften mich mit den unflätigsten türkischen Schimpfwörtern. Mahmud machte mir heftige Vorwürfe, dass ich ihn von Petras Plänen nicht in Kenntnis gesetzt hatte. Ich dachte, ich müsste wahnsinnig werden: Wieder einmal hatte ich mir nichts zuschulden kommen lassen und musste doch bitterlich für die Fehler anderer Leute zahlen. Die ohnmächtige Wut, die mich befallen hatte, raubte mir fast den Verstand.

Nach einer halben Ewigkeit ließen die beiden Männer endlich von mir ab. Spontan beschlossen sie, Petra aufzusuchen. Sie waren kaum zur Tür hinaus, als mir auch schon dämmerte, was nun vermutlich geschehen würde. Ich warf alle meine Ängste über Bord und folgte ihnen. Ich musste zumindest versuchen, meine Freundin vor ihnen zu beschützen.

Ich kam gerade noch rechtzeitig, um das letzte Splittern von Holz zu hören: Mahmud und Hassan hatten Petras Wohnungstür eingetreten und drängten nun in den Eingang hinein. Natürlich hielt sich auch Kerim in der Wohnung auf. Dafür war von den beiden Polizisten keine Spur mehr zu sehen. Sicherlich hatten sie ihre Aufgabe als erfüllt betrachtet und schon längst wieder ihren normalen Dienst fortgesetzt.

Als Petra die Gefährlichkeit der Situation erkannte, begann sie verzweifelt um Hilfe zu schreien. Sofort kam Kerims Bruder Ismet herbeigeeilt, der ja im selben Haus wohnte.

Mahmud und Ahmed zögerten keine Sekunde mehr: Wie die Besessenen stürzten sie sich auf die beiden Männer und prügelten mit aller Gewalt auf sie ein.

Ich sah sofort, dass Kerim und Ismet dem kaum etwas entgegenzusetzen hatten. Mittlerweile standen auch Hülya und Erika im Hausflur und begannen hysterisch zu schreien.

Es dauerte nur ein paar Minuten und die beiden Brüder waren so übel zugerichtet, dass sie sich nur mit Mühe in ihre Wohnung nebenan schleppen konnten, wo sie sich sofort hinter verschlossenen Türen verbarrikadierten.

Nun wandten sich Ahmed und Mahmud Petra zu. Diese hatte die ganze Zeit völlig unter Schock in einer Ecke des Zimmers gestanden und ungläubig verfolgt, was sich in ihrer Wohnung abspielte. Als ich erkannte, was als Nächstes passieren würde, stürzte ich mich auf meine Freundin, um sie zu schützen.

Kaum hatte Mahmud mein Vorhaben registriert, richtete sich seine ganze Wut auf mich.

»Habe ich dir nicht verboten, dieses Haus noch einmal ohne meine Erlaubnis zu betreten?«, schrie er völlig außer sich.

Bevor ich etwas erwidern konnte, hatte er mir auch schon einen kräftigen Tritt in den Magen verpasst. Für einen Moment blieb mir die Luft weg. Ein Schmerz von nie gekannter Intensität durchfuhr meinen Unterleib. Ich sank auf die Knie und blieb in zusammengekauerter Haltung auf dem Boden hocken.

Aus den Augenwinkeln konnte ich verfolgen, wie Ahmed Petra von hinten festhielt und Mahmud ihr mit voller Wucht in den Schambereich trat.

»Du lässt dich von niemandem mehr vögeln, du dreckige Hure!«, giftete er sie lautstark an.

Petra brüllte vor Schmerzen auf und begann fürchterlich zu weinen. Noch mehrfach schlug Mahmud ihr ins Gesicht und bespuckte sie.

»Du bist das letzte Stück Dreck!«, schimpfte er auf sie ein.

Als er endlich von ihr abließ, legte Ahmed noch einmal richtig los. Auch er prügelte mit aller Gewalt auf Petra ein.

20. Kapitel – Petras Plan

Es sollte lange dauern, bis ich ihre furchtbaren Schreie aus meinem Gedächtnis verdrängen konnte, noch Monate später sollte ich davon träumen.

Weil ich selbst unter solchen Schmerzen litt, dass ich mich nicht aus meiner gekrümmten Haltung am Boden erheben konnte, war ich außerstande, meiner Freundin zu helfen. Ich rechnete aber die ganze Zeit fest damit, dass jeden Moment die Polizei auftauchen würde. Kerim hatte sicher schon längst einen Notruf getätigt.

Doch als Mahmud und Ahmed endlich von Petra abließen, war noch immer keine Hilfe in Sicht. Mahmud herrschte mich an, ich solle sofort aufstehen. Gleich beim ersten Versuch scheiterte ich. Ich hatte mittlerweile schon mehrfach Blut gespuckt, und der Schmerz tobte nach wie vor in meinem Unterleib. Statt Mitleid zu zeigen, packte mich Mahmud am Arm und zog mich einfach hinter sich her. Nur mit äußerster Kraftanstrengung gelang es mir, auf die Beine zu kommen, sonst hätte er mich wahrscheinlich die ganze Treppe hinuntergeschleift.

In unserer Wohnung angelangt, bat ich Mahmud, mich zu einem Arzt zu bringen. Ich befürchtete stark, an inneren Blutungen zu leiden. Aber wie schon einige Male zuvor verweigerte Mahmud mir auch diesmal jede ärztliche Hilfe. Hilflos seinem Willen ausgeliefert, kochte ich mir schließlich einen Kamillentee. Ich dachte nicht wirklich, dass dieser mir helfen würde – vielmehr war es der Versuch, überhaupt etwas zu tun, um nicht in meiner Handlungsunfähigkeit zu erstarren.

Trotz meiner Befürchtungen hatte ich die Nacht halbwegs gut überstanden. Ich spuckte kein Blut mehr und auch die Schmerzen hatten nachgelassen.

Mahmud hatte am Morgen so gut wie nicht mit mir gesprochen. Mit keinem Wort hatte er sich nach meinem Befinden erkundigt. Lediglich die Anweisung, unsere Wohnung nicht zu verlassen, hatte er mir in eisigem Ton erteilt.

Kaum hatte er die Wohnungstür hinter sich ins Schloss gezogen, stürzte ich auch schon zum Telefon, um Petra anzurufen. Als sie hörte, wer am anderen Ende der Leitung war, begann sie sofort mich anzuschreien.

»Dass du eine solche elendige Verräterin bist, hätte ich nie von dir gedacht, Katja!«, beschimpfte sie mich. »Du gönnst mir wohl gar nicht das Glück, das ich mit Kerim erlebe, was?«

»Petra, hör auf! Du weißt nicht, was du sagst! Meinst du wirklich, ich hätte dich freiwillig ans Messer geliefert? Du weißt doch, wie Mahmud ist, er hat mich ...«

»Hör auf mit dem Scheiß!«, unterbrach mich Petra wutentbrannt. »Ich glaube dir kein Wort. Du bist einfach nur eifersüchtig, weil du auch in Kerim verliebt bist!«

»Das kann doch nicht dein Ernst sein! Petra, bitte, lass uns vernünftig miteinander reden, so können wir ...«

Plötzlich merkte ich, dass meine Worte ins Leere gingen: Petra hatte einfach aufgelegt. Fassungslos starrte ich auf den Hörer in meiner Hand. Dann spürte ich, wie mir die Knie nachgaben und mir schlecht wurde. Jetzt hatte ich nicht nur meine Freiheit und meine Persönlichkeit, sondern auch noch meine beste Freundin verloren. Noch nie hatte ich mich so verlassen gefühlt.

21. Kapitel

Die Polizei, dein Freund und Helfer

Der Tag, an dem der Umzugswagen vorfuhr, um Petras und Kerims Möbel abzuholen, war einer der schrecklichsten in meinem Leben. Nun würde die einzige deutsche Freundin, die ich noch hatte, endgültig unerreichbar für mich sein. Besonders niederschmetternd daran war: Ich hatte Kerim nur einen Tag zuvor im Hof bei den Müllcontainern getroffen, wo er mich allen Ernstes gefragt hatte, ob ich es mir mit ihm nicht doch noch einmal überlegen wolle. Denn eigentlich würde er ja mich lieben und Petra sei nur eine Notlösung. Voller Verachtung spuckte ich vor ihm auf dem Boden aus. Ich war dermaßen angeekelt von seinem dreckigen, falschen Charakter, dass ich ihm die Pest an den Hals wünschte. Kaum wieder oben in meiner Wohnung, rief ich Petra an, um ihr von Kerims Angebot zu erzählen. Doch abermals warf sie mir vor, ich würde ihr wohl ihr Glück nicht gönnen. Und nun würde ich auch noch Kerim bösartig verleumden! Damit beendete sie das Gespräch, und das war dann unser Abschied.

Seit Petra weggezogen war, ging mir von Tag zu Tag mehr auf, in was für einem Gefängnis ich eigentlich lebte. Egal wo ich hinwollte, es musste immer jemand von Mahmuds Familie dabei sein. Ständig bekam ich strenge zeitliche Vorgaben, an die ich mich zu halten hatte. Mein ganzes Leben bestand aus Druck, Angst, Regeln und Misshandlung. Und über all dem schwebte nach wie vor das Damoklesschwert »Hochzeit«!

Hin und wieder besuchte ich die Moschee. Längst hatte ich auch den kompletten Koran in deutscher Übersetzung gelesen. Mein Türkisch wurde immer besser. Bald würde ich keine glaubhafte Begründung mehr finden können, warum ich noch immer nicht zum Islam übertreten wollte – der Voraussetzung für eine Hochzeit.

Ich spürte, wie sich mein Unglück zunehmend auf mein körperliches Befinden auswirkte. Selbst Mahmud blieb mein schlechter Zustand auf Dauer nicht verborgen. Er schien sich wirklich Sorgen um mich zu machen. Ich versuchte diesen Umstand für mich zu nutzen, indem ich ihn bat, wieder arbeiten gehen zu dürfen. Dies war die einzige Möglichkeit für mich, wenigstens ein paar Stunden am Tag am normalen Leben teilzuhaben und der Einsamkeit unserer Wohnung zu entfliehen.

Natürlich war Mahmud von dieser Idee anfangs überhaupt nicht angetan. Er wusste schließlich genau, dass ein solches Zugeständnis an mich zugleich einen Kontrollverlust für ihn bedeutete. Diesmal ließ ich aber nicht locker: Wann immer sich mir die Gelegenheit bot, brachte ich das Gespräch auf meinen Arbeitswunsch. Manches Mal war er so genervt, dass ich nur haarscharf an einer Ohrfeige vorbeischrammte.

Irgendwann hatte ich es jedoch geschafft. Unter den strengsten Vorgaben, wie ich mich zu verhalten hätte – »Fahr auf direktem Weg von der Arbeit nach Hause!«, »Schau keinem Mann in die Augen!«, »Unterhalte dich mit niemandem über private Dinge!« –, bekam ich tatsächlich seine Erlaubnis, mir einen Job zu suchen. Ich konnte mein Glück kaum fassen. Damals war ich noch der Meinung, einen kleinen Sieg errungen, mein Selbstbestimmungsrecht zumindest stückweise

21. Kapitel – Die Polizei, dein Freund und Helfer

zurückerobert zu haben. Hätte ich da schon geahnt, welche schwerwiegenden Folgen dieser Etappensieg für mich haben sollte, wäre ich liebend gern zu Hause geblieben.

Zwei Wochen später hatte ich die passende Stelle gefunden. Eine Bäckerei, die über mehrere Filialen in der Stadt verfügte, war bereit, mich auf Teilzeitbasis zu beschäftigen. Der Arbeitsplatz erfüllte alle Bedingungen, die Mahmud mir gestellt hatte. Bis auf den Geschäftsinhaber und die Bäcker in der Backstube, mit denen ich aber kaum in Berührung kam, waren meine Kollegen alle weiblich.

Ich freute mich wie ein Kind auf meinen ersten Arbeitstag. Endlich würde ich wieder einmal unter die Leute kommen! Dieser Job würde mir auch genügend Ablenkung von meiner Trauer über Petras Umzug bieten.

Meine Kolleginnen nahmen mich gleich an meinem ersten Arbeitstag in ihren Kreis auf. Sie alle waren froh, endlich Verstärkung im Team zu bekommen. Der Geschäftsinhaber war wohl schon seit längerer Zeit auf der Suche nach einer zusätzlichen Kraft gewesen. Wegen des niedrigen Lohns war er aber bisher nicht fündig geworden. Doch bei mir stand das Gehalt nicht im Vordergrund. Meine Motive, wieder arbeiten zu gehen, waren schließlich ganz andere.

Das Ladengeschäft war hell und freundlich eingerichtet. Es duftete herrlich nach den frischen Backwaren. Da die Bäckerei verkehrstechnisch sehr günstig lag, herrschte immer viel Betrieb, sodass in der Regel drei Verkäuferinnen notwendig waren, um alle Kunden zügig bedienen zu können.

Mit einer der Kolleginnen verstand ich mich auf Anhieb prächtig. Sie hieß Rita, war um die vierzig Jahre alt und hatte zwei bald erwachsene Kinder. Von ihrem ganzen Typ her strahlte sie etwas Mütterliches aus. Rita nahm mich von Anfang an unter ihre Fittiche. Ich bedauerte sofort, auf Dauer nicht mit ihr zusammenarbeiten zu können, denn ich sollte in der Hauptgeschäftsstelle nur angelernt werden, um dann in die Filiale im Einkaufscenter zu wechseln.

Gleich zu Anfang wurde ich von den Kolleginnen auf mein Kopftuch angesprochen. Es war ja in der Tat ungewöhnlich, dass sich eine deutsche Frau verschleierte. Außer Erika kannte ich selbst auch niemanden, der dies sonst noch tat. Weil ich mit solchen Fragen gerechnet hatte, war ich entsprechend gewappnet. Ich erzählte ihnen etwas von meiner inneren Überzeugung und meiner Berufung zum Islam. Ich registrierte zwar die skeptischen Blicke, aber es traute sich auch niemand, näher nachzufragen.

Als ich einen Tag später meine Mittagspause allein mit Rita im Aufenthaltsraum verbrachte, griff sie das Thema nochmals auf. Ganz direkt fragte sie mich, was denn wirklich der Grund für mein Kopftuch sei.

Ich weiß nicht, warum ich ihr sogleich vertraute. Wahrscheinlich war ich einfach nur froh, jemanden gefunden zu haben, dem gegenüber ich meinem Herzen endlich einmal Luft machen konnte. In Kurzform ratterte ich meine Geschichte der letzten Jahre herunter. Als ich geendet hatte, sah ich, dass Rita die Tränen über die Wangen liefen.

Ich war über diese Reaktion zutiefst erschrocken. Zu dem Zeitpunkt war ich selbst schon so abgestumpft, dass ich gar nicht begreifen konnte, wie jemand solch eine Anteilnahme für mich empfinden konnte.

»Wie kannst du das alles nur ertragen? Warum versuchst du nicht zu fliehen?«, fragte Rita mich schließlich, nachdem sie sich gründlich die Nase geschnäuzt hatte.

»Ganz einfach, Rita: weil er mich finden und töten würde, egal wo ich mich verstecken würde«, antwortete ich so ruhig,

21. Kapitel – Die Polizei, dein Freund und Helfer

wie es mir möglich war. »Ich müsste immer in der Angst leben, dass er mich entdecken würde. Ich könnte meine Familie nicht mehr besuchen. Weder meine deutsche noch meine türkische.«

Ritas Blick ruhte eine ganze Weile auf mir, ehe sie sich erhob, um mich stumm zu umarmen. Sie hatte verstanden.

Bereits an meinem vierten Arbeitstag bahnte sich die nächste Katastrophe an. Bisher war ich immer der Frühschicht zugeteilt worden. Dies war insofern praktisch, als ich zeitgleich mit Mahmud das Haus verlassen, aber bereits am frühen Nachmittag schon wieder daheim sein konnte. So hatte ich genug Zeit und Muße, die Hausarbeiten zu erledigen und mich den Vorbereitungen für das Abendessen zu widmen. Mahmud bekam auf diese Weise kaum etwas von meiner neuen Berufstätigkeit mit. Natürlich wollte er am Abend immer alles ganz genau von mir erzählt bekommen. Mir war klar, dass dies nicht aus einem echten Interesse an meiner Arbeit heraus geschah, sondern dass er vielmehr darauf wartete, irgendetwas zu finden, das er hätte bemängeln können.

An diesem Tag nun sollte ich das erste Mal in der Spätschicht arbeiten. Mein Chef war am Vortag zu mir gekommen, um mir zu erklären, wie wichtig es sei, dass ich auch mal bei der abendlichen Kassenabrechnung zugegen war. Herr Dittrich selbst wollte mir zeigen, wie diese in seinem Unternehmen durchzuführen sei. Meine mangelnde Begeisterung über seinen Vorstoß war wohl nicht zu übersehen gewesen. Mir war natürlich sofort durch den Kopf geschossen, dass ich dann ja allein mit meinem Chef sein würde. Sollte Mahmud jemals Wind davon bekommen, würde garantiert wieder der Teufel los sein. Da ich aber meinen neuen Job auf keinen Fall aufs Spiel setzen wollte, behielt ich meine Bedenken für mich. Was hätte ich denn auch zu meinem Vorgesetzten sagen sollen? Etwa: »Entschuldigung, Sie sind ein Mann – halten Sie bitte mindestens drei Meter Sicherheitsabstand zu mir ein und sprechen Sie mich auf keinen Fall an«? Wahrscheinlich hätte Herr Dittrich mich dann erst einmal auf die Couch geschickt, um mir anschließend die Stelle zu kündigen.

Trotzdem konnte ich nicht verhindern, dass mich ein mulmiges Gefühl beschlich, als die anderen Verkäuferinnen am Abend gegangen waren und ich mich allein mit ihm in seinem Büro wiederfand. Bevor wir mit der Abrechnung begannen, fragte er mich, wie es mir denn in der Bäckerei gefalle und ob ich mit meinen Kolleginnen gut zurechtkäme. Ich berichtete ihm, wie herzlich ich von den Frauen aufgenommen worden sei und dass mir die Arbeit wirklich leicht von der Hand gehe. Dann machten wir uns daran, gemeinsam die Tageseinnahmen zu zählen.

Wir hatten gerade alle Geldscheine nach ihrem Wert zu kleinen Häufchen aufgestapelt, als ein lautes Klopfen gegen die Hintertür der Bäckerei ertönte. Der Schreck fuhr mir in die Glieder.

Herr Dittrich, dem mein Zusammenzucken nicht entgangen war, lächelte mir aufmunternd zu.

»Keine Angst, Katja! Das wird schon kein Einbrecher sein! Sicher ist das jemand, der erst nach Ladenschluss bemerkt hat, dass er kein Brot mehr im Haus hat. Die meisten Kunden wissen, dass ich auch lange nach unseren Öffnungszeiten noch im Büro bin, und kommen dann einfach zum Hintereingang.«

Er ging zur Tür, um nachzusehen, wer da geklopft hatte. Mit ernstem Gesichtsausdruck kehrte er zurück.

»Ist dein Freund Türke?«, wollte er von mir wissen.

Fast unmerklich nickte ich mit dem Kopf.

21. Kapitel – Die Polizei, dein Freund und Helfer

»Dann nimm jetzt mal besser deine Sachen und mach Feierabend! Ich weiß zwar nicht, was bei euch zu Hause los ist, aber dein Freund scheint ziemlich sauer zu sein und verlangt, dass du sofort rauskommst.«

Er hatte kaum seinen Satz zu Ende gesprochen, als wir Mahmud schon in rüdem Ton meinen Namen rufen hörten.

Herr Dittrich, dem meine wachsende Unruhe auch diesmal nicht entgangen war, bot mir seine Hilfe an. Dankend lehnte ich ab und raffte, so schnell ich konnte, meine Sachen zusammen. Ich hatte angefangen, mich wortreich zu entschuldigen, als von draußen ein weiteres Mal gegen die Tür gehämmert wurde und Mahmud ungeduldig meinen Namen rief.

»Was machst du um diese Uhrzeit hier allein mit deinem Chef?«, empfing er mich barsch, kaum dass ich das Büro verlassen hatte.

Verzweifelt versuchte ich ihm zu erklären, wie die Situation zustande gekommen war. Doch ich erntete nur spöttisches Gelächter.

»Katja, du bist doch lange genug mit mir zusammen: Warum denkst du eigentlich immer noch, dass du mich verarschen kannst?«

Verächtlich musterte er mich von oben bis unten.

»Steig sofort ins Auto und fahr auf direktem Weg nach Hause!«, befahl er. »Ich komme hinterher.«

Mahmud hatte mir sein Auto überlassen, damit ich nicht auf öffentliche Verkehrsmittel angewiesen wäre. Er fuhr unter der Woche sowieso immer mit seinem Bruder zur Arbeit, sodass er den Wagen nicht benötigte. Um zu meiner Arbeitsstelle zu gelangen, hatte er sich das Auto von Ogün geborgt.

Zitternd vor Angst tat ich, wie mir geheißen. Ich wusste genau, was mich zu Hause erwarten würde. Verzweifelt suchte ich einen Ausweg aus der Situation. Einen Moment lang erlag ich fast der Versuchung, einfach eine andere Ausfahrt auf der Autobahn zu nehmen und mich auf den Weg zu meiner Mutter statt zu unserer Wohnung zu begeben. Zugleich wusste ich, dass Mahmud verrückt genug war, mir zu folgen und mich notfalls sogar von der Straße abzudrängen. Bei einer solchen Aktion würde ich nicht nur mein eigenes Leben gefährden, sondern vielleicht auch noch das von anderen Verkehrsteilnehmern.

So langsam wie nur irgend möglich, ohne den Verkehr zu behindern, fuhr ich zu unserer Wohnung. Etwas in mir hoffte immer noch verzweifelt, dass ich in letzter Sekunde auf den rettenden Gedanken kommen würde. Leider blieb mir dieser Geistesblitz verwehrt.

Als ich in unsere Hofeinfahrt hineinfuhr, parkte Mahmud Ogüns Wagen direkt hinter mir, sodass ich keine Fluchtmöglichkeit mehr hatte. Unschlüssig blieb ich hinter dem Lenkrad sitzen. Ich fühlte mich wie eine Kuh, die zur Schlachtbank geführt werden sollte. Im Rückspiegel konnte ich sehen, wie Mahmud sich abschnallte und die Autotür öffnete. Er stieg aus und ich registrierte, dass er sich plötzlich bückte, um etwas vom Boden aufzuheben. Mit schnellen Schritten trat er auf den Wagen zu und riss den Schlag auf. Was hatte er vor? Welcher Pein würde er mich jetzt wieder unterziehen? Meine latente Furcht steigerte sich in die altbekannte Todesangst. Ich erkannte, dass er einen großen Stein in der Hand hielt. Den Bruchteil einer Sekunde später knallte er mir diesen mit voller Wucht gegen die linke Gesichtshälfte. Ich spürte noch, wie sich ein reißender Schmerz in meinem Kopf ausbreitete, dann wurde alles schwarz vor meinen Augen.

Als ich aus meiner Ohnmacht erwachte, schleifte Mahmud mich gerade an den Haaren durch den Flur unseres Treppenhauses. Sofort begann ich um Hilfe zu schreien. Doch

21. Kapitel – Die Polizei, dein Freund und Helfer

niemand im Haus schien Notiz davon zu nehmen. Mahmud verprügelte mich so oft, dass unsere Nachbarn meinen Hilfeschreien gegenüber längst abgestumpft waren.

Halb benommen lag ich schließlich in unserem Wohnzimmer auf dem Fußboden und flehte Mahmud an, mich in Ruhe zu lassen. Aber jetzt schien er erst richtig in Fahrt zu kommen. Ich hatte vor einiger Zeit eine Stehlampe gekauft, die aus fünf aneinandergereihten großen Glaskugeln bestand: Mahmud riss diese Lampe an sich und zerdepperte jede einzelne der massiven Kugeln mit seinem Kopf. Dass er sich dabei selbst eine erhebliche Platzwunde zuzog, schien seinen Hass nur noch mehr zu schüren. Ich war mir mittlerweile sicher, dass er mich nun endgültig umbringen würde. Wie in einem Zeitraffer sah ich mein Leben an mir vorüberziehen. Langsam spürte ich, wie die Angst aus meinem Körper wich. Sollte er es doch endlich tun! Dann hätte mein Leiden wenigstens ein Ende.

Mahmud hatte sich derweil unserem Wohnzimmertisch zugewandt, der bis auf das Metallgestell ganz aus Glas bestand. Ohne zu zögern trat er mitten in die Glasplatte hinein. Mit lautem Getöse zersprang der Tisch in tausend Scherben. Da ich in der Nähe des Tisches lag, versuchte ich mich vor den Glassplittern in Sicherheit zu bringen. Mahmud musste wohl gedacht haben, ich wollte fliehen, denn plötzlich stürzte er sich erneut wie eine Bestie auf mich. Unzählige Tritte und Schläge prasselten auf mich nieder. Es dauerte eine ganze Weile, aber irgendwann fiel ich in eine weitere Ohnmacht.

Ich weiß nicht, wie lange ich dort auf dem Boden gelegen hatte, aber als ich wieder zu mir kam, war es draußen bereits dunkel. Mahmud hatte kein Licht angemacht, sondern saß in dem düsteren Wohnzimmer unweit von mir auf dem Sofa, das Gesicht mir zugewandt. Nachdem sich meine Augen an die Dunkelheit gewöhnt hatten, sah ich, dass er ein riesiges Messer in den Händen hielt.

»Das hast du dir alles selbst zuzuschreiben. Warum musst du auch immer wieder aufmucken?«, begann er plötzlich mit gleichförmiger Stimme auf mich einzureden. »Es könnte alles so schön sein, wenn du dich nur an das halten würdest, was ich dir sage.«

»Wenn du mich umbringen willst, dann tu es jetzt!«, entgegnete ich in einem kaum hörbaren Flüsterton. »Ich ertrage dieses Leben nicht mehr, Mahmud. Ich kann nicht mehr. Ich habe mich wirklich bemüht, dir eine gute Freundin zu sein, aber egal, was ich tue, es ist dir offensichtlich nie genug.«

Ich wollte noch weiterreden, aber meine Stimme gehorchte mir nicht mehr. Diesmal hatte er mich wirklich schwer erwischt, so am Ende meiner Kräfte hatte ich mich bisher noch nie gefühlt.

Als ich das Bewusstsein wiedererlangte, lag ich in meinem Bett. Vorsichtig drehte ich den Kopf zur Seite. Mahmud lag neben mir und schien zu schlafen, das große Messer, das sichtbar auf der Bettdecke lag, noch immer fest mit der Faust umschlossen. Er musste irgendwie registriert haben, dass ich mich bewegt hatte, denn er schlug sofort die Augen auf und blickte mich an.

An dem Dämmerlicht draußen erkannte ich, dass schon ein neuer Tag hereingebrochen war. Mein Bedürfnis, die Toilette aufzusuchen, wurde immer dringender. Vorsichtig versuchte ich mich im Bett aufzusetzen. Sofort wurde mir schwindelig und die Übelkeit stieg erneut in mir hoch. Mahmud beobachtete mich schweigend. Hilfesuchend blickte ich ihn an.

»Ich muss zur Toilette, aber ich schaffe es nicht aufzustehen. Hilf mir bitte!«

21. Kapitel – Die Polizei, dein Freund und Helfer

Der schwache Klang meiner Stimme ließ mich über mich selbst erschrecken. Ich hörte mich furchtbar an, wie jemand, der kurz davor stand, seinen letzten Atemzug zu tun.

»Du bist selbst schuld! Warum machst du auch immer wieder so eine Scheiße?«, lautete seine ewig gleiche Erwiderung.

Ich weiß nicht, wie oft ich diesen Satz in all den Jahren an Mahmuds Seite bei jeder Gelegenheit zu hören bekommen hatte. Manchmal glaubte ich schon selbst, die alleinige Schuld an meiner ausweglosen Situation zu tragen. Doch in dem Moment kam ich nicht dazu, mir weiter den Kopf über mein völlig verbogenes Selbstbild zu zerbrechen: Mir ging es so schlecht wie noch nie. Ich musste mich übergeben, mir war schwindelig, meine Beine versagten mir den Dienst.

Obwohl Mahmud sah, dass ich unter großen Schmerzen litt, weigerte er sich auch jetzt wieder, mich zum Arzt zu bringen.

Verzweifelt überlegte ich, wie ich Hilfe herbeiholen könnte, als es plötzlich an unserer Tür klingelte. Sofort sprang Mahmud auf, um nachzuschauen, wer das sein könnte. Kurz darauf hörte ich die Stimme meiner Arbeitskollegin Rita.

Schlagartig schöpfte ich neue Hoffnung. Daran hatte ich noch gar nicht gedacht! Eigentlich war ja ein ganz normaler Arbeitstag, aber weil ich nicht in der Bäckerei erschienen war, hatten meine Kolleginnen wohl unserem Chef Bescheid gesagt. Und Herr Dittrich musste ihnen vom Besuch meines Freundes in seinem Büro erzählt haben. Da Rita meine Lebensumstände kannte, hatte sie offenbar sofort Verdacht geschöpft und sich auf den Weg zu mir nach Hause gemacht.

Ich hörte, wie Mahmud ihr eine Lügengeschichte auftischte. Meine Mutter sei schwer erkrankt, sodass ich am Vorabend noch zu ihr gefahren sei, um sie gesund zu pflegen.

Ohne weiter nachzufragen, schien Rita diese Erklärung zu akzeptieren, denn wenig später kehrte Mahmud ins Schlafzimmer zurück.

Der kurze Moment der Hoffnung war wieder der alten Resignation und Angst gewichen, und ohne dass ich etwas dagegen hätte tun können, begann ich bitterlich zu weinen.

»Warum hast du mich nicht getötet?«, stieß ich wimmernd hervor. »Warum machst du diesem ganzen Leiden nicht endlich ein Ende, Mahmud? Ich kann nicht mehr! Ich habe einfach keine Kraft mehr, mit dir zusammenzuleben.«

Mahmud hatte auf der Bettkante Platz genommen und meinen Gefühlsausbruch schweigend beobachtet.

»*Benim herşeyimsin* (›Du bist mein ein und alles‹)«, war sein einziger Kommentar.

»Dann bring mich zu einem Arzt, Mahmud! Ich habe Angst zu sterben. Bitte, bring mich zu einem Arzt!«, versuchte ich zu seinem Verstand vorzudringen.

Als ich ihn anschaute, sah ich, dass er Tränen in den Augen hatte.

»Ich kann nicht«, erwiderte er und zuckte mit den Schultern.

Ich wollte gerade fragen, was ihn denn daran hindere, als ich ein heftiges Bollern gegen unsere Tür vernahm. Fast gleichzeitig wurde mehrmals hintereinander die Klingel betätigt.

Mit einem Gesichtsausdruck, der seine Panik verriet, sprang Mahmud vom Bett auf und bedeutete mir, leise zu sein. Bevor ich mir Gedanken machen konnte, wer sich da draußen so merkwürdig aufführte, hörte ich auch schon eine klare laute Stimme durch die geschlossene Tür rufen.

»Machen Sie sofort die Tür auf! Hier ist die Polizei. Wir wissen, dass jemand zu Hause ist.«

Mahmud wandte sich zu mir um:

21. Kapitel – Die Polizei, dein Freund und Helfer

»Kein Ton, Katja! Verhalte dich bloß leise! Sonst passiert etwas.«

Er ging hinaus in den Flur, um zu öffnen. Angestrengt versuchte ich zu lauschen. Ich konnte mir nicht erklären, was die Polizei hier plötzlich wollte. Hatte Mahmud sich etwas zuschulden kommen lassen? Weil er die Schlafzimmertür hinter sich zugemacht hatte, konnte ich nur Bruchstücke des Gesprächs zwischen ihm und den Polizeibeamten mitbekommen. Es war klar, dass sie heftig miteinander diskutierten, aber worüber, vermochte ich nicht zu verstehen.

Erschöpft sank ich in die Kissen zurück. Wenige Sekunden später wurde die Schlafzimmertür aufgerissen und einer der beiden Polizisten stürmte in den Raum. Als er mich in meinem Bett sah, trat ein Ausdruck blanken Entsetzens in seinen Blick.

»Sind Sie Frau Schneidt?«, wollte er von mir wissen.

Völlig verschüchtert zog ich mir die Bettdecke bis unters Kinn. Vorsichtig nickte ich.

»Fred, ich habe sie gefunden! Sie war natürlich doch hier, der Türke hat uns verarscht!«, rief er seinem Kollegen zu, der wohl noch vor der Wohnungstür wartete.

Ein paar Sekunden später stand auch der zweite Polizist in unserem Schlafzimmer. Mahmud war ebenfalls dazugekommen und beobachtete die Situation argwöhnisch.

»Was wollen Sie von uns?«, blaffte er die Beamten an. »Haben meine Freundin oder ich uns etwas zuschulden kommen lassen? Oder warum dringen Sie hier einfach in unsere Wohnung ein?«

Langsam drehte sich einer der beiden Polizisten in seine Richtung.

»Sie sind jetzt mal ganz ruhig! Wir sind diejenigen, die hier die Fragen stellen. Und meine erste Frage an Sie wäre auch gleich, warum Sie uns belogen haben, als ich Sie nach ihrer Freundin fragte. Warum haben Sie uns Märchen von der kranken Mutter aufgetischt, zu der Ihre Freundin angeblich gefahren ist?«

Der Beamte nahm seine Mütze ab und warf sie achtlos auf mein Bett. Er schien wirklich sauer zu sein.

»Meine zweite Frage wäre, warum Ihre Freundin in einem so katastrophalen Zustand hier in ihrem Bett liegt, statt im Krankenhaus zu sein?«

Mahmud gab sich siegessicher.

»Fragen Sie meine Freundin doch, was passiert ist!«

Ein Lächeln umspielte seine Lippen. Er wusste ganz genau, dass ich mich niemals getraut hätte, den Beamten die Wahrheit zu sagen. Tatsächlich kam mir meine Lüge mit einer Leichtigkeit über die Lippen, die mich selbst erstaunte. Nie wäre ich in meinem früheren Leben imstande gewesen, einem Polizisten derart unverfroren die Unwahrheit zu sagen.

»Ich bin auf der Treppe ausgerutscht und dann fast alle Stufen hinuntergefallen«, leierte ich herunter.

Ich sah, wie die Beamten einen misstrauischen Blick miteinander wechselten. Plötzlich nahm einer der beiden Polizisten Mahmud am Arm.

»Wir beide gehen jetzt mal nach nebenan und unterhalten uns ein bisschen unter vier Augen.«

Nur widerstrebend ließ sich Mahmud aus dem Schlafzimmer führen. Nachdem die Tür hinter den beiden Männern ins Schloss gefallen und ich allein mit dem anderen Beamten zurückgeblieben war, sah dieser mich mitleidig an. Sichtlich verlegen räusperte er sich.

»Frau Schneidt, wir haben einen Anruf von Ihrer Arbeitskollegin erhalten, die sich offenbar große Sorgen um Sie gemacht hat. Wenn ich nun sehe, in welch einem Zustand Sie

21. Kapitel – Die Polizei, dein Freund und Helfer

sich befinden, dann muss ich sagen, dass diese Sorgen wohl mehr als berechtigt waren.« Er schwieg einen Moment, bevor er behutsam weitersprach. »Wollen Sie mir nicht erzählen, was wirklich passiert ist?«

Völlig verängstigt lag ich in meinem Bett und biss verzweifelt die Zähne aufeinander, um nicht in Tränen auszubrechen. Es war lange her, dass jemand so ruhig und freundlich zu mir gesprochen hatte.

»Wenn ich Ihnen helfen soll, dann müssen Sie mir schon erzählen, was passiert ist«, fuhr der Polizist fort. »Ich bin mir sicher, dass Sie nicht die Treppe runtergefallen sind, sondern dass Ihr Lebensgefährte Sie so schrecklich zugerichtet hat.«

Kaum hatte er den Satz zu Ende gesprochen, als mich meine Selbstbeherrschung verließ. Die Tränen schossen mir nur so aus den Augen.

»Was würde es denn ändern, wenn ich Ihnen sagte, dass ich von meinem Freund schrecklich misshandelt werde?«, brachte ich laut weinend hervor. »Sie könnten mir doch auch nicht helfen!«

Ein heftiges Zittern hatte meinen ganzen Körper befallen. Erschrocken über meinen Gefühlsausbruch hatte der Polizist sich auf die Bettkante gesetzt und meine Hand genommen.

»Wissen Sie, Frau Schneidt, wie oft wir solche Schicksale wie Ihres erleben? Regelmäßig werden wir zu Einsätzen gerufen, bei denen Frauen von ihren Männern halb tot geprügelt werden. Nicht selten handelt es sich dabei um ausländische Männer. Ich bin weiß Gott nicht fremdenfeindlich, aber die Südländer haben nun mal eine andere Vorstellung von Partnerschaft, als wir sie haben. Ich habe das immer wieder erleben müssen.« Er machte eine Pause, als müsste er nach den richtigen Worten suchen. »Wenn Sie sich selbst einen großen Gefallen tun wollen, dann erstatten Sie jetzt Anzeige gegen

Ihren Freund. Dann können wir handeln und nehmen ihn sofort mit aufs Revier.«

Energisch schüttelte ich den Kopf.

»Sie wissen genauso gut wie ich, dass Sie ihn nach der Vernehmung wieder auf freien Fuß setzen müssen. Was glauben Sie wohl, was dann passiert? Er wird auf direktem Weg zurück nach Hause kommen und mich entweder gleich töten oder wieder grausam misshandeln. Wie wollen Sie mich denn davor schützen? Stellen Sie mir rund um die Uhr einen Beamten an die Seite, der auf mich aufpasst?«

Der Polizist sah mich traurig an.

»Das können wir nicht. Wir können nur verstärkt hier in Ihrer Straße Streife fahren, aber mehr können wir zunächst nicht für Sie tun«, gab er offen zu.

»Sehen Sie – und damit hat sich die Anzeige für mich erledigt. Ich würde quasi Selbstmord begehen, wenn ich es doch täte«, stellte ich nüchtern fest.

Resigniert zuckte der Polizist mit den Schultern.

»Auch wenn ich Ihre Reaktion natürlich nicht gutheißen kann – verstehen tue ich sie zumindest. Das Schlimme ist, dass diese Scheißtypen das ebenfalls genau wissen und ihre Frauen munter weiter verprügeln.«

Bei seinen letzten Worten hatte er meine Hand losgelassen und seine Mütze wieder an sich genommen. Er war schon fast zur Tür hinaus, als er sich noch einmal zu mir umdrehte.

»Hat sich eigentlich schon mal ein Arzt Ihre Verletzungen angesehen?«

Wieder schüttelte ich den Kopf.

»Nein, Mahmud weigert sich, mich zu einem Arzt zu bringen oder meinen Hausarzt hierherzubestellen.«

Ich sah, wie der Beamte seine beiden Kieferhälften aufeinanderpresste, um seine Wut im Zaum zu halten.

21. Kapitel – Die Polizei, dein Freund und Helfer

»Machen Sie sich keine Sorgen! Geben Sie mir den Namen Ihres Hausarztes und ich werde mich mit ihm in Verbindung setzen. Sollte Ihr Freund ihm keinen Zugang zu Ihrer Wohnung gewähren, werden wir wiederkommen.«

Dankbar gab ich ihm Namen und Adresse des Arztes. Er nickte mir noch kurz zu und rief dann nach seinem Kollegen.

Als die beiden Beamten unsere Wohnung verlassen wollten, baute sich Mahmud provozierend im Flur auf.

»Bis zum nächsten Mal, meine Herren!«, rief er ihnen spöttisch hinterher.

Die Männer blieben wie angewurzelt stehen. Wie in Zeitlupe drehten sie sich um. Durch die offene Schlafzimmertür konnte ich sehen, wie sie nur mühsam an sich halten konnten. Der Beamte, mit dem ich gesprochen hatte, trat auf Mahmud zu und sah ihm fest in die Augen.

»Wir werden in Zukunft verstärkt unsere Einsatzwagen auf Streife durch Ihre Straße schicken – und dann Gnade Ihnen Gott, wenn wir noch einmal mitbekommen, dass Sie Ihrer Freundin auch nur ein Haar krümmen! Dann werden wir Sie verhaften und Ihre Freundin wird Ihnen auch mit Lügengeschichten nicht mehr weiterhelfen können. Wir behalten Sie im Auge! Verlassen Sie sich darauf!«

22. Kapitel

Schwanger

Ungefähr eine Stunde später fand ich mich in unserem Städtischen Krankenhaus wieder. Der Polizist hatte Wort gehalten und meinen Hausarzt verständigt. Nach einer kurzen, aber gründlichen Untersuchung hatte dieser sofort einen Krankenwagen kommen und mich abtransportieren lassen. Natürlich hatte Mahmud mich in die Klinik begleitet und spielte den besorgten Freund. In Wirklichkeit wollte er nur sichergehen, dass ich den Ärzten nichts Falsches erzählte. Zu seinem großen Bedauern sollte ich stationär aufgenommen werden: Die Ärzte hatten einen Schlüsselbeinbruch, mehrere Rippenbrüche, einen Nasenbeinbruch sowie eine schwere Gehirnerschütterung und Prellungen an Gesicht und Körper diagnostiziert.

Nachdem alle Untersuchungen abgeschlossen waren und Mahmud endlich gegangen war, wurde ich von einer Krankenschwester auf mein Zimmer gebracht. Ich sehnte mich nur noch nach Ruhe; die ganzen Untersuchungen und vielen unangenehmen Fragen der Schwestern und Ärzte nach der Herkunft meiner Verletzungen hatten mir sehr zugesetzt. Außerdem wollte ich endlich meine Gedanken ein wenig sortieren. So sehr ich mir aber auch den Kopf zermarterte – was sich als schwierig genug herausstellte, aufgewühlt, wie ich war –, es wollte mir partout keine Lösung für meine ausweg-

22. Kapitel – Schwanger

lose Lage einfallen. Ich war mir sicher, dass Mahmud meinem Leben früher oder später ein Ende bereiten würde, wenn mir nicht die Flucht aus der Beziehung gelang. Seit Petra nicht mehr da war, empfand ich alles als noch schlimmer denn je. Sie war diejenige gewesen, die mir in solchen Situationen immer Trost und Halt gegeben hatte. Was hätte ich darum gegeben, sie nun hier an meinem Bett sitzen zu haben und ihre beruhigende Stimme zu hören! Doch seit ihrem Weggang war der Kontakt zwischen uns vollkommen abgebrochen.

Die Augen wollten mir gerade vor lauter Erschöpfung zufallen, als ein Klopfen gegen die Tür mich wieder hochschrecken ließ. Bevor ich »Herein!« rufen konnte, wurde vorsichtig die Tür geöffnet und einer der Ärzte, die mich untersucht hatten, betrat mit einem Stapel Unterlagen unter dem Arm das Zimmer. Er zog sich einen der Besucherstühle an mein Bett und setzte sich zu mir. Freundlich blickte er mich an.

»Wie geht es Ihnen?«, fragte er.

Ich brachte nur ein klägliches Lächeln zustande.

»Warum haben Sie uns vor dem Röntgen nicht erzählt, dass Sie schwanger sind?«, fuhr er fort. Sein freundlicher Gesichtsausdruck war einem sorgenvollen gewichen. »Sie wurden doch garantiert von den Arzthelferinnen nach einer möglichen Schwangerschaft gefragt, bevor man Sie den Röntgenstrahlen ausgesetzt hat!«

Schwanger? Ich? Das konnte nicht sein, da musste eine Verwechslung vorliegen. Ich war bestimmt nicht schwanger!

»Herr Doktor, es muss sich um ein Missverständnis handeln!«, erwiderte ich dann im Brustton der Überzeugung. »Ich verhüte sehr zuverlässig mit der Pille und ich bin mir sicher, sie nicht ein einziges Mal vergessen zu haben.«

Ich spürte, wie mein Herz hektisch zu pochen begann und sich eine unangenehme Hitze in meinem Gesicht ausbreitete.

Schweigend machte sich der Arzt an den mitgebrachten Unterlagen zu schaffen und schlug meine Krankenakte auf. Mit gerunzelter Stirn las er die Untersuchungsergebnisse durch. Schließlich klappte er die Akte wieder zu und sah mich mitleidig an.

»Nein, Frau Schneidt, da gibt es keinen Zweifel: Sie sind schwanger! Und morgen werden Sie noch einmal dem Frauenarzt vorgestellt, für den ersten Ultraschall.« Er räusperte sich kurz, bevor er weitersprach: »Wie ich unserem schlauen Computer übrigens entnehmen konnte, sind Sie heute nicht das erste Mal hier. Vor ein paar Monaten wurden Sie schon einmal wegen eines angeblichen Treppensturzes von uns behandelt.«

Ich ahnte, was nun kommen würde, und begann nervös mit den Händen an der Bettdecke herumzuzupfen. In meinen Ohren hallte noch immer das Wort »schwanger« wider. Verdammt, das konnte doch gar nicht sein! Ich hatte die Pille immer äußerst gewissenhaft eingenommen. In meiner Situation ein Baby zu bekommen, war ja auch völlig absurd. Ich konnte mich noch nicht einmal selbst schützen, wie hätte ich dann die Verantwortung für ein Kind übernehmen können?

Plötzlich fiel es mir wie Schuppen von den Augen: Der ganze Stress mit Mahmud war mir schon seit einiger Zeit auf den Magen geschlagen und ich hatte mich des Öfteren erbrechen müssen. Dadurch hatte mir die Pille scheinbar keinen vollständigen Verhütungsschutz mehr bieten können.

»Frau Schneidt, könnte es vielleicht sein, dass Ihr Freund Ihnen die Verletzungen zugefügt hat?«, hörte ich den Arzt wie durch einen dichten Nebel fragen.

Prüfend sah er mir in die Augen, doch ich war nicht in der Lage, seinem Blick standzuhalten, und starrte stattdessen auf ein Bild, das gegenüber dem Bett an der Wand hing.

22. Kapitel – Schwanger

»Wenn Sie sich mir nicht anvertrauen, kann ich Ihnen auch nicht helfen!«, drang er weiter auf mich ein.

Ich spürte, wie sich ein dicker Kloß in meinem Hals bildete. Langsam drehte ich den Kopf in seine Richtung.

»Sie könnten mir auch nicht helfen, wenn ich Ihnen die Wahrheit sagen würde«, kam es stockend über meine Lippen.

Ich lag noch lange wach, nachdem der Arzt gegangen war. Er hatte nichts unversucht gelassen, mich doch noch zum Reden zu bringen, irgendwann hatte er es dann aber aufgegeben. Was hätte es für einen Sinn gehabt, ihm von meinem Unglück zu erzählen? Nicht einmal die Polizei konnte mir helfen, was hätte er als Arzt also tun wollen? Im Moment hatte ich sowieso ein ganz anderes Problem. Ich trug ein Kind unter dem Herzen, das unter keinen Umständen zur Welt kommen durfte. Ein Kind mit Mahmud würde meine Situation nur noch verschlechtern und meine Chancen, mich jemals aus dieser Beziehung zu befreien, gegen null sinken lassen. Auf gar keinen Fall durfte er erfahren, dass ich schwanger von ihm war. Niemals würde er einer Abtreibung zustimmen.

Als ich am nächsten Morgen nach einer unruhigen Nacht mit schwerem Kopf erwachte, saß Aysegül auf einem Stuhl neben meinem Bett. Kaum hatte ich ihren besorgten Gesichtsausdruck gesehen, konnte ich nicht mehr an mich halten und brach in Tränen aus. Wortlos setzte sie sich auf die Bettkante und begann mich in ihren Armen zu wiegen wie ein kleines Kind. Immer wieder strich sie mir über den Kopf. Schließlich goss sie mir Tee aus einer mitgebrachten Thermoskanne ein und bat mich zu erzählen. Schweigend hörte sie mir zu. Einzig ihre Mimik verriet, wie entsetzt sie über Mahmuds neuerlichen Ausbruch war.

»Es gibt noch etwas, das ich dir anvertrauen muss«, begann ich die Beichte meiner Schwangerschaft einzuleiten. »Bei den Blutuntersuchungen hier im Krankenhaus hat sich herausgestellt, dass ich ein Kind erwarte.«

Gespannt wartete ich auf Aysegüls Reaktion. Ich sah, wie sie erst einmal tief Luft holte, bevor ein Lächeln über ihr Gesicht glitt und sie mich stürmisch in die Arme schloss. Sie schien sich tatsächlich zu freuen. Leider musste ich sie auf den Boden der Tatsachen zurückholen.

Ich befreite mich aus ihrer Umarmung und blickte sie ernst an.

»Ich werde dieses Kind nicht bekommen.«

Ungläubig starrte Aysegül mich an. Sie sah aus, als wäre sie nicht sicher, mich richtig verstanden zu haben.

»Ich werde dieses Baby nicht zur Welt bringen«, wiederholte ich mit fester Stimme.

Langsam sank Aysegül zurück auf ihren Stuhl.

»Was soll das heißen?«, fragte sie dumpf.

»Das soll heißen, dass ich einen Schwangerschaftsabbruch vornehmen lassen werde«, entgegnete ich mit zunehmendem Trotz in der Stimme.

Aysegül seufzte schwer. Sie hatte den Blick von mir abgewandt, als sie ans Fenster trat, um auf die Krankenhausanlage hinunterzuschauen. Eine ganze Weile blieb sie dort stehen, ohne ein Wort zu sagen. Als sie erneut an mein Bett trat, schien sie sich wieder gefangen zu haben.

»Du bist also schwanger!«, stellte sie noch einmal sachlich fest. »Weißt du auch, in welchem Monat du bist?«

Darüber hatte ich mir bisher noch überhaupt keine Gedanken gemacht. Mir war vollkommen schleierhaft, wie weit meine Schwangerschaft schon fortgeschritten war. Es spielte auch keine Rolle für mich, da ich das Baby ja sowieso nicht zur Welt bringen wollte.

22. Kapitel – Schwanger

Als ich Aysegül meine Gedanken mitteilte, brach sie in nervöses Gelächter aus.

»Katja, manchmal kommst du mir vor, als wärst du wirklich nicht von dieser Welt!«, schalt sie mich. »Du kannst eine Abtreibung nur innerhalb der ersten zwölf Schwangerschaftswochen durchführen lassen! Vorher brauchst du noch einen Arzt, der dir die Notwendigkeit des Abbruchs bestätigt, und du musst zu *pro familia* oder einer ähnlichen Einrichtung gehen und dir einen Beratungsschein ausstellen lassen. Zwischen der Beratung und dem Abbruch müssen mindestens drei Tage liegen.«

Aysegül kannte sich erstaunlich gut aus. Ich selbst hatte von all diesen Dingen nicht die geringste Ahnung. Ich hatte schon die Frage auf den Lippen, ob sie denn auch wisse, wo solche Eingriffe vorgenommen werden könnten, als die Tür aufging und Mahmud im Zimmer stand. Schnell warf ich Aysegül einen verschwörerischen Blick zu, der ihr bedeuten sollte, ihm gegenüber mit keinem Wort meinen Zustand zu erwähnen.

Mahmud tat wie immer so, als wäre alles in bester Ordnung zwischen uns. Und ich spielte sein übles Spiel mit. Längst hatte ich mir angewöhnt, die Dinge, die ich nicht ändern konnte, einfach hinzunehmen. Früher war ich eine echte Kämpfernatur gewesen, aber dieses Ich von mir musste in einem anderen Leben gelebt haben.

Aysegül hatte gleich nach seiner Ankunft begonnen, ihre Sachen zusammenzupacken. Mahmud bot ihr an, in der Empfangshalle des Krankenhauses auf ihn zu warten, damit er sie später mit nach Hause nehmen könne. Ich begann innerlich zu beten, dass nicht ausgerechnet jetzt eine Krankenschwester ins Zimmer platzen würde, um mich zu dem angekündigten Termin beim Frauenarzt abzuholen. Mahmud würde sicherlich darauf bestehen, mich zu begleiten, und auf diese Weise von der Schwangerschaft erfahren.

Meine Sorge erwies sich jedoch als unbegründet, da er es eilig zu haben schien. Nach einer guten Viertelstunde, die wir mit belanglosem Gerede verbrachten, verabschiedete er sich.

»Übrigens«, sagte er schon auf der Türschwelle, »morgen nehme ich dich wieder mit nach Hause! Sollen die Ärzte sagen, was sie wollen: Im Bett rumliegen kannst du schließlich auch bei uns.«

Erleichtert atmete ich auf, als Mahmud zur Tür hinaus war. Nun fieberte ich dem Frauenarzttermin förmlich entgegen. In welchem Schwangerschaftsstadium mochte ich mich wohl befinden? Nicht auszudenken, wenn ich die zwölfte Woche schon überschritten hätte und mir gar keine andere Wahl mehr bleiben würde, als das Kind auszutragen!

Ungefähr zwei Stunden später konnte ich aufatmen. Laut Ultraschalluntersuchung befand ich mich erst in der achten Schwangerschaftswoche. Soweit der Arzt es beurteilen konnte, hatte der Embryo keinen Schaden durch Mahmuds Schläge erlitten. Hundertprozentig ausschließen könne er es aber auch nicht.

Vorsichtig informierte ich den Gynäkologen von meinem Entschluss, die Schwangerschaft zu unterbrechen. In wenigen Worten legte ich ihm meine Gründe dafür offen. Er schien Verständnis für meine Situation zu haben, konnte mir aber nicht weiterhelfen.

»Die Indikationsbescheinigung für einen solchen Eingriff kann Ihnen nur Ihr niedergelassener Frauenarzt ausstellen. Ich bin dazu leider nicht berechtigt«, informierte er mich.

Am nächsten Tag verließ ich tatsächlich das Krankenhaus. Ich musste ein Formular unterschreiben, dass ich gegen

22. Kapitel – Schwanger

den ausdrücklichen Rat der Ärzte nach Hause ging. Überflüssig zu erwähnen, dass ich liebend gern noch zwei, drei Tage länger geblieben wäre, zumal mir meine Verletzungen nach wie vor große Beschwerden machten. Aber Mahmud hatte anders entschieden: Kaum waren wir in unserer Wohnung angekommen, riss er mir auch schon die Kleider vom Leib, um sich an mir sexuelle Befriedigung zu verschaffen. Dass ich dabei vor Schmerzen aufstöhnte, schien ihn nur noch mehr anzustacheln. Wieder einmal stellte ich mir vor, wie ich ihn mit einem gezielten Messerstich töten würde. In allen Einzelheiten malte ich mir die Tat aus, wodurch ich meiner Demütigung zumindest mental entkommen konnte.

Als Mahmud mich später allein ließ, um sich mit Freunden zum Kartenspielen zu treffen, griff ich sofort zum Telefonhörer, um Aysegül anzurufen. Sie war überrascht zu hören, dass ich schon wieder zu Hause war, und versprach mir, so schnell wie möglich zu mir zu kommen.

Um mir die Wartezeit zu verkürzen, begann ich meine Krankenhaustasche auszuräumen. Dabei fiel mein Blick in den großen Schlafzimmerspiegel. Noch war mir nichts von der Schwangerschaft anzusehen, stellte ich fest. Wie ich wohl mit dickem Bauch aussehen würde? Kurz entschlossen stopfte ich mir ein Kissen unter die Bluse.

Meine Gedanken schweiften zurück zu dem Tag, an dem die kleine Özlem geboren worden war. Ich konnte mich noch gut daran erinnern, wie die Hebamme mir die Kleine in die Arme gelegt und ich voller Ehrfurcht ihre winzigen Fingerchen bewundert hatte. Wie schön es sein musste, in einer normalen Partnerschaft zu leben und diese Liebe mit einem gemeinsamen Kind zu krönen! Doch so gern ich dieses Baby auch bekommen hätte, es durfte unter keinen Umständen zur

Welt kommen!, rief ich mich zur Räson, während mir die Tränen ungehindert über die Wangen strömten. Wie sollte ich dieses kleine Wesen vor Mahmuds Übergriffen schützen? Welch ein Leben würde es erwarten? Mit viel Glück würde es ein Junge werden und hätte damit alle Freiheiten dieser Welt – aber was wäre, wenn es ein Mädchen würde? Was für ein Schicksal würde meine Tochter erwarten? Einschränkungen, Verbote, Unterordnung, Demut, Schläge und Angst als ständige Begleiter!

Das Klingeln an der Haustür riss mich aus meinen trüben Gedanken. Ich eilte zur Tür, um zu öffnen. Entsetzt blickte Aysegül mich an und musterte mich von Kopf bis Fuß. Ich wollte gerade fragen, warum sie mich so anstarrte, als ich bemerkte, dass ich noch immer das Kissen unter meiner Bluse trug. Mit einem schnellen Handgriff zog ich es hervor und schloss die Tür hinter Aysegül.

Bei einem Glas Tee erzählte ich ihr dann, was die frauenärztliche Untersuchung ergeben hatte. Aysegül sah mich prüfend an.

»Bist du dir wirklich sicher, dass du das Kind nicht haben willst? Du hast eben nicht gerade so ausgesehen, als ob du mit dieser Entscheidung glücklich wärst.«

»Aysegül, es geht nicht darum, was ich möchte und was nicht! Es geht einzig und allein darum, was machbar ist. Du weißt doch selbst, wie Mahmud mich manchmal zurichtet! Wie soll ich da für ein Kind sorgen können? Außerdem habe ich die Hoffnung auf eine Flucht noch nicht aufgegeben. Mit einem Baby hätte ich jede Chance darauf verspielt.«

»Ja, du hast recht«, nickte Aysegül mir zu. »Aber wie willst du das anstellen, ohne dass Mahmud etwas davon mitbekommt? Er flippt aus, wenn er herausfindet, dass du sein Kind umbringst.«

22. Kapitel – Schwanger

Bei ihren letzten Worten zuckte ich unwillkürlich zusammen. Aysegül sprach meist sehr offen aus, was sie dachte. Feingefühl war noch nie ihre Stärke gewesen.
»Ich zähle auf deine Hilfe!«
Fast schon beschwörend schaute ich sie an.
»Die bekommst du. Worauf du dich verlassen kannst!«, sagte Aysegül und drückte meine Hand.

23. Kapitel

Der Eingriff

Aysegül hielt Wort. Als Erstes vereinbarte sie für mich einen Termin bei meinem Frauenarzt. Da ich sowieso regelmäßig dorthin musste, um mir ein neues Rezept für die Pille zu besorgen, schöpfte Mahmud keinen Verdacht.

Teilnahmsvoll schaute Dr. Lindner mich an. Ich war schon lange bei ihm in Behandlung, hatte aber noch nie über persönliche Dinge mit ihm gesprochen.

»Nach dem, was Sie mir erzählt haben, bescheinige ich Ihnen natürlich sofort die Indikation für den Abbruch«, erklärte er. »Ich selbst pflege solche Eingriffe zwar nicht zu machen, kann Ihnen aber ein paar Kollegen hier in der Nähe nennen, die ambulante Schwangerschaftsabbrüche vornehmen. Meine Sprechstundenhilfe gibt Ihnen eine Liste mit den Namen.«

Somit war die erste Hürde genommen. Als nächsten Schritt hatte Aysegül einen Termin zur Konfliktberatung bei *pro familia* vereinbart. Um für diesen Termin außer Haus zu kommen, gab Aysegül Mahmud und Ogün gegenüber an, einen Kinderarzttermin mit Özlem zu haben, bei dem sie meine Begleitung brauche. Zwar gaben die Brüder uns hierzu ihre Zustimmung, aber unsere Unternehmung war trotzdem nicht ganz ungefährlich, der Kinderarzt und die Beratungsstelle lagen nämlich in völlig entgegengesetzten Richtungen.

23. Kapitel – Der Eingriff

Was, wenn uns ein Mitglied aus Mahmuds Riesenfamilie im falschen Stadtteil begegnen würde? Ich wollte Aysegül auf keinen Fall in Schwierigkeiten bringen, indem ich sie in ein Lügengespinst verstrickte.

Doch zum Glück lief alles glatt und wir trafen wohlbehalten und von niemandem aus Mahmuds Sippschaft bemerkt bei *pro familia* ein.

Auch die Mitarbeiterin der Beratungsstelle, mit der ich mein Gespräch hatte, war sehr freundlich. Sie klärte mich über sämtliche Hilfen auf, die mir zustehen würden, wenn ich mich dazu entschließen sollte, das Baby doch zu bekommen. Von der Schwangerschaftsbekleidung bis zur Babyerstausstattung würde der Staat alles bezahlen.

»Aber es sind gar keine finanziellen Gründe, warum ich das Baby nicht bekommen will«, brachte ich stotternd hervor.

Frau Decker betrachtete mich aufmerksam. Ruhig fragte sie nach dem Grund für meinen Abtreibungswunsch. Ich holte tief Luft und begann ihr von meiner Lebenssituation zu erzählen. Was mir nicht leichtfiel, war es doch für jemand Außenstehenden sicher kaum nachvollziehbar, wie man so leben konnte wie ich. Frau Decker hörte mir jedoch konzentriert zu, ohne mich ein einziges Mal zu unterbrechen. Ich spürte, wie gut es mir tat, mit einer psychologisch geschulten Fachkraft über mein schreckliches Dilemma zu reden. Aus den Augenwinkeln registrierte ich, wie Aysegül mich immer wieder mahnend von der Seite ansah. Es schien ihr nicht recht zu sein, dass ich mit dieser fremden Frau so offen sprach. Mir war das aber in dem Moment vollkommen egal.

Als ich meine Schilderung beendet hatte, herrschte zunächst Schweigen. Frau Decker wirkte tief betroffen. Ich konnte förmlich sehen, wie sie mit ihren Gefühlen kämpfte.

»Also, wenn ich das alles richtig verstanden habe, ist die ungewollte Schwangerschaft Ihr kleinstes Problem«, fasste sie schließlich zusammen. »Haben Sie schon einmal darüber nachgedacht, in ein Frauenhaus zu gehen?«

Ja, natürlich hatte ich über die Möglichkeit, in ein Frauenhaus zu gehen, schon nachgedacht, aber ich wusste auch, dass der Aufenthalt dort nur eine begrenzte Zeit möglich wäre. Irgendwann würde ich allein zurechtkommen müssen, und davor hatte ich höllische Angst. Mahmud würde mich überall finden, dessen war ich mir ganz sicher.

Frau Decker konnte meine Bedenken gut verstehen. Trotzdem gab sie mir eine Karte mit der Notfallnummer des ortsansässigen Frauenhauses. Sie schärfte mir ein, beim nächsten körperlichen Übergriff durch Mahmud in einem unbemerkten Augenblick aus der Wohnung zu flüchten und von einer Telefonzelle aus diese Nummer anzurufen. Eine der Sozialarbeiterinnen würde mich dann abholen und in Sicherheit bringen. Obwohl ich genau wusste, dass ich niemals den Mut dazu aufbringen würde, steckte ich die Karte des Frauenhauses in meine Handtasche. Ich würde nur schauen müssen, wo ich sie zu Hause aufbewahren könnte, ohne dass Mahmud sie fand, denn er kontrollierte regelmäßig meine Geldbörse und meine Handtasche. Zum Abschluss des Gesprächs händigte Frau Decker mir noch den Beratungsnachweis aus, dessentwegen ich eigentlich gekommen war.

Kaum standen wir wieder auf der Straße, überhäufte Aysegül mich mit Vorwürfen.

»Wie konntest du meine Familie so verraten? Einer vollkommen Fremden alles anzuvertrauen! Das geht nur dich und uns etwas an – aber doch nicht jemanden, den keiner von uns kennt. Noch dazu einer Deutschen!«

23. Kapitel – Der Eingriff

Obwohl ich mich natürlich zu verteidigen suchte, konnte ich Aysegül nicht verübeln, dass sie so dachte. Schließlich war sie von klein auf zum Schweigen erzogen worden. In ihrer Kultur war es eine Todsünde, mit seinen Problemen nach außen zu gehen. Höchstens den Frauen der Familie erzählte man, wie schlecht einen der eigene Mann behandelte.

Schweigend traten wir den Weg nach Hause an, wo ich mir gleich die Liste vornahm, die mein Frauenarzt mir ausgehändigt hatte. Ich hatte nun alle erforderlichen Papiere beisammen und wollte so schnell wie möglich den Schwangerschaftsabbruch hinter mich bringen. Ich spürte, wie mir die Vorstellung, das Leben in meinem Körper einfach abzutöten, von Tag zu Tag mehr Unbehagen bereitete und ich zunehmend Angst vor dem geplanten Eingriff bekam.

Wieder hatte ich großes Glück. Schon bei der ersten Praxis, bei der ich anrief, konnte ich für die kommende Woche einen Termin vereinbaren. Nun musste ich nur noch einen Weg finden, wie ich für die Zeit, die der Eingriff mitsamt anschließender Erholungsphase erfordern würde, die Wohnung verlassen konnte, ohne Mahmuds Misstrauen zu erregen.

Er schien sowieso schon bemerkt zu haben, dass irgendetwas anders war als sonst. Ich saß oft gedankenverloren in der Küche herum und hielt stille Zwiesprache mit dem wachsenden Leben in mir. Für das Baby tat es mir unendlich leid, dass es nicht zur Welt kommen durfte. Mahmud meinte unterdessen, den Grund für meine Niedergeschlagenheit zu kennen. Er war der Meinung, ich trauerte meinem ehemaligen Chef hinterher. Er glaubte nach wie vor allen Ernstes, dass ich mit Herrn Dittrich ein Verhältnis gehabt hätte, und hatte mich gezwungen, den Job in der Bäckerei sofort wieder zu kündigen.

Weil ich davon ausgehen musste, wegen dieses falschen Verdachts besonders intensiv von Mahmud kontrolliert zu werden, blieb mir nichts anderes übrig, als meine Mutter einzuweihen und sie zu bitten, mich zu besuchen. Meiner Mutter gegenüber zeigte Mahmud großen Respekt, einen mehrstündigen Stadtbummel oder Kinobesuch mit ihr würde er mir sicherlich nicht verbieten.

Meine Mutter war mehr als entsetzt, als ich ihr meine Situation schilderte. Natürlich verschwieg ich ihr, dass Mahmud mich regelmäßig krankenhausreif prügelte, sondern schob finanzielle Gründe für die Abtreibung vor. Ich erklärte ihr, dass Mahmud sich über alles ein Kind wünsche und für meinen Entschluss sicherlich kein Verständnis aufbringen würde, weshalb er nichts davon erfahren dürfe. Um sie auf meine deutlich sichtbaren äußeren Verletzungen vorzubereiten, flunkerte ich ihr außerdem vor, ich sei beim Fensterputzen von der Leiter gefallen und schon seit drei Tagen im Krankenhaus.

Ich konnte durchs Telefon hindurch spüren, dass meine Mutter mit meiner Vorgehensweise absolut nicht einverstanden war. Auch die Geschichte mit dem Leitersturz schien sie mir nicht recht abzunehmen. Trotzdem versprach sie sofort, mir zu helfen und an dem besagten Tag zu kommen.

Eine Woche später hatte ich alles hinter mich gebracht. Ich hatte mich bei dem Eingriff gegen eine Vollnarkose und nur für eine örtliche Betäubung entschieden. Ich wollte so schnell wie möglich wieder auf den Beinen sein und auf keinen Fall unnötige Zeit in der Arztpraxis verschlafen. Leider hatte ich dadurch ziemlich starke Schmerzen und bekam den Schwangerschaftsabbruch bei vollem Bewusstsein mit. Meine Mutter verhielt sich die ganze Zeit vorbildlich und durfte sogar während der OP meine Hand halten. Anschließend gingen

23. Kapitel – Der Eingriff

wir in ein Café, wo ich erst einmal wieder zu Kräften kommen wollte. Völlig gegen meine Gewohnheit trank ich einen Cognac. Ich konnte nur hoffen, dass sich die Alkoholfahne verflüchtigt haben würde, bevor ich auf Mahmud traf. Meine Mutter beschwor mich, künftig verantwortungsbewusster in Sachen Verhütung vorzugehen, da sie eine zweite Abtreibung nicht verkraften würde. Nachdem ich ihr das fest in die Hand versprochen hatte, brachte sie mich nach Hause, wo mich schon die nächste Überraschung erwarten sollte.

24. Kapitel

Stadtbummel mit Folgen

»Morgen Abend fahre ich zum Flughafen und hole meine Schwester ab. Sie kommt zum ersten Mal nach Deutschland und wird für eine Weile bei uns wohnen«, verkündete mir Mahmud am Abend nach dem Eingriff die Neuigkeit.

Nicht mit einem Wort fragte er mich, ob es mir recht sei, meine Wohnung für einen nicht näher definierten Zeitraum mit einer mir vollkommen Unbekannten zu teilen. Er hatte es so beschlossen, und ich hatte mich zu fügen – so war das eben. Natürlich bedeutete die Tatsache, dass seine Schwester bei uns einzog, eine Menge Mehrarbeit für mich, und das ausgerechnet jetzt, wo ich noch immer mit den Folgen der Rippenbrüche zu kämpfen hatte. Auch machte mir der Rucksackverband, der meinen Schlüsselbeinbruch bei der Heilung unterstützen sollte, nach wie vor zu schaffen. Dazu kamen die starken Blutungen vom Schwangerschaftsabbruch – für mich, die ich an Eisenmangel litt, eine zusätzliche Belastung. Zum Glück wollte meine Mutter noch drei Tage länger bei mir bleiben, sodass ich wenigstens Unterstützung bei den Vorbereitungen auf den fremden Besuch hatte.

»Bis jetzt wusste ich nicht einmal, dass du noch eine Schwester in der Türkei hast. Könnte sie denn nicht bei deinem Vater wohnen oder bei Ogün?«, wagte ich einen vorsichtigen Einwand.

24. Kapitel – Stadtbummel mit Folgen

Mahmuds zorniger Blick brachte mich sofort zum Schweigen.

»Ich weiß nicht, wo dein Problem ist, Katja! Wir haben hier genug Platz. Hast du vielleicht Angst, dass du dann hier nicht mehr machen kannst, was du willst?«

Diese Frage empfand ich als so irrwitzig, dass ich mir nur mühsam ein verächtliches Grinsen verkneifen konnte. Wo, bitte schön, konnte ich hier machen, was ich wollte? Merkte Mahmud eigentlich nicht, wie lächerlich er sich mit solchen Bemerkungen machte? Doch wie immer beschloss ich, vorsichtshalber meinen Mund zu halten, um keinen Streit heraufzubeschwören.

Als Mahmud später die Wohnung verlassen hatte, griff ich gleich zum Telefonhörer, um Aysegül von der erfolgten Abtreibung zu berichten. Sie und meine Mutter waren die einzigen Menschen, die ich über diese schwerwiegende Entscheidung ins Vertrauen gezogen hatte. Ich hatte überlegt, auch Manuela anzurufen und ihr davon zu erzählen, weil ich mich ihr doch sehr nahe fühlte. Aber dann hatte ich beschlossen, das Risiko, dass Mahmud aus irgendeinem dummen Zufall von dem Abbruch erfahren könnte, lieber so gering wie möglich zu halten.

»Ach, übrigens, Aysegül, was ich dir noch sagen wollte: Ab morgen wohnt deine Schwägerin bei mir.«

»Was? Welche Schwägerin? Davon weiß ich ja gar nichts!«, entgegnete sie bass erstaunt.

»Na, Alev, Mahmuds und Ogüns kleine Schwester. Haben sie dir nichts erzählt?«, wunderte ich mich.

»Kein Sterbenswort! Also, da kannst du dich schon mal auf einiges gefasst machen«, warnte sie mich vor.

»Warum?« Sofort wurde ich hellhörig. »Auf was soll ich mich denn gefasst machen?«

»Alev ist ein Miststück«, posaunte Aysegül in ihrer gewohnten Offenheit hinaus.

Es folgte eine ausführliche Schilderung diverser Auseinandersetzungen, die sie mit Alev während mehrerer Türkeiurlaube ausgefochten hatte. Alev schien ihre Langeweile hauptsächlich damit zu befriedigen, dass sie zwischen den einzelnen Familienmitgliedern Lügen verbreitete und Intrigen spann.

Na, hervorragend!, dachte ich. Mir blieb auch wirklich nichts erspart. Da konnte ich mich ja gleich mal auf gehörigen Stress mit Mahmud einstellen.

»Am besten du erzählst ihr nichts im Vertrauen!«, gab Aysegül mir noch einen guten Rat. »Sie rennt sonst sofort zu Mahmud und tratscht alles brühwarm weiter.«

Am nächsten Nachmittag fuhr Mahmud los, um Alev vom Flughafen abzuholen. In der Zwischenzeit bereitete ich alles für ihre Ankunft vor. Zum Glück hatten wir ein Gästezimmer, das uns normalerweise als Abstellraum und für die Bügelwäsche diente. Ich begann ein paar Dinge in unser Schlafzimmer umzuräumen und das Bett frisch zu beziehen. Meine Mutter ließ es sich natürlich nicht nehmen, mir zu helfen.

Wir waren gerade fertig, als ich auch schon Mahmuds Wagen auf den Parkplatz vor unserem Haus vorfahren sah. Kurz darauf betraten Bruder und Schwester mit mehreren Taschen bepackt unsere Wohnung. Obwohl Alev ihr Kopftuch tief in die Stirn gezogen hatte, konnte man sehen, dass sie eine ausgesprochen hübsche Frau war. Natürlich sprach sie kein Wort Deutsch, und so kamen mir meine Türkischkenntnisse einmal mehr zugute. Alev zeigte sich angenehm überrascht, dass ich ihre Sprache halbwegs fließend beherrschte. Vom ersten Eindruck her empfand ich sie als

24. Kapitel – Stadtbummel mit Folgen

durchaus sympathisch, aber Aysegüls Warnung klang mir noch in den Ohren.

Ich hatte eine Kleinigkeit zu essen vorbereitet, da ich ja wusste, dass Alev viele Stunden unterwegs gewesen und sicher hungrig war. Zwischen dem kleinen Dorf in Südostanatolien, aus dem Mahmuds Familie stammte, und dem nächsten Flughafen lagen mehrere Hundert Kilometer. Wir nahmen alle am Tisch Platz und ich reichte jedem einen gut gefüllten Teller. Mahmud aß wie immer mit großem Appetit, doch seine Schwester stocherte nur in ihrem Teller herum, als ob sie nach etwas suchen würde. Ich hatte Manti gekocht, ein typisches türkisches Gericht, das aus kleinen, mit Hackfleisch gefüllten Teigtaschen in einer Joghurt-Tomaten-Soße besteht.

»Du musst doch fürchterlich hungrig sein, willst du nicht einen Happen zu dir nehmen?«, versuchte ich Alev zum Essen zu animieren.

»Nein danke, ich bin einfach viel zu müde«, erwiderte sie entschuldigend, wobei sie mir jedoch nicht in die Augen sah.

Ich ärgerte mich zwar über ihre Reaktion, versuchte aber mir nichts anmerken zu lassen. Schließlich hatte ich mir wirklich viel Mühe mit der Zubereitung gegeben. Nach dem Essen servierte ich Mahmud und Alev im Wohnzimmer Tee, bevor ich mich daranmachte, die Küche in Ordnung zu bringen. Meine Mutter beobachtete mich die ganze Zeit mit einem Blick, in dem sich abwechselnd Erstaunen und Entsetzen widerspiegelten.

Nach dem Aufräumen setzte ich mich zu den beiden Geschwistern auf die Couch. Alev hatte mittlerweile ein kleines Päckchen aus ihrer Tasche hervorgeholt, das sie mir nun in die Hand drückte. Ich spürte, wie ich vor Verlegenheit errötete. Mit einem Gastgeschenk hatte ich wirklich nicht gerechnet. Als ich das bunte Papier abgewickelt hatte, kamen ein paar goldene Ohrringe zum Vorschein. Sie waren sehr filigran gearbeitet und sahen einfach bezaubernd aus. Ich bedankte mich überschwänglich und lief sofort zum Spiegel, um meinen neuen Schmuck anzulegen.

Beim Betrachten meines Spiegelbildes erschrak ich wieder sehr. Immer noch war ich schwer gezeichnet: Meine Augenhöhlen wirkten eingefallen und mein Gesicht war nicht nur um den Nasenbereich stark geschwollen. Mahmud hatte Alev bestimmt schon auf der Fahrt vom Flughafen hierher auf meinen Zustand vorbereitet. Gern hätte ich gewusst, welchen Grund er für meine Verletzungen angegeben hatte. Die Wahrheit sicherlich nicht ...

Die nächsten Tage verliefen, wie ich mir insgeheim erhofft hatte, sehr abwechslungsreich. Tatsächlich konzentrierte sich Mahmud nicht wie sonst ausschließlich auf mich und obendrein hatte ich genug Gelegenheit, der erstickenden Einsamkeit der Wohnung zu entfliehen, weil ich Alev bei ihren ganzen Verwandtenbesuchen begleiten musste. Oft kam auch Aysegül mit der kleinen Özlem mit, während meine Mutter die Zeit lieber nutzte, die schöne Innenstadt zu erkunden. Ihr lag nichts an diesen gesellschaftlichen Ereignissen, im Gegenteil, ich spürte deutlich, wie unwohl sie sich in dieser für sie vollkommen fremden Umgebung fühlte.

Es wunderte mich sowieso, dass sie noch nicht längst abgereist war, denn zwischen ihr und Mahmud hatte es eine ziemlich heftige Auseinandersetzung gegeben. Aus irgendeinem nichtigen Anlass heraus hatte Mahmud mich grob am Arm gepackt und mir ein paar seiner üblichen Schimpfwörter an den Kopf geknallt. Es war das erste Mal, dass er sich in Gegenwart meiner Mutter so gehen ließ. Die reagierte so, wie wahrscheinlich jede andere Mutter auch reagiert hätte:

24. Kapitel – Stadtbummel mit Folgen

Sie nahm mich sofort in Schutz und riss mich aus seiner Umklammerung.

Mahmud war zunächst völlig perplex, fing sich aber sofort wieder und richtete seinen ganzen Zorn plötzlich gegen meine Mutter. Bevor sie sich noch irgendwie in Sicherheit bringen konnte, hatte er sie auch schon an beiden Armen gepackt und brutal gegen den Kühlschrank gestoßen.

»Misch dich nicht ein, wenn ich mit deiner Tochter eine Auseinandersetzung habe!«, brüllte er zornentbrannt.

Meine Mutter war im ersten Moment wie vom Donner gerührt, während ich mich zutiefst für Mahmuds Wutausbruch schämte. Nachdem sie sich wieder etwas gefangen hatte, verließ sie wortlos unsere Wohnung, um einen langen Spaziergang zu machen. Bei ihrer Rückkehr entschuldigte sich Mahmud sofort bei ihr. Der Form halber nahm sie seine Entschuldigung an. Doch ich werde nie die Verachtung und den Abscheu in ihrem Gesicht vergessen, als sie ihm dabei in die Augen sah.

Immerhin hatte ich – entgegen Aysegüls Warnung – mit Alev keinerlei Probleme. Obwohl sie kaum älter war als ich, verhielt sie sich mir gegenüber fast mütterlich. Sie sah ja, dass ich gesundheitlich schwer angeschlagen war, und übernahm fast die ganze Hausarbeit inklusive Kochen. Ich genoss es, nach so langer Zeit wieder einmal umsorgt zu werden.

Den einzigen Wermutstropfen in jenen beinah glücklichen Tagen stellte Aysegül dar. Sie schien tatsächlich eifersüchtig zu sein, weil Alev und ich so gut miteinander auskamen. Ständig stand sie mit irgendwelchen fadenscheinigen Ausreden vor meiner Tür und blieb dann oft über Stunden an unserem Küchentisch sitzen, als wäre sie von der Angst getrieben, irgendetwas zu verpassen.

Als ich zum ersten Mal seit Langem wieder einmal allein mit ihr war, sprach ich sie direkt darauf an. Empört stritt sie meine Vermutung ab. Sie wurde sogar fast schon ein bisschen böse.

»Du spinnst doch, Katja!«, fuhr sie mich an. »Warum sollte ich denn eifersüchtig sein? Ich mache mir höchstens Sorgen um dich.«

Verlegen fuhr sie mit dem Finger das Muster der Tischdecke nach. Ich stand auf, um sie in den Arm zu nehmen.

»Ich weiß nicht, was zwischen dir und Alev schiefläuft, aber ich komme gut mit ihr zurecht«, versuchte ich sie zu beruhigen.

»Dann ist es ja gut! Ich hoffe nur für dich, dass das auch so bleibt.«

Sichtlich verärgert erhob sich Aysegül von ihrem Stuhl und schob mich zur Seite. Sie stellte noch ihre leere Tasse in die Spüle und verließ dann ohne ein weiteres Wort zu verlieren die Wohnung.

Ich war von ihrem Verhalten mehr als genervt. Wenn sie unbedingt die beleidigte Leberwurst spielen wollte, dann sollte sie doch! Was konnte ich dafür, wenn die beiden Frauen ein Problem miteinander hatten?

Ungefähr zwei Wochen nach der missglückten Aussprache mit Aysegül waren Alev und ich allein in der Stadt unterwegs. Mahmuds Schwester hatte einen Termin bei der Ausländerbehörde und ich musste sie begleiten.

Diese Termine gingen mir immer sehr an die Nieren. Egal wer von der Familie zum Sozialamt oder zur Ausländerbehörde bestellt wurde – ich musste zum Dolmetschen mit. Dies war es aber nicht, was mich störte, im Gegenteil, brachte mein Übersetzerjob doch mit sich, dass ich zumindest für ein paar Stunden der bedrückenden Atmosphäre in meiner Wohnung entfliehen konnte. Nein, mein Problem lag in den

24. Kapitel – Stadtbummel mit Folgen

Betrügereien, in die ich durch meine Vermittlungstätigkeit zwangsweise verstrickt war. Mahmuds Familie wusste nämlich ganz genau, mit welchen Tricks sie unseren Sozialstaat am besten schröpfen konnte. Die meisten Familienmitglieder bezogen Sozialhilfe, da sie in Deutschland als Asylanten galten und keine gültige Arbeitserlaubnis erteilt bekamen. Die anderen, die schon länger hier lebten und einen gültigen Aufenthalts- und Arbeitsstatus besaßen, waren oft selbstständig und beschäftigten ihre Verwandten dann einfach illegal in ihren Lebensmittelläden oder Baufirmen. Dieses System funktionierte schon seit Jahren bestens und mich packte jedes Mal die Wut, wenn ich wieder mit ansehen musste, wie sie sich zusätzlich zu ihrer Sozialhilfe Geld für neue Kleidung, Schulsachen oder Möbel auszahlen ließen. Die Sachbearbeiter schrieben meist großzügig die Zahlungsanweisungen aus und machten sich nie die Mühe, auch mal nachzuprüfen, ob denn alles mit rechten Dingen zuging. Auch das Ausbleiben der angeforderten Quittungen, die dem Nachweis dienen sollten, dass das Geld tatsächlich für die beantragten Dinge ausgegeben worden war, schien auf den Ämtern niemanden zu stören und zog keinerlei Sanktionen nach sich.

Was das Asylantragsverfahren anging, zeigte sich die Familie ebenfalls äußerst erfinderisch. Pässe wurden vor der Einreise nach Deutschland entweder weggeworfen oder gefälscht, sodass nicht mehr nachzuvollziehen war, woher der Asylbewerber letztendlich stammte oder wie alt er war. Ich habe viele Türken kennengelernt, die selbst nicht mehr wussten, wann sie eigentlich Geburtstag hatten. Half auch das alles nichts, wurde eben eine deutsche Frau gesucht, die ledig und in finanziellen Nöten war. Die Familie legte dann Geld zusammen – manchmal bis zu 20.000 Euro – und bezahlte die Frau dafür, dass sie eine Scheinehe mit dem jeweiligen Sohn oder Bruder einging und ihm somit einen legalen Aufenthaltsstatus verschaffte. Ich wusste nie, über wen ich mich mehr empören sollte: über die türkischen Männer bei ihrem Asylbetrug oder über die deutschen Frauen, die dieses abgekartete Spiel mitmachten.

Der Termin mit Alev an jenem Dezembermorgen war allerdings nur eine kurze Formsache und belastete mich nicht weiter. Klarerweise nutzten wir die Gelegenheit, einen Schaufensterbummel durch die vorweihnachtlich dekorierte Innenstadt zu machen. Alev, die noch nie aus ihrem anatolischen Dorf herausgekommen war, zeigte sich von der Vielfalt, die die deutschen Geschäfte zu bieten hatten, geradezu überwältigt. Ausnahmsweise waren wir allein unterwegs, denn Aysegül, die es sich unter normalen Umständen bestimmt nicht hätte nehmen lassen, uns zu begleiten, befand sich bei ihren Eltern, um ihrer grippekranken Mutter im Haushalt zu helfen. Ich war froh über den erzwungenen Abstand zwischen uns, denn nach wie vor stand Aysegül zigmal am Tag unter irgendeinem Vorwand bei uns vor der Tür. Mal borgte sie sich Lebensmittel aus, mal war es eine dringende Frage wegen Özlem. Allmählich riss mir wirklich der Geduldsfaden. Mir reichte schon die ständige Kontrolle durch Mahmud, da brauchte ich nicht auch noch Aysegül als ständige Beobachterin. Alev waren die zunehmenden Spannungen zwischen mir und ihrer Schwägerin nicht unbemerkt geblieben. Aysegül habe schon immer einen Hang zur Wichtigtuerei besessen und sei sowieso kein ehrlicher und aufrichtiger Mensch, goss sie Wasser auf meine Mühlen. Aber das ging mir dann doch zu weit, schließlich war Aysegül die Letzte in meinem Umkreis, die immer zu mir gehalten und mir mein trauriges Dasein erleichtert hatte.

24. Kapitel – Stadtbummel mit Folgen

Alev und ich standen gerade vor dem Schaufenster eines Pfandleihhauses und bewunderten den prachtvollen Schmuck in der Auslage, als ich plötzlich einen goldenen Rubinring entdeckte, der einem meiner Schmuckstücke zum Verwechseln ähnlich sah. Ich hatte diesen Ring, der sehr alt war und sich schon seit ewigen Zeiten im Familienbesitz befand, von meiner Großtante geerbt. Weil er im Laufe der Jahre aus der Mode gekommen war, trug ich ihn eigentlich nie, sondern bewahrte ihn stattdessen in meiner Schmuckschatulle auf. Alev wollte mich schon weiterziehen, doch wie von einem Impuls getrieben stieß ich die Tür des Pfandleihhauses auf. Dieser Ring war so außergewöhnlich gearbeitet, dass es ihn eigentlich kaum zweimal geben konnte. In meinem Ring waren die Initialen meiner Urururgroßmutter eingraviert – ich wollte nun unbedingt nachsehen, ob das bei diesem Exemplar auch der Fall war. Zwar rechnete ich nicht ernsthaft damit, es wäre ja auch zu merkwürdig gewesen, aber ich wollte es wenigstens überprüfen.

Ich erklärte dem Verkäufer, an welchem Schmuckstück ich interessiert sei, und bereitwillig holte er mir den Ring aus dem Schaufenster. Innerhalb von Sekunden wurde mein Verdacht zur schrecklichen Gewissheit. Unverkennbar waren die Initialen meiner Urururgroßmutter in das goldene Band eingraviert, sodass kein Zweifel mehr bestand: Ich hielt meinen eigenen Schmuck in den Händen!

Der Verkäufer sah das Entsetzen in meinen Augen.

»Geht es Ihnen nicht gut, junge Frau?«, fragte er beunruhigt.

Mit knappen Worten schilderte ich ihm die Situation. Er zeigte sich ebenfalls erstaunt. Nun kam natürlich die Frage auf, wer meinen Ring gestohlen und ins Pfandleihhaus gebracht haben könnte.

»Warten Sie einen Moment, das haben wir gleich! Ich mache mir immer eine Kopie vom Ausweis, wenn ein Kunde keinen Eigentumsnachweis erbringen kann«, sagte er.

Alev, die wegen ihrer mangelnden Deutschkenntnisse die ganze Zeit nur stumm dabeigestanden und nichts begriffen hatte, blickte mich aus großen Augen fragend an. Schnell klärte ich sie auf. Ich hatte kaum meine Schilderung beendet, als der Verkäufer mit einem Ordner zurückkehrte und mir ein kopiertes Schriftstück in die Hand drückte.

»Kennen Sie die junge Dame vielleicht?«, wollte er wissen.

Sekundenlang starrte ich wie betäubt auf die Kopie von Aysegüls Personalausweis. Mein Verstand wollte nicht begreifen, was hier gerade vor sich ging. Ich war so enttäuscht, dass mir sofort die Tränen kamen. Wie konnte sie mir das antun! Ich wusste ja, dass Aysegül nicht gut mit Geld umgehen konnte. Dies war auch ein ewiger Streitpunkt zwischen ihr und Ogün. Ständig kaufte sie sich irgendwelche Klamotten oder Gegenstände, die sie eigentlich nicht brauchte. Schon oft hatte ich ihr Geld geliehen, das ich nie wiederbekommen hatte, nur damit Ogün nicht bemerkte, dass sie schon wieder das ganze Haushaltsgeld ausgegeben hatte. Obwohl ich mich im Stillen darüber ärgerte, hatte ich mich nie beschwert, da ich den Grund für ihre Verschwendungssucht kannte. Wir hatten uns einmal lange darüber unterhalten, und sie hatte zugegeben, aus dem Erwerb schöner Dinge eine tiefe innere Befriedigung ziehen und ihr Unglück auf diese Weise besser ertragen zu können.

»Was machen wir denn jetzt?«, riss der Verkäufer mich aus meinen Gedanken. »Soll ich die Polizei informieren oder möchten Sie das selbst klären?«

Erschrocken sah ich ihn an.

»Nein, nein, keine Polizei! Ich kenne die Frau, die Ihnen den Ring unrechtmäßig verkauft hat. Ich werde das selbst

24. Kapitel – Stadtbummel mit Folgen

mit ihr regeln. Tun Sie mir bitte nur einen Gefallen und verkaufen Sie den Ring nicht! Ich werde dafür sorgen, dass er bis spätestens morgen ausgelöst wird.«

Zutiefst verstört verließ ich mit Alev das Geschäft. Die Lust auf einen Stadtbummel war mir gründlich vergangen. Ich wollte so schnell wie möglich nach Hause. Im ersten Moment hatte ich überlegt, direkt zu Aysegüls Eltern zu fahren, um sie dort zur Rede zu stellen. Da ich dies aber mit Mahmud nicht abgesprochen hatte, würde ich mir sicherlich Ärger einhandeln – ein Risiko, das ich nicht eingehen mochte. Also würde ich Aysegüls Rückkehr abwarten, irgendwann musste sie ja wieder in ihrer eigenen Wohnung zu erreichen sein.

Alev zeigte sich von dem Ereignis keineswegs überrascht. Auch ihr hatte Aysegül schon zwei goldene Armreifen gestohlen, aber sie hatte es ihr nie nachweisen können.

Kaum war ich zu Hause angekommen, stürmte ich ins Schlafzimmer und zog meine Schmuckschatulle hervor. Irgendwie hegte ich noch immer die unsinnige Hoffnung, dass alles nur ein Missverständnis wäre und mein Ring wohlbehalten in seinem Kästchen läge. Natürlich war dem nicht so, und ich weinte ein weiteres Mal bittere Tränen. Eine solche menschliche Enttäuschung hatte ich selten erlebt. Es ging mir nicht um den Verlust des Ringes, zumal ich ihn ja wiederbekommen konnte. Nein, es ging mir um den Verlust einer Vertrauensperson. Nach Petra nun auch noch Aysegül! Noch dazu war mir vollkommen unverständlich, warum Aysegül das getan hatte. Wann immer sie mich um Geld gebeten hatte: Nie hatte ich ihr diese Bitte abgeschlagen!

Mit einer Tasse Tee bewaffnet setzte ich mich an den Küchentisch. Von hier aus hatte ich sowohl beide Hauseingänge als auch den Parkplatz voll im Blick. Ich wollte den Moment nicht verpassen, in dem Aysegül nach Hause kam. Alev leistete mir Gesellschaft, und obwohl wir kaum miteinander redeten, tat mir ihre Anwesenheit gut.

Es dauerte eine ganze Weile, bis Ogüns Auto endlich auf dem Parkplatz einbog. Als der Wagen zum Stehen kam, stiegen außer Aysegül auch Mahmuds Vater und ein Onkel aus. Ich wartete, bis sie im Haus verschwunden waren.

»Was hast du vor?«, fragte Alev mich alarmiert.

»Ich werde Aysegül zur Rede stellen«, erwiderte ich wie aus der Pistole geschossen. »Und zwar vor allen anderen!«

»Aber Katja, das kannst du doch nicht machen – Aysegül so bloßzustellen! Das ist vollkommen unmöglich ...«

Doch ich hörte nicht auf Alev. Eine schon lang nicht mehr empfundene Stärke hatte von mir Besitz ergriffen. Ich war es leid, immer nur das Opfer zu sein und auf andere Rücksicht zu nehmen. Jetzt war ich an der Reihe!

Wütend nahm ich meine Jacke von der Garderobe und machte mich auf den Weg. Gleich nach dem ersten Klingeln öffnete Aysegül mir die Tür. Freundlich bat sie mich herein. Ich sah im Hintergrund die Männer am Tisch sitzen. Nein, ich wollte diese Wohnung nicht betreten!

Ohne groß um den heißen Brei herumzureden konfrontierte ich Aysegül mit ihrer Tat. Meine Stimme wurde immer lauter, und ich schrie meinen ganzen aufgestauten Ärger hinaus. Aysegül schaute mich entsetzt an und versuchte mir mit Zeichensprache zu bedeuten, den Mund zu halten. Aber das regte mich nur noch mehr auf. Als sie sich gar nicht mehr anders zu helfen wusste, fing sie an, mich als Lügnerin zu beschimpfen. Dies brachte das Fass zum Überlaufen: So fest ich konnte hieb ich ihr meine Faust ins Gesicht. Sie taumelte zurück, doch ich packte sie sofort an ihrer Bluse und zerrte sie vor die Wohnungstür. Wie eine Wahnsinnige begann ich auf sie einzuschlagen. Längst waren die Männer von ihren

24. Kapitel – Stadtbummel mit Folgen

Plätzen aufgesprungen und versuchten uns auseinanderzubringen. Ich spürte, wie mir jemand mehrmals hintereinander mit der flachen Hand ins Gesicht schlug. Anhand der Wucht der Schläge erkannte ich, dass es nicht Aysegül sein konnte.

Plötzlich hörte ich Mahmud laut brüllen. Wie aus dem Nichts war er im Treppenhaus aufgetaucht. Er riss mich an den Haaren zurück – mein Kopftuch hatte ich in dem Gerangel längst verloren –, schimpfte wüst auf mich ein und verpasste mir mehrere Fausthiebe. Mein Körper war jedoch so voller Adrenalin, dass ich keinerlei Schmerz verspürte.

»Geh sofort zurück in unsere Wohnung und warte da auf mich!«, herrschte Mahmud mich an. »Du wirst schon sehen, was deine Aktion hier für Folgen haben wird!«

Zitternd und mit den Nerven am Ende tat ich, wie er mir geheißen hatte. Zu Hause stürmte gleich Alev auf mich zu. An ihrem Gesichtsausdruck konnte ich erkennen, dass ich furchtbar aussehen musste. Langsam machten sich auch die Schmerzen bemerkbar. Ich hatte ja noch einige nicht verheilte Brüche, die sich nun mit aller Vehemenz in Erinnerung brachten.

Alev hatte einen Waschlappen geholt und angefangen, vorsichtig mein Gesicht damit abzutupfen, als ich durch das Küchenfenster sah, wie Mahmud und Ogün sowie ihr Vater und ihr Onkel geradewegs unseren Hauseingang ansteuerten. Panik machte sich in mir breit. Was würde nun passieren? Was hatten die Männer mit mir vor?

Mit dem Mut der Verzweiflung stürzte ich zum Telefon und wählte mit zittrigen Fingern die Nummer meiner Mutter.

Lieber Gott, lass sie sofort rangehen!, betete ich im Stillen.

Ich hatte Glück: Meine Mutter musste sich direkt neben dem Telefon aufgehalten haben, denn beim zweiten Klingeln war sie bereits am Apparat. In dem Moment hörte ich, wie sich Mahmuds Schlüssel in der Wohnungstür herumdrehte.

»Mami, ich bin's, Katja! Wenn ich in einer Stunde nicht vor deiner Haustür stehe, ruf bitte die Polizei an! Denn dann ist mir etwas Schreckliches passiert.«

Bevor meine Mutter etwas erwidern konnte, hatte ich wieder aufgelegt. Mahmud hatte meinen letzten Satz jedoch noch mitbekommen. Ich rechnete schon mit erneuten Schlägen, aber erstaunlicherweise blieb er ruhig. Gefährlich ruhig.

»Setz dich!«, presste er zwischen den Zähnen hervor.

Mit zitternden Beinen nahm ich auf dem Sessel gegenüber dem Sofa Platz, auf dem es sich die drei anderen Männer bereits gemütlich gemacht hatten. Ich hatte das Gefühl, sie freuten sich auf das Schauspiel, das nun unweigerlich folgen würde.

»Wen hast du angerufen?«, wollte Mahmud wissen.

»Meine Mutter«, antwortete ich mit einem fast schon aufsässigen Unterton. »Und wenn ich in einer Stunde nicht bei ihr bin, informiert sie die Polizei. Die werden sich dieses Mal sicher nicht so leicht abwimmeln lassen – nach dem, was sie hier alles schon mitbekommen haben!«

Ich sah, wie sich Mahmuds Augen bei meinem Einschüchterungsversuch vor Zorn verdunkelten. Es schien ihn einiges an Kraft zu kosten, die Beherrschung nicht zu verlieren. Sicherlich wusste er, dass ich im Recht war.

Plötzlich begannen die anderen Familienmitglieder alle wild durcheinanderzureden. Da sie sich auf Türkisch unterhielten und ich extrem aufgeregt war, bekam ich nur Bruchstücke mit. »Schick sie in die Türkei!«, »Verpass ihr eine ordentliche Tracht Prügel!«, »Sie ist und bleibt halt eine Deutsche« war das, was ich heraushörte.

24. Kapitel – Stadtbummel mit Folgen

Ich ballte meine Fäuste vor Zorn. Wie oft hatte ich ihre Ehefrauen, ihre Kinder und sonstigen Verwandten zu irgendwelchen Arztbesuchen begleitet! Wie oft hatte ich lästige Behördengänge für die Familie erledigt! Wie viele unzählige Formulare für sie ausgefüllt und stillschweigend ihre Betrügereien hingenommen! Und zum Dank musste ich mich von ihnen bestehlen und beschimpfen lassen!

Obwohl ich mir nicht sicher war, ob mich meine Beine tragen würden, erhob ich mich langsam von meinem Sessel.

»Ich habe dir nicht erlaubt aufzustehen!«, brüllte Mahmud prompt.

Hasserfüllt starrte ich ihm ins Gesicht.

»Und ich habe dich nicht um Erlaubnis gefragt«, erwiderte ich so sachlich wie möglich.

Ein Hauch von Unsicherheit schien in seinen Augen auf, zumindest kam es mir so vor. Als hätte er begriffen, dass das Spiel diesmal anders ablaufen würde als sonst.

»Katja, ich verprügle dich auch, wenn meine Verwandten dabei sind!«, versuchte er mir zu drohen. »Fühl dich nicht so sicher!«

»Sicher?« Ich brach in hysterisches Gelächter aus. »Habe ich mich bei dir jemals sicher fühlen können, Mahmud? Vielleicht ganz am Anfang unserer Beziehung mal – aber das ist verdammt lange her!«

Das war zu viel für Mahmud. Ohne jede Vorwarnung sprang er auf mich zu und packte mich an beiden Armen. Mit aller Wucht donnerte er seinen Kopf gegen meinen, sodass ich buchstäblich nur noch Sternchen sah. Keiner der anwesenden Männer machte Anstalten, mir zu Hilfe zu eilen. Abwechselnd auf Deutsch und Türkisch schimpfte Mahmud auf mich ein. Dann zog er mich an den Haaren Richtung Haustür.

»Du willst zu deiner Mutter? Dann fahr doch zu deiner Mutter! Und bilde dir nicht ein, dass du noch mal hierher zurückkehren kannst. Hoffentlich fährst du gegen einen Baum und verreckst elendig! Denn solltest du mir je im Leben noch einmal begegnen, wirst du dir wünschen, du wärst schon gestorben!«

Sprach's und gab mir einen Tritt, der mich zur Wohnungstür hinausbeförderte. Noch während ich mich bemühte, die Balance zu halten, spürte ich den heftigen Aufprall des Autoschlüssels gegen meinen Kopf, den er mir nachgeworfen hatte.

So schnell es mir mein angeschlagener Zustand erlaubte, lief ich zum Parkplatz, wo unser Auto stand. Mit zitternden Fingern versuchte ich den Schlüssel ins Zündschloss zu stecken. Nicht auszudenken, was passieren würde, wenn Mahmud es sich anders überlegt hätte und mich in die Wohnung zurückholen würde!

Nach dem fünften Anlauf gelang es mir endlich, den Motor zu starten. Völlig konfus steuerte ich das Auto quer durch die Innenstadt. Erst als ich auf der Autobahn war, beruhigte ich mich allmählich, hier fühlte ich mich weniger bedroht. Und doch liefen mir die ganze Zeit während der Fahrt die Tränen über die Wangen. Das war es jetzt, begriff ich. Wie in einem Film zogen die letzten dreieinhalb Jahre an mir vorüber. Was hatte ich nicht alles auf mich genommen, um mit Mahmud eine glückliche Beziehung zu führen! Nicht nur mein ganzes bisheriges Leben hatte ich aufgegeben, nein, ich hatte mir meine ganze Identität von ihm kaputt machen lassen! Und was hatte ich zurückbekommen? Misshandlungen, Einschränkungen, Psychoterror! Nun saß ich hier im Auto und besaß nichts als die Sachen, die ich am Leib trug. Noch dazu musste ich endlich auch bei meiner Mutter Farbe bekennen.

24. Kapitel – Stadtbummel mit Folgen

Ich würde ihr die volle Wahrheit sagen müssen, die ich bisher vor lauter Scham so sorgsam vor ihr verborgen hatte. Denn ich befand mich nach wie vor in akuter Gefahr. Mahmud würde mich zurückholen wollen, sobald er sich beruhigt hatte, dessen war ich mir sicher. Doch genauso sicher wusste ich, dass ich ein für alle Male die Chance auf ein normales, menschenwürdiges Leben verpasst haben würde, wenn ich jetzt nicht den Absprung fand.

Als ich nach einer guten Stunde an der Haustür meiner Mutter klingelte, war ihr der Schock über mein Aussehen ins Gesicht geschrieben. Wortlos nahm sie mich in die Arme und ich überließ mich ein weiteres Mal meinen Weinkrämpfen.

»Ich habe versagt, ich habe als Mutter versagt«, murmelte sie immer wieder vor sich hin, während ich an ihrer Brust von Schluchzern geschüttelt wurde. »Ich habe es geahnt – und dir doch keine Hilfe angeboten …«

Nachdem wir uns beide halbwegs beruhigt hatten, setzten wir uns ins Wohnzimmer und ich erzählte meiner Mutter mein ganzes Martyrium der letzten Jahre. Ich ließ nichts aus und beschönigte nichts. Die ganze Zeit hielt sie meine Hand und hörte mir schweigend zu.

Kaum war ich mit meinem Bericht fertig, durchbrach das Klingeln des Telefons die eingetretene Stille. Eine Zornesfalte bildete sich auf der Stirn meiner Mutter, als sie den Hörer abgenommen und der Anrufer seinen Namen genannt hatte.

»Für dich«, sagte sie tonlos. »Mahmud möchte dich sprechen.«

Mit zitternden Händen ergriff ich den Hörer.

»Ja, bitte?«, brachte ich kläglich zustande.

»Katja, ich erwarte, dass du spätestens morgen früh wieder zu Hause bist!«, erklärte er in seinem üblichen autoritären Tonfall, der keinen Widerspruch duldete.

Ich nahm all meinen Mut zusammen.

»Ich werde nicht mehr zurückkommen!«, erwiderte ich fest.

Einen Moment blieb es still am anderen Ende der Leitung. Selbst am Telefon konnte ich spüren, dass Mahmud von meiner plötzlichen Gegenwehr überrascht war.

»Übertreib es nicht, Katja! Sonst könnte es dir leidtun«, versuchte er mich einmal mehr einzuschüchtern.

»Kann schon sein, Mahmud, aber das ist mir egal. Von nun an werde ich um meine Freiheit kämpfen. Schlimmer als die letzten dreieinhalb Jahre meines Lebens kann sowieso nichts sein, nicht einmal der Tod.«

Ich hörte, wie Mahmud tief Luft holte.

»Ich werde dich finden, Katja!«, presste er hervor. »Das schwöre ich dir auf das Leben meiner Mutter! Und wenn ich dich gefunden habe, werde ich dich töten. Es wird ein langsamer und qualvoller Tod sein und du wirst dir wünschen, mich nie kennengelernt zu haben.«

»Mach's gut, Mahmud!«, war alles, was ich darauf erwiderte, bevor ich meiner Mutter den Hörer zurückgab und sie bat aufzulegen.

25. Kapitel

Der Geschmack der Freiheit

Ich brauchte eine Weile, bis ich das Zittern, das längst auf meinen ganzen Körper übergegangen war, wieder in den Griff bekam. Meine Mutter verließ das Wohnzimmer und kam kurz darauf mit einem Glas Wasser und einer Schachtel Baldriantabletten zurück. Dankbar ließ ich mir von ihr zwei Beruhigungspillen geben und spülte sie mit dem Leitungswasser hinunter. Tatsächlich spürte ich bald darauf, wie ich etwas gelassener wurde und mein Verstand wieder zu arbeiten begann.

»Mama, ich kann auf keinen Fall hierbleiben! Wenn ich bis morgen nicht wieder bei Mahmud bin, wird er herkommen und mich holen.«

Verzweifelt schaute ich meine Mutter an. Mit einer liebevollen Geste strich sie mir über den Kopf.

»Ja, Katja, daran habe ich auch schon gedacht.«

Tiefe Sorgenfalten hatten sich in ihr Gesicht gegraben. Ich konnte sehen, wie sie angestrengt überlegte, was jetzt am besten zu tun sei. Auch ich selbst ging gedanklich alle Freunde, Bekannte und Verwandte durch, deren Zuhause sich eventuell dazu eignen könnte, mir ein paar Wochen oder gar Monate als Unterschlupf zu dienen. Dummerweise hatte ich jedoch außerhalb von Mahmuds Familie alle Kontakte abgebrochen und die wenigen Vertrauten, die mir geblieben waren, lebten einfach nicht weit genug von Mahmuds und meiner Wohnung entfernt.

Weil meine Mutter und ich mit unseren Überlegungen zu keinem brauchbaren Ergebnis kamen, beschloss ich, erst einmal ausgiebig zu duschen. Ich war noch immer völlig verschwitzt von meinem Kampf mit Aysegül und den Strapazen der Flucht. Glücklicherweise hatte meine Mutter noch ein paar alte Klamotten von mir aufbewahrt. Weil ich durch den ewigen Kummer stark abgenommen hatte, passten sie mir sogar noch.

Als ich unter dem heißen Duschstrahl stand, begann ich zum ersten Mal wirklich zu begreifen, dass ich nun eine reale Chance auf ein freies Leben hatte. Mir war klar, dass ich für einen echten Neuanfang noch viele Hindernisse würde überwinden müssen, aber in dem Moment war ich der festen Überzeugung, es schaffen zu können. Ich spürte förmlich den Geschmack der Freiheit auf der Zunge und begann mir mein künftiges Leben in den buntesten Farben auszumalen. Ich würde wieder schwimmen gehen, mir einen neuen Freundeskreis aufbauen, Diskotheken besuchen, ungehindert mit anderen Männern reden und sämtliche Entscheidungen, die mein Leben betrafen, allein und nach meinem ureigenen Willen treffen können. Längst hatte ich vergessen, dass all diese Dinge absolut selbstverständlich waren für eine junge Frau in meinem Alter. Es schien mir alles so unwirklich und doch so greifbar!

Aber, durchfuhr es mich plötzlich siedend heiß, würde ich überhaupt die Kraft dazu finden, wieder ein normales Leben zu führen? Wer war ich denn ohne den Schutzkokon, der mich bald vier Jahre lang eingehüllt hatte? Die ganze Zeit hatte ich zu hören bekommen, ich sei dumm, unfähig und zu nichts zu gebrauchen – vielleicht war ja doch etwas dran

25. Kapitel – Der Geschmack der Freiheit

an diesen Behauptungen? Angst und Mutlosigkeit machten sich in mir breit. Fast bereute ich meine tollkühne Entscheidung, mein früheres Leben Hals über Kopf verlassen zu haben. Mahmud würde nicht eher aufgeben, als bis er mich gefunden hätte, das stand außer Frage – aber was kam dann? Würde er wirklich versuchen mich umzubringen, wie er es mir immer wieder angedroht hatte? Würde er eine jahrelange Gefängnisstrafe in Kauf nehmen, nur um sich an mir zu rächen, die ich es gewagt hatte, ihn zu verlassen und damit vor seiner Familie und seinen Freunden bloßzustellen? Ein Ehrenmord an einer Deutschen, was es meines Wissens bisher noch nicht gegeben hatte – würde er in seiner rasenden Wut tatsächlich so weit gehen?

»Katja, das Essen ist fertig!«

Wie dankbar ich war, als die Stimme meiner Mutter mich aus meinen beklemmenden Gedanken riss! Rasch zog ich mich an, um in die Küche zu eilen, wo sie in der Zwischenzeit Spiegeleier mit Spinat und Bratkartoffeln zubereitet hatte. Eigentlich hatte ich überhaupt keinen Hunger, doch ich zwang mich trotzdem, ein paar Happen zu mir zu nehmen. Zum einen wollte ich meine Mutter nicht kränken, zum anderen würde ich in den kommenden Tagen viel Kraft brauchen, da war es wichtig, dass ich mich vernünftig ernährte.

Ich hatte gerade den letzten Bissen mit einem Schluck Wasser hinuntergespült, als das Telefon klingelte. Ich zuckte zusammen. Mein Herzschlag beschleunigte sich. Das konnte nur Mahmud sein!

Meine Mutter legte zögernd ihr Besteck aus den Händen. Langsam erhob sie sich, um zum Telefon zu gehen. Die Anspannung war ihr anzusehen, als sie den Hörer abnahm.

»Schneidt ...«, sagte sie mit belegter Stimme.

Dann glitt ein Lächeln über ihr Gesicht.

»Ralf, wie schön, dass du dich meldest!«, begrüßte sie erleichtert meinen Bruder.

In wenigen Sätzen erklärte sie ihm, was sich in den letzten Stunden zugetragen hatte. Anschließend reichte sie mir den Hörer weiter.

Ich war so aufgewühlt, dass ich kaum sprechen konnte. Weil unser Gespräch nur stockend vorankam, beschloss mein Bruder, das Angenehme mit dem Nützlichen zu verbinden, indem er mich fragte, ob ich nicht Lust hätte, ihn in seiner Stammkneipe abzuholen. Er habe nach der Arbeit noch ein paar Freunde getroffen und das ein oder andere Bierchen getrunken, sodass er nicht mehr fahren könne. Und mein Dienst unter Geschwistern, so meinte er, würde zum einen ihm das Geld fürs Taxi nach Hause ersparen und zum anderen mich garantiert ein wenig von meinem Ärger ablenken.

Nach kurzem Zögern willigte ich ein. Wie lange schon hatte ich kein Lokal mehr betreten! Freudige Erwartung erfüllte mich. Endlich würde ich wieder einmal neue Gesichter sehen! Oder vielleicht ja auch altbekannte aus früheren Zeiten! Doch trotz meiner Vorfreude konnte ich mir nicht verkneifen, während der Fahrt zum *Roten Ochsen* ständig in den Rückspiegel zu schauen, so groß war meine Angst, dass sich Mahmud von irgendeinem Familienmitglied ein Auto geliehen und sich damit auf Verfolgungsjagd gemacht haben könnte.

Meine Sorge war unbegründet. Gute zehn Minuten später parkte ich den Wagen vor dem Stammlokal meines Bruders. Doch irgendwie wollte sich das euphorische Gefühl von eben so gar nicht mehr einstellen. Zaudernd lenkte ich meine Schritte auf die Eingangstür des *Roten Ochsen* zu. Ich fühlte mich mit einem Mal nur noch zutiefst verunsichert und hätte mich ohrfeigen können, dass ich meinen Bruder nicht gebe-

25. Kapitel – Der Geschmack der Freiheit

ten hatte, draußen auf mich zu warten. Meine Kehle begann sich zuzuschnüren und schon wurde ich erneut von einem heftigen Weinkrampf befallen. Schnell flüchtete ich zurück ins Auto.

Ich weiß nicht, wie lange ich dort zusammengesunken über dem Lenkrad gesessen hatte, als ich unversehens aus den Augenwinkeln einen Schatten neben mir ausmachte. In der ersten Schrecksekunde wollte ich um Hilfe schreien, doch kein Laut drang über meine Lippen. Nach einer gefühlten Ewigkeit, in der weder die Autotür aufgerissen noch gegen die Scheibe gebollert oder irgendwelche Hasstiraden gebrüllt wurden, hob ich langsam den Kopf. Mahmud hatte offenbar seine Taktik geändert. Oder aber er hatte nicht mitbekommen, dass ich ihn bereits bemerkt hatte. Ja, das musste es sein, sagte ich mir, Mahmud lauerte mir auf, um mich dann hinterrücks zu überfallen! Wenigstens wollte ich ihm dabei ins Gesicht sehen, wenn er sich daranmachte, mein Schicksal endgültig zu besiegeln. Jäh blickte ich auf.

Doch der Mann hinter der Scheibe war nicht mein Verfolger. Es war Ralf, mein Bruder, dessen bleiches Gesicht mir sagte, dass er über meine Reaktion ebenso erschrocken war wie ich selbst. Behutsam zog er mich aus dem Auto und nahm mich fest in die Arme.

»He, Schwesterlein, ist doch alles okay! Kein Grund zur Panik!«

Ich konnte ihm nicht antworten. Stattdessen flossen nur noch mehr Tränen aus meinen Augen. Es war so lange her, dass jemand einfach nur Mitleid mit mir gehabt oder mich gar getröstet hatte.

Aus seiner verdreckten Arbeitshose zog Ralf eine zusammengedrückte Packung Tempos hervor und begann mir mit einem Taschentuch vorsichtig übers Gesicht zu reiben. Nie zuvor hatte ich meinen Bruder so fürsorglich erlebt. Ich versuchte mich wieder zu fangen und atmete mehrmals tief ein und aus. Als sich mein Gemütszustand etwas beruhigt hatte, erzählte ich ihm nochmals, was sich in den letzten Stunden alles zugetragen hatte.

Ralf hörte mir einfach nur zu und strich mir gelegentlich übers Haar. Wir standen eine ganze Weile so da, bis er plötzlich meine Hand ergriff und mich zur Eingangstür des *Roten Ochsen* zog.

»Komm, wir gehen da jetzt rein! Dort ist es viel gemütlicher als hier draußen und du kannst erst mal ein bisschen entspannen.«

Ich spürte, wie mein ganzer Körper sich versteifte. Ich wollte nicht unter fremde Menschen! Außerdem konnte ich das Gefühl nicht abschütteln, etwas Verbotenes zu tun.

»Ralf, ich kann nicht … Bitte! Ich fühle mich nicht gut, ich schaffe das nicht …«

»Ach, komm, Katja, ich bin doch bei dir! Du musst keine Angst haben. Niemand tut dir was! Das ist jetzt vorbei!«, drang mein großer Bruder sanft auf mich ein. »Komm schon! Du wirst sehen, alles wird gut.«

Nach zehn Minuten hatte er mich so weit, dass ich dicht hinter ihm, ein wenig verborgen von seinem breiten Rücken, das Lokal betrat. Er steuerte gleich auf die gut besetzte Theke zu und stellte mich seinen Freunden und Arbeitskollegen vor. Ich wurde von allen herzlich begrüßt und bevor ich einen Blick in die Getränkekarte werfen konnte, hatte schon jemand eine Cola für mich bestellt.

Nach und nach verschwand meine Unsicherheit und ich fing an, mich in der bunt gemischten Truppe richtig wohlzufühlen. Immer wieder wurde ich ins Gespräch mit einbezogen und eine Stunde später hatte ich schon das Gefühl, die

25. Kapitel – Der Geschmack der Freiheit

Leute ewig zu kennen. Natürlich wollten ein paar von ihnen wissen, warum sie mich nicht schon viel eher zu Gesicht bekommen hätten. Mit keinem Wort erwähnte ich meine Vergangenheit, sondern nannte meine Ausbildung als Grund für meine lange Abwesenheit.

Als wir die Gaststätte verließen, war es weit nach Mitternacht. In bester Stimmung machten Ralf und ich uns auf den Heimweg. Wir alberten herum und unterhielten uns über seine Freunde, zu denen er mir kleine Geschichten zum Besten gab. Als im Radio ein aktueller Hit gespielt wurde, drehte ich den Lautstärkeregler bis zum Anschlag auf und sang aus voller Kehle mit. Nach all den Jahren, in denen ich fast ausschließlich türkische Musik hören durfte, war ich nun kaum mehr zu bremsen. Mit gespieltem Entsetzen hielt sich mein Bruder die Ohren zu und schnitt verzweifelte Grimassen.

Wenig später bogen wir in die Straße ein, an der mein Elternhaus lag. Plötzlich war meine Angst wieder da. Schweiß trat mir auf die Stirn, mein Atem ging nur noch stoßweise. Was, wenn Mahmud sich auf den Weg zu meiner Mutter gemacht hatte, um mich zurückzuholen, und sich nun irgendwo im Schatten des Hauses versteckt hielt? Ich drosselte das Tempo des Wagens auf Schrittgeschwindigkeit herunter und schaltete das Fernlicht ein. Der helle Lichtstrahl leuchtete die kleine Gasse fast komplett aus. Ich konnte sogar die Unkrautbüschel sehen, die aus den Ritzen im Kopfsteinpflaster in die Höhe sprossen.

Doch so gründlich wir uns auch umschauten, nirgendwo war ein Hinweis zu entdecken, dass Mahmud mir irgendwo auflauerte. Ich parkte den Wagen auf unserem kleinen Parkplatz, sprang in Windeseile aus dem Auto und spurtete zur Haustür. Obwohl man meinen Bruder wahrlich nicht als

Schwächling bezeichnen kann, gab mir seine Anwesenheit nicht annähernd ein Gefühl von Sicherheit.

Als wir ins Haus kamen, sah ich sofort, dass meine Mutter noch nicht zu Bett gegangen war. Im Wohnzimmer brannte Licht und ich konnte hören, dass der Fernseher lief.

»Schön, dass ihr wieder da seid!«, begrüßte sie uns. »Hattet ihr einen netten Abend?«

Während mein Bruder sofort schlafen ging, weil er am nächsten Morgen früh aufstehen musste, holte ich mir noch etwas zu trinken aus der Küche und erzählte meiner Mutter von dem weiteren Verlauf des Abends.

»Na, dann hattest wenigstens du zur Abwechslung mal ein paar Stunden Spaß.« Sie schenkte mir ein etwas bedröppeltes Lächeln. »Während ich hier fast stündlich Mahmuds Drohanrufe entgegennehmen durfte ...«

Ich fuhr zusammen, als hätte sie mir einen Schlag in die Magengrube verpasst. Er hatte also doch keine Ruhe gegeben! Würde er gleich vor der Tür stehen und Sturm klingeln? Die Tür versuchen einzutreten, wenn wir ihm nicht freiwillig aufmachten? Sein Gesicht gegen meine Schlafzimmerscheibe pressen und mich aus seinen funkelnden schwarzen Augen lauernd beobachten?

Als meine Mutter meinen panischen Gesichtsausdruck sah, legte sie mir sofort beschwichtigend die Hand auf die Schulter.

»Mach dir keine Gedanken, Katja! Mahmud ist zwar furchtbar wütend, aber er kann dir nichts mehr anhaben. Du bist jetzt hier erst mal in Sicherheit. Und morgen früh sehen wir weiter, wo wir einen guten Unterschlupf für dich finden und was in Zukunft aus dir werden soll.« Ihre Stimme wurde noch ein wenig eindringlicher. »Weißt du, Katja, entscheidend ist, dass du für dich diesen Schritt getan und dich von

25. Kapitel – Der Geschmack der Freiheit

ihm getrennt hast. Das ist das eigentlich Wichtige: In deinem Inneren hat sich etwas verändert, du hast endlich mit dieser Beziehung abgeschlossen, du bist ein für alle Male fertig mit ihm!«

Sie lächelte mich an. Diesmal war ihr Lächeln voller Zuversicht. Und Stärke. Ich wusste, ich würde mich auf sie verlassen können. Meine Mutter würde mich nicht im Stich lassen, genauso wenig wie mein Bruder. Sie würde für mich kämpfen, wenn es sein musste. Wie eine Löwin um ihr Kind.

»Es ist vorbei, Katja. Du bist frei! Ein neues Leben beginnt für dich«, lachte meine Mutter und griff nach meiner Hand.

»Ja, Mama, ich weiß«, erwiderte ich.

Aber genauso wusste ich, dass ich mich noch auf einiges gefasst machen musste. »Ich werde dich finden, Katja! Und wenn ich dich gefunden habe, werde ich dich töten«, hatte Mahmud gesagt. Ich kannte ihn gut genug, um die Gewissheit zu haben, dass er seine Worte bitterernst gemeint hatte. Dieses Mal indes würde ich nicht allein sein in meinem Kampf gegen ihn. Ich hatte eine Familie, die mir helfen würde. Und ganz sicher würden auch Ralfs Freunde und andere Menschen mich unterstützen.

Entscheidend war jedoch – und hier hatte meine Mutter wirklich recht –, dass sich diese Wandlung in mir vollzogen hatte: Ich war nicht mehr Mahmuds Geschöpf, ich war endlich wieder ich selbst.

Epilog

Lange Zeit habe ich mich gefragt, wie ich fast vier Jahre meines Lebens in einer solchen Tyrannei verbringen konnte. Wieso habe ich mir von Mahmud so viel gefallen lassen? Warum bin ich nicht schon früher aus meinem Gefängnis geflohen? Ich war immer ein sehr selbstständiger Typ gewesen, hatte mich auch in schwierigen Situationen zu arrangieren gewusst, ohne größeren Schaden davonzutragen. Ich war zwar jung, als Mahmud mir begegnete, aber keineswegs naiv. Mein Wesen war auch nie von Unterwürfigkeit geprägt, hatte ich, bedingt durch die Alkoholsucht meiner Eltern, doch schon sehr früh auf eigenen Beinen stehen müssen, was eher die Kämpferin in mir befördert hatte. Von diesen Charaktereigenschaften war allerdings nach wenigen Wochen Beziehung mit Mahmud kaum mehr etwas zu spüren gewesen.

Irgendwann, nachdem ich mich monatelang mit meinen Selbstzweifeln und Ängsten herumgequält hatte – denn natürlich konnte ich meine traumatischen Erlebnisse aus dieser Zeit nicht so leicht wegstecken –, beschloss ich, eine Therapie zu machen. Meine Psychologin brauchte nicht lange, um mir eine nachvollziehbare Begründung für mein Verhalten zu liefern. Ich hatte in meiner Kindheit nie das Gefühl von Geborgenheit erlebt; meine Eltern waren zu sehr mit ihrem Alkoholismus beschäftigt gewesen, als dass sie sich richtig um mich hätten kümmern können. Dann – ich war gerade einmal zwölf Jahre alt – starb mein Vater. Ab diesem Zeitpunkt versuchte ich die Verantwortung für meine Mutter zu übernehmen. Verständlicherweise war ich damit vollkommen überfordert und sehnte mich oft nach jemandem, der sich um mich kümmern, mir so etwas wie Nestwärme geben würde. In Mahmud – so glaubte ich – hatte ich diesen Menschen schließlich gefunden. Wenn er mir zu Beginn unserer Beziehung Vorschriften und Verbote machte, fühlte ich mich wichtig und wahrgenommen. Ich sah es als Zeichen seiner Liebe und erklärte mir seinen Widerwillen gegen meine alten Gewohnheiten damit, dass er sich eben Sorgen um mich machte. Diese Erfahrung, dass da jemand war, der auf mich aufpasste, tat mir unwahrscheinlich gut und so empfand ich zunächst viele Dinge, die bei meinen deutschen Freunden auf blankes Unverständnis stießen, überhaupt nicht als einschränkend.

Der zweite wichtige Punkt war Mahmuds Familie. Ich wurde von seinen Eltern und Verwandten sehr herzlich aufgenommen und erlebte bei ihnen ein Gefühl von Zusammengehörigkeit, wie ich es nie zuvor empfunden hatte. Das alles ließ mich auf einer Welle der Geborgenheit und Fürsorge schwimmen, wodurch ich viele Missstände einfach nicht als solche erkannte.

Als Mahmud mich zum ersten Mal schlug, brach für mich eine Welt zusammen. Von einer Minute auf die andere wurde mir dieses Sicherheitsgefühl wieder genommen. Dadurch wurde ich traumatisiert und teilweise handlungsunfähig. Hinzu kam die ständige Angst, dass er seine unzähligen Drohungen, mich zu töten, in die Tat umsetzen könnte.

Dieses Trauma wurde erst durch den Diebstahl Aysegüls durchbrochen. Meine Enttäuschung über sie, die ich als meine letzte Vertraute betrachtet hatte, war so grenzenlos, dass ich schlagartig aus meiner Ohnmacht erwachte. Zum ersten Mal war ich wieder fähig zu handeln, was sich dadurch bemerkbar machte, dass ich völlig gegen meine Natur gewalttätig gegenüber Aysegül wurde. Obwohl ich mich noch heute für meinen aggressiven Anfall schäme, bin ich gleichzeitig auch sehr dankbar für diesen Ausraster, denn mithilfe jener plötzlich auflodernden inneren Kraft – und sei sie in besagtem Moment noch so negativ gewesen – konnte ich mir mein Leben endlich zurückerobern.

Der Weg aus meiner persönlichen Hölle heraus in einen normalen Alltag war steinig und schwer. Es hat lange gedauert, bis wieder so etwas wie Ruhe in mein Leben einkehrte. Ich musste mir eine vollkommen neue Existenz aufbauen, denn ich hatte ja nichts: weder eine abgeschlossene Berufsausbildung noch eine eigene Wohnung noch Geld. Die erste Zeit, die ich in einem Versteck bei Freunden verbrachte, litt ich unter schrecklichem Verfolgungswahn und wurde immer wieder von Panikattacken überfallen, in denen ich Todesängste ausstand.

Die Tatsache, dass Mahmud nicht aufhörte, nach mir zu suchen, hat diesen psychischen Genesungsprozess natürlich nicht eben befördert. Zutiefst in seiner Ehre verletzt, konnte er nicht akzeptieren, dass die Frau, die er trotz allem liebte, einfach aus seinem Leben verschwunden war. Obwohl ich eine Auskunftssperre bei den Meldebehörden erwirkt hatte, gelang es ihm tatsächlich, mich ein paarmal aufzuspüren. Zum Glück war ich bei diesen Konfrontationen nie allein und konnte so nach außen hin eine Stärke demonstrieren, die ich innerlich in diesen Momenten gar nicht besaß. Zu tief hatte sich die Erinnerung an die Gewalt, die er mir angetan hatte, in meiner Seele festgebrannt. Doch Mahmud beteuerte immer wieder, dass wir füreinander bestimmt seien und ich froh sein könne, ihn kennengelernt zu haben, da ich ohne ihn sicherlich in der Gosse gelandet wäre und er eine ehrbare Frau aus mir gemacht hätte.

Auch meine Mutter blieb von seinen Nachstellungen nicht verschont. Seine Besuche bei ihr hatten natürlich den Zweck, meinen Aufenthaltsort ausfindig zu machen, aber meine Mutter hat jedes Mal eisern geschwiegen. Einmal tauchte er ein paar Tage vor meinem Geburtstag bei ihr auf. Er erklärte ihr, dass er mir gern ein Geburtstagsgeschenk machen wolle – ob sie denn eine Idee habe, was ich mir wünschen würde. Meine Mutter, die seine Frage nicht wirklich ernst nahm, sagte spontan: »Katja braucht ein Bügelbrett.« Wie gern hätte ich ihren Gesichtsausdruck gesehen, als er tatsächlich bereits am nächsten Tag mit dem angeblich gewünschten Bügelbrett vor ihrer Haustür stand!

Etwa drei Jahre nach meiner Flucht, als sich mein Zustand allmählich stabilisiert und ich sowohl eine neue Arbeit als auch einen neuen Partner gefunden hatte, wurde ich erneut mit meiner Vergangenheit konfrontiert. Meine ehemalige Freundin und Leidensgefährtin Petra nahm Kontakt zu mir auf und bat mich um Hilfe. Ihre Ehe mit Kerim hatte sich zu einem einzigen Fiasko entwickelt und auch sie hatte diese Liebe schon mehrmals fast mit dem Tod bezahlen müssen. Kerim war noch brutaler vorgegangen als Mahmud seinerzeit: So hatte er Petra einmal sogar mit einem Verlängerungskabel im Schlafzimmer aufgehängt! Nur den aufmerksamen Nachbarskindern war es zu verdanken, dass Petra gerettet werden konnte. Für mich stand außer Frage, dass ich Petra zur Flucht verhelfen würde, wenngleich mir von Anfang an bewusst war, dass ich mich dadurch erneut großer Gefahr aussetzen würde.

Den Kontakt zu Mahmuds Familie musste ich hingegen fast gänzlich abbrechen. Es wäre einfach zu gefährlich gewesen, weiterhin mit einzelnen Mitgliedern der Familie in Verbindung zu bleiben. Allein zu einem Bruder von Mahmud stehe ich bis heute in Kontakt. Alper genießt mein hundertprozentiges Vertrauen und hat sich diesem auch immer als würdig erwiesen. Er verurteilt ebenfalls, was den Frauen seiner Familie aus veralteten Traditionen heraus angetan wird. Dass man sich auch als Einzelner gegen seinen Clan behaupten kann, hat er schon mehrfach bewiesen: So muss Alpers Frau als Einzige innerhalb der Verwandtschaft kein Kopftuch tragen, durfte den Führerschein machen und genießt auch sonst viele Freiheiten. Erstaunlich ist allerdings, dass genau diese Frau ihre Tochter besonders streng erzogen hat und auf der Einhaltung der traditionellen Regeln nachdrücklicher besteht als ihr Mann.

Von Alper weiß ich auch, dass nach meiner Flucht viel Bewegung in die Familie gekommen ist. Aysegül hat den Anfang gemacht. Sie ist nur kurze Zeit nach mir geflohen und hat den Verlust ihrer ganzen Familie in Kauf genommen. Bis heute weiß niemand, wo sie untergetaucht ist, da sich ihre Spur in einem der zahlreichen Frauenhäuser verloren hat, die von den muslimischen Gewaltopfern oft in der Not aufgesucht werden. Von Zeit zu Zeit ruft Aysegül bei ihrer jüngeren Schwester an, um ihr mitzuteilen, dass es ihr gut gehe. Ihren Aufenthaltsort gibt sie jedoch nie preis, zu groß ist ihre Angst, Handan könnte mittels Gewalt zum Sprechen gebracht werden. Ich bedaure nach wie vor sehr, dass ich nicht mehr die Möglichkeit hatte, mich mit Aysegül auszusprechen. Obwohl unser Verhältnis mit einem unschönen Diebstahl und der darauffolgenden körperlichen Auseinandersetzung geendet hat, werde ich nie vergessen, dass Aysegül in dieser unglücklichen Zeit oft mein einziger Lichtblick war. Wie gern würde ich sie in den Arm nehmen und ihr sagen, dass ich ihr den Diebstahl längst verziehen habe! Einmal mehr, weil er ja schließlich auch ein Stück weit dazu beigetragen hatte, dass ich den Weg zurück in die Freiheit finden konnte.

Von meiner und Aysegüls Flucht offenbar inspiriert, haben noch zwei weitere Frauen aus Mahmuds Verwandtschaft jenen existenziellen Schritt getan. Wo sie sich aufhalten, ist ebenfalls nicht bekannt – man kann nur hoffen, dass es ihnen heute gut geht. Das ist wohl der Preis, den eine Muslima bezahlen muss, wenn sie aus ihrem archaischen Umfeld ausbrechen will: den Verlust der Familie. Dies dürfte auch der Hauptgrund sein, warum es viele dieser Frauen niemals schaffen werden, ihren gewalttätigen Vätern oder Ehemännern zu entkommen. Allein in einem fremden Land, dessen Sprache man gar nicht oder nur schlecht beherrscht, ohne Rückhalt der Familie, weitab von Freunden und Bekannten, in einer unbekannten Stadt – diese Aussicht erscheint den misshandelten Frauen oft noch schlimmer als ihre momentane Situation. Selbst ich denke bis zum heutigen Tag oft an Mahmuds Familie, die ja für ein paar Jahre auch die meine war, und in den ersten Monaten nach meiner Flucht verspürte ich gelegentlich eine solche Sehnsucht nach der Wärme und Herzlichkeit ihrer einzelnen Mitglieder, dass ich mir immer wieder die Frage stellte, ob es nicht doch irgendeine Möglichkeit geben könnte, mir diese Beziehungen zu erhalten.

Heute erscheint mir jene schreckliche Zeit in meinem Leben manchmal wie ein böser Traum. Wenn ich dann aber mit Petra telefoniere oder sie für ein paar Stunden treffe und wir über unsere gemeinsame Vergangenheit sprechen, dann weiß ich, dass alles wahrhaft geschehen ist und manches sogar noch viel grausamer war, als ich es in Erinnerung hatte. Dabei hat Mahmud mich wirklich geliebt, sicher sogar mehr, als es jemals ein anderer Mensch tun wird. Aus seinem Partnerschaftsverständnis, seiner Weltanschauung und seiner

Tradition heraus hat er das Richtige getan: Er hat versucht mich so zu formen, wie eine anständige Frau in seinen Augen zu sein hat. Dass ich daran fast zugrunde gegangen bin, hat er billigend in Kauf genommen.

Beim Schreiben dieses Buches war ich mehrmals dem psychischen Zusammenbruch nahe: Es war, als hätte ich alles noch einmal durchlebt. Ich habe jeden Prügelschlag noch einmal gespürt und jede Träne noch einmal geweint. Am meisten hat mir die Schilderung von Aylas Hochzeitsfeier zugesetzt. Der Gesichtsausdruck der Kinderbraut, ihre Verzweiflung und Panik haben mich lange Zeit in meinen Träumen verfolgt. Das Gefühl von absoluter Machtlosigkeit, das ich bei ihrem Anblick empfand, werde ich wohl nicht mehr vergessen. Es hat übrigens noch einige weitere Hochzeiten in Mahmuds Familie während meiner Zeit mit ihm gegeben, aber nie wieder war ich bei einer solchen Feier zugegen. Ein zweites Mal hätte ich es nicht über mich gebracht, bei der Vergewaltigung eines kleinen Mädchens Publikum zu spielen. Ich habe damals sogar einen anonymen Hinweis an das zuständige Jugendamt gegeben, aber passiert ist nie etwas.

Heute, nach einer gescheiterten Ehe, lebe ich glücklich und zufrieden mit meinem neuen Partner und unseren insgesamt vier Kindern und vier Hunden in einer kleinen Stadt in Hessen. Unsere Beziehung ist von Gleichberechtigung, Vertrauen und einem friedlichen Miteinander geprägt. Mein Lebensgefährte war übrigens derjenige, der mich ermutigt hat, meine Geschichte aufzuschreiben, um damit vielleicht einen Beitrag zur Bewusstmachung der ganzen Problematik zu leisten. Und er hat mich auch gehalten, als Mahmud vor zwei Jahren nach ewigen Zeiten plötzlich wieder bei mir anrief, um mir zu prophezeien, dass wir eines Tages erneut ein Paar sein würden.

Ich möchte mein Buch trotz allem nicht als Abrechnung mit Mahmud verstanden wissen. Sein Verhalten, das ich in ähnlicher Form bei vielen Männern seiner Herkunft feststellen konnte, ist vermutlich Ausdruck einer tiefen inneren Spaltung, einer Zerrissenheit zwischen den Welten. Auch Mahmud ist ein Opfer jener unmenschlichen moslemischen Traditionen – was ihn und Seinesgleichen jedoch keinesfalls davon entbindet, Verantwortung zu übernehmen und zu helfen, die verkrusteten Verhältnisse aufzubrechen. In diesem Sinne hoffe ich, mit meinem Buch Denkanstöße geben zu können.

Vor allem aber soll es den Frauen Mut machen, die unter den gleichen Umständen leben, wie ich es einst tat – in einer binationalen Beziehung, die an den unterschiedlichen Mentalitäten und Kulturauffassungen der beiden Partner zu zerbrechen droht oder schon zerbrochen ist. Diese Frauen haben in unserem Land keine Lobby, sie werden oft einfach vergessen. Durch die Schilderung meiner Geschichte, in der sich die eine oder andere vielleicht wiedererkennt, möchte ich die Betroffenen auffordern, sich nicht ihrem Schicksal zu ergeben. Auch wenn die Situation noch so ausweglos erscheint – es gibt immer ein Morgen. Und für dieses Morgen lohnt es sich zu kämpfen!

DANKSAGUNG

An erster Stelle möchte ich mich bei meinem Lebensgefährten bedanken. Er war es, der mich immer wieder ermutigt hat weiterzuschreiben und der mich getröstet hat, wenn mich die schrecklichen Erinnerungen mit aller Macht zu überrollen drohten und mich bis in den Schlaf verfolgten. Er ist es auch, der mir stets den Rücken stärkt und mir zeigt, dass ich Vertrauen in mein Leben haben kann.

Danken möchte ich ebenfalls meiner Mutter und meinem verstorbenen Stiefvater, die in den Zeiten, in denen ich nicht selbst für meine Tochter sorgen konnte, diese Aufgabe voller Liebe übernommen haben.
Ein großer Dank gebührt ihnen auch dafür, dass sie so bedingungslos hinter mir standen, nachdem sie die ganze Wahrheit erfahren hatten, und mir dadurch einen Neuanfang erst ermöglicht haben.

Danke auch an meine Kinder, die Verständnis dafür aufbrachten, dass ich mit meiner Geschichte an die Öffentlichkeit gehen möchte.
Es ist schön, dass es euch gibt!

Ein weiterer Dank geht an Birgit Sander vom mvg Verlag. Sie hat sich meiner Geschichte vom ersten Moment an sehr feinfühlig angenommen, war jederzeit für mich da und hat mir selbst in schwierigen Phasen immer ein gutes Gefühl vermittelt.

Danke auch an meine Lektorin Susanne Van Volxem. Es hat großen Spaß gemacht, mit ihr zusammenzuarbeiten. Sie hat sich bedingungslos in meine Thematik begeben und mich besonders durch ihr gutes Einfühlungsvermögen beeindruckt.

Danke ebenso an Daniel Schneider, der mich sehr für den Bereich Sicherheit sensibilisiert hat und immer besonders an meinem Wohlergehen interessiert ist.

Tipps und Beratungsadressen für Gewaltopfer

Ich möchte im Folgenden den Frauen, die in einer ähnlichen Situation leben wie ich damals mit Mahmud, ein paar Tipps geben, wie sie sich aus meiner Erfahrung heraus am besten verhalten sollten.

Außerdem sind weiter hinten Kontaktadressen von Institutionen in Deutschland, Österreich und der Schweiz verzeichnet, an die sich Frauen in Not wenden können.

1. Unterschätzen Sie bei aller Verliebtheit von Anfang an nicht die Probleme, die auftauchen können, wenn Sie sich für eine bikulturelle Partnerschaft – vor allem mit einem Mann muslimischer Herkunft – entscheiden. Dinge, die Ihnen zunächst noch schmeicheln mögen – seine unverhältnismäßige Eifersucht, die er mit seiner Besorgnis und unendlichen Liebe zu Ihnen erklärt, sein übergroßes Interesse an Ihrem Freundes- und Bekanntenkreis, sein Wunsch, möglichst immer zu wissen, wo Sie sich aufhalten und was Sie tun –, können schnell zur Last werden.
2. Setzen Sie sich schon zu Beginn der Partnerschaft ernsthaft mit der Kultur und den Traditionen aus dem Heimatland Ihres Partners auseinander. Sie dürfen nicht davon ausgehen, dass Ihr Partner unsere Kultur bedingungslos angenommen hat, auch wenn er womöglich schon lange hier lebt.
3. Setzen Sie von Anfang an Ihre Schmerzgrenze bezüglich Anpassung und Kompromissbereitschaft fest und übertre-

ten Sie diese auch in Ausnahmefällen nicht. Jedes darüber hinaus gemachte Zugeständnis wird Ihnen auch künftig Probleme bereiten.
4. Sollte Ihnen Ihr Partner in irgendeiner Form Gewalt antun, schweigen Sie nicht, sondern erzählen Sie Ihren Freunden, Bekannten und Verwandten davon. Sensibilisieren Sie Ihr Umfeld! Sie müssen sich nicht schämen: Sie sind Opfer und nicht Täter!
5. Sollte es bereits zu Gewalt gekommen sein, hoffen Sie nicht darauf, dass dies ein einmaliger »Ausrutscher« bleibt, sondern beginnen Sie Vorkehrungen für eine Trennung zu treffen. Legen Sie sich, wenn möglich, etwas Geld für den Notfall zurück und deponieren Sie einen Koffer mit den notwendigsten Dingen wie u. a. einem Ausweispapier bei einem Freund oder Verwandten.
6. Sollten Sie niemanden haben, bei dem Sie in der ersten Zeit unterkommen könnten, nehmen Sie Kontakt zu einem Frauennotruf oder einem der zahlreichen Frauenhäuser auf (Kontaktadressen s. S. 265ff.). Dort wird man Ihnen weiterhelfen!

Wichtige Kontaktadressen in Deutschland[1]

BFF: Frauen gegen Gewalt e.V.
Bundesverband Frauenberatungsstellen und Frauennotrufe
Rungestraße 22–24
10179 Berlin
Tel. 030/322 995-00
Fax 030/322 995-01
info@bv-bff.de
www.frauen-gegen-gewalt.de

bff: Frauen gegen Gewalt ist eine gemeinnützige Organisation von Frauen für Frauen. Immer noch ist jede dritte Frau in Deutschland einmal in ihrem Leben Opfer von psychischer, körperlicher oder sexualisierter Gewalt. Dass sich das ändert, dafür setzt sich der *bff* ein. Wir helfen bundesweit über unsere Beratungseinrichtungen, ermöglichen es den Betroffenen, den Teufelskreis aus Scham und Gewalt zu durchbrechen.

→ Die folgenden Links bieten Suchfunktionen, über die Sie Hilfseinrichtungen in Ihrer Nähe finden können. Dort wird persönliche und telefonische Beratung für Frauen angeboten, die sexualisierte, körperliche oder psychische Gewalt erleben oder erlebt haben: http://www.frauen-gegen-gewalt.de/vor_ort/?m=Hilfsangebote, http://www.frauennotruf.de/

---

[1] Sämtliche Angaben entsprechen den (gekürzten) Inhalten auf den genannten Websites und erfolgen ohne Gewähr.

Frauenhauskoordinierung e.V.
Tucholskystr. 11
10117 Berlin
Tel. 030/921 220-83/84; 030/32 661 233
Fax 030/260 741 30
fhk@paritaet.org
www.frauenhauskoordinierung.de

Der Verein *Frauenhauskoordinierung e.V.* setzt sich ein für den Abbau von Gewalt an Frauen und für die Verbesserung der Hilfen für misshandelte Frauen und deren Kinder. Ziel der Arbeit ist die Unterstützung der Frauenhäuser und Hilfeeinrichtungen in ihrer Alltagspraxis und in ihren übergreifenden Interessen durch Informationen, Austausch und Vernetzung. Der Verein wird getragen von den Bundesverbänden der Arbeiterwohlfahrt, des Deutschen Caritasverbandes, des Diakonischen Werkes der EKD, des Paritätischen Wohlfahrtsverbandes und des Sozialdienstes katholischer Frauen. Das Projekt *Frauenhauskoordinierung* wird vom Bundesministerium für Familie, Senioren, Frauen und Jugend gefördert.

→ Über http://www.frauenhauskoordinierung.de/index.php?id =14 gelangen Sie zu einer Datenbank zur Frauenhaussuche vor Ort. Sie können per Telefon oder ggf. auch per E-Mail kurzfristig Kontakt zu den derzeit 346 Frauenhäusern und 18 Frauenschutzwohnungen/Notaufnahmen der Frauenhaussuche aufnehmen.

ZIF – Zentrale Informationsstelle Autonomer Frauenhäuser
Postfach 101103
34011 Kassel
Tel./Fax: 0561/820 30 30
zif-frauen@gmx.de
www.autonome-frauenhaeuser-zif.de

Von den rund 350 Frauenhäusern in Deutschland bezeichnen sich 135 als »Autonome Frauenhäuser« und geben damit ihrer parteipolitischen und konfessionellen Unabhängigkeit Ausdruck. Die Vereine arbeiten in Selbstverwaltung mit basisdemokratischen Elementen, wozu auch das Mitspracherecht der Bewohnerinnen der Frauenhäuser zählt. Die Arbeit erfolgt nach dem Hilfe-zur-Selbsthilfe-Prinzip und dem Prinzip der Parteilichkeit für von Gewalt betroffene Frauen, Mädchen und Jungen. Mitarbeiterinnen der Autonomen Frauenhäuser arbeiten und entscheiden in der Regel in gleichberechtigten Teams ohne Geschäftsleitung und ohne Chefin.

→ Über http://www.autonome-frauenhaeuser-zif.de/autonome_adressen.htm gelangen Sie zu den Adressen der Autonomen Frauenhäuser vor Ort.

Terre des Femmes
Referat Häusliche Gewalt
Merseburgerstraße 3
10823 Berlin
Tel. 030/40 50 46 99-0
Fax 030/40 50 46 99-9
gewaltschutz@frauenrechte.de
www.frauenrechte.de

Referat Beratung
Postfach 2565
72015 Tübingen
Tel. 07071/79 73-0
Fax 07071/79 73-22
beratung@frauenrechte.de
www.frauenrechte.de

Terre des Femmes ist eine gemeinnützige Menschenrechtsorganisation für Frauen und Mädchen, die durch internationale Vernetzung, Öffentlichkeitsarbeit, Aktionen, Einzelfallhilfe und Förderung von einzelnen Projekten Frauen und Mädchen unterstützt. *Terre des Femmes* setzt sich dafür ein, dass Frauen und Mädchen ein gleichberechtigtes und selbstbestimmtes Leben führen können und unveränderliche Rechte genießen. Themen der Beratung können u. a. sein: Zwangsheirat, häusliche Gewalt, Gewalt im Namen der Ehre, Verschleppungen ins Ausland.

→ Unter folgendem Link finden Sie Beratungsstellen in Deutschland und im Ausland: http://www.ehrverbrechen.de/1/index.php?option=com_content&view=section&id=5&Itemid=96

pro familia
Bundesverband
Stresemannallee 3
60596 Frankfurt am Main
Tel. 069/639002
Fax 069/639852
info@profamilia.de
www.profamilia.de

pro familia ist eine gemeinnützige Organisation, an die Sie sich mit allen Fragen zu Sexualität und Partnerschaft, Schwangerschaft und Familienplanung wenden können. Wir leiten unser Handeln aus Überzeugungen ab, die in den Allgemeinen Menschenrechten verankert sind. *pro familia* bietet in etwa 180 Einrichtungen in ganz Deutschland Information, Beratung und Hilfe. Bei Problemen in der Ehe oder Partnerschaft bietet *pro familia* Mediation an. Ziel eines Mediationsverfahrens ist, dass die Beteiligten selbst eine einvernehmliche Lösung ihrer Konflikte erarbeiten.

→ Über http://www.profamilia.de/angebote-vor-ort.html gelangen Sie zu den Adressen der Einrichtungen vor Ort.

Weißer Ring
Weberstraße 16
55130 Mainz
Tel. 06131/83 03-0/45
Opfer-Telefon (bundesweit kostenlos): 116 006
info@weisser-ring.de
www.weisser-ring.de

Der *Weiße Ring* ist die einzige bundesweite Hilfsorganisation für Kriminalitätsopfer und ihre Familien. Er ist eine überparteiliche und unabhängige private Bürgerinitiative und kann Opfern auf vielfältige Weise helfen: von der persönlichen Betreuung nach der Straftat über Hilfestellungen im Umgang mit den Behörden, Erholungsprogramme, einem Beratungsscheck für die kostenlose Erstberatung bei einem frei gewählten Anwalt, Rechtsschutz, einem Beratungsscheck für eine kostenlose medizinisch-psychologische Erstberatung bei seelischen Belastungen infolge einer Straftat, Begleitung zu Gerichtsterminen sowie der Vermittlung von Hilfen anderer Organisationen.

→ Bundesweites kostenfreies Opfer-Telefon (täglich von 7 bis 22 Uhr): 116 006

TelefonSeelsorge
0800/111 0 111
0800/111 0 222
(bundesweit kostenlos)

Träger der *TelefonSeelsorge* sind die beiden christlichen Kirchen in Deutschland, die Evangelische Kirche und die Katholische Kirche. Niemand, der anruft, wird nach seinem Namen gefragt. Ihr Anruf bleibt anonym. Die Rufnummer der Anrufenden erscheint bei uns nicht im Display. Da das Telefonat gebührenfrei ist, wird es später nicht in einem Einzelverbindungsnachweis zur Telefonrechnung aufgeführt. Niemand kann Ihrer Telefonrechnung entnehmen, dass Sie bei der *TelefonSeelsorge* angerufen haben. Alle Mitarbeiterinnen und Mitarbeiter unterliegen der Schweigepflicht.

→ Kontakt zu den über 100 regionalen *TelefonSeelsorge*-Stellen in ganz Deutschland können Sie telefonisch erfragen (s. o.) oder über folgenden Link recherchieren: http://www.telefonseelsorge.de/?q=regionalestellen/list

Diakonie – Hilfen für Frauen
Tel. 030/83001-231
thie@diakonie.de

Das *Diakonische Werk* (DW; Diakonie) ist ein Wohlfahrtsverband der Evangelischen Kirchen. Das Arbeitsfeld »Hilfen für Frauen« unterstützt die Arbeit der Frauenhäuser in evangelischer Trägerschaft in ihrem Bemühen, eine breitere Öffentlichkeit zu gewinnen, die Grundlagen ihrer Arbeit zu sichern und ihre bewährte Arbeit mit Frauen und Kindern auf hohem fachlichem Niveau weiterzuentwickeln.

→ Über diesen Link gelangen Sie zu den einzelnen Landesverbänden: http://www.diakonie.de/landesverbaende-1323.htm

Katholische Ehe-, Familien- und Lebensberatung
Geschäftsstelle
Kaiserstraße 161
53113 Bonn
Tel. 0228/103-333
Fax 0228/103-334
m.feil@dbk.de
www.katholische-eheberatung.de

Die *Katholische Ehe-, Familien- und Lebensberatung* unterhält bundesweit 350 Beratungsstellen. Unser Angebot richtet sich an Paare, Familien und Einzelpersonen. Die Beratungsstellen stehen jedem offen – unabhängig von Konfession, Weltanschauung und Nationalität.

→ Über diese Links gelangen Sie an die Adressen der Beratungsstellen vor Ort: http://www.katholische-eheberatung.de/index.php?id=110 und http://www.katholische-eheberatung.de/index.php?id=49. Dieser Link gibt Informationen zur Online-Beratung: http://www.katholische-eheberatung.de/index.php?id=6

Muslimisches SeelsorgeTelefon
Geschäftsstelle
Postfach 58 02 51
10412 Berlin
Tel. 030/44 35 098-0/21
Fax 030/44 35 098-28
info@mutes.de
www.mutes.dc

Die Hilfsorganisation *Islamic Relief Deutschland* ist der alleinige Träger des *Muslimischen SeelsorgeTelefons*. Unsere Zielsetzung ist es, dem Anrufenden Gehör und Erleichterung zu verschaffen. Der Anrufer soll als Mensch gestärkt werden, um seine Situation in seinem Sinne anzugehen. Das Gespräch mit uns soll die Sprach- und Machtlosigkeit des Anrufers, die durch seine Situation bedingt ist, überwinden helfen.

IAF – Verband binationaler Ehen und Partnerschaften
Ludolfusstraße 2–4
60487 Frankfurt am Main
Tel. 069/71 37 56-0
Fax 069/7 07 50 92

sitorus@verband-binationaler.de
beratung@verband-binationaler.de
www.verband-binationaler.de

Der Verband ist eine bundesweite Interessenvertretung. Er entstand, um die soziale und rechtliche Gleichstellung von Menschen ungeachtet ihrer nationalen und kulturellen Herkunft zu verbessern. Der *IAF* ist als gemeinnütziger Verein in 24 Städten in Deutschland tätig: Er berät Frauen und Männer in allen Fragen einer binationalen Beziehung, organisiert Veranstaltungen zu Fragen der interkulturellen Bildung und fördert das bürgerschaftliche Engagement.

→ Adressen von Geschäfts- und Regionalstellen in zahlreichen deutschen Städten zwecks Beratung u. a. zu Themen wie binationaler Eheschließung, Krisen- oder Trennungssituationen und Kindesmitnahme sind zu finden unter: http://www.verband-binationaler.de/index.php?id=regionalstellen

→ Außerdem sehr informativ ist der vom *IAF* herausgegebene Ratgeber *Trennung und Scheidung binationaler Paare*, erschienen 2002 bei Brandes & Apsel.

CiB e.V./1001 Geschichte

Community of interests against bezness
Evelyne Kern
Wolfsbacher Str. 19
95448 Bayreuth
Tel. 01577/7894153 (Notfallnummer)
CiB-eV@1001Geschichte.de
www.cibev.de
www.1001geschichte.de

Im Februar 2003 gründete die selbst betroffene Journalistin und Autorin Evelyne Kern die Internetseite www.1001Geschichte.de, nachdem sie nach der Veröffentlichung ihres Buches *Sand in der Seele*, in dem sie ihre spannende »Bezness«-Geschichte erzählt, Hunderte Briefe ebenfalls betroffener Frauen erhalten hatte. Die Gründung der Interessengemeinschaft *CiB* war unumgänglich. Inzwischen ist die Internetseite von *1001Geschichte* zur Institution geworden, *CiB e.V.* zum eingetragenen Verein und »Bezness« (in orientalischen Urlaubsländern: Geschäft mit europäischen Frauen und Männern, denen die große Liebe, ein lukratives Geschäft und ein sorgenfreies Leben am Urlaubsort versprochen wird) zu einem Begriff, der von zahlreichen anderen Foren und den Medien übernommen wurde. Bei www.1001Geschichte.de veröffentlichen betroffene Frauen und Männer ihre wahren Geschichten und diskutieren im inzwischen größten Forum zum Thema »Bezness« mit Gleichgesinnten und Interessierten. Der Verein hilft folgendermaßen: Beratung in Bezness-Fällen (alle Länder), Sorgerechtsfragen, Umgangsrecht.

→ Bei drohender oder erfolgter Kindesentführung und Umgangsrecht-Fragen kann folgende Notfallnummer angewählt werden: 01522/3186649

→ Ein normaler Vorabkontakt sollte über E-Mail erfolgen: CiB-eV@1001Geschichte.de. Auf der Website sind die Mailadressen von weiteren Ansprechpartnern verzeichnet: http://www.cibev.de/ansprechpartner/

ISD – Internationaler Sozialdienst
Michaelkirchstr. 17–18
10179 Berlin-Mitte
Tel. 030/62 980-403/4
Fax 030/62 980-450
isd@iss-ger.de
www.iss-ger.de

Der *ISD* ist die deutsche Zweigstelle des *International Social Service* und die Verbindungsstelle zwischen deutschen und ausländischen freien Trägern der Sozialarbeit, zwischen Jugend- und Sozialbehörden, Vormundschafts- und Familiengerichten im In- und Ausland. Der Verband hat folgende Schwerpunktarbeitsbereiche: internationale Familienkonflikte, länderübergreifende Kinder- und Jugendhilfe, Migration, internationale Adoption. Der *ISD* unterstützt die außergerichtliche Einigung in einem Familienkonflikt in jedem Stadium des Verfahrens und bietet darüber hinaus Mediation in internationalen Familienkonflikten an.

Bundesamt für Justiz
Zentrale Behörde für internationale Sorgerechtskonflikte
Adenauerallee 99–103
53113 Bonn
Tel. 0228/99 410-40; 0228/99 410-5212
(auch international)
Fax 0228/99 410-5050; 0228/99 410-5401
(auch international)
int.sorgerecht@bfj.bund.de
www.bundesjustizamt.de

Das *Bundesamt für Justiz* als zentrale Behörde kann Ihnen behilflich sein, wenn Sie und Ihr Kind von einer grenzüberschreitenden Sorgerechts- oder Umgangsstreitigkeit oder einer internationalen Kindesentführung bereits betroffen sind oder diese möglicherweise bevorsteht.

→ Über diesen Link gelangen Sie zu weiteren Webseiten zum Thema: http://www.bundesjustizamt.de/cln_115/DE/Themen/Zivilrecht/HKUE/HKUE__node.html?__nnn=true

Auswärtiges Amt
Werderscher Markt 1
10117 Berlin
Tel. 030/18-17-2000 (Bürgerservice)
Fax 030/18-17-3402
poststelle@auswaertiges-amt.de
www.auswaertiges-amt.de

Für Millionen deutscher Touristen wie für im Ausland ansässige Deutsche sind die Auslandsvertretungen in allen rechtlichen Angelegenheiten die wichtigste Verbindungsstelle nach Deutschland. Das Servicespektrum der Konsularhilfe umfasst u. a. Informationen zur internationalen Eheschließung, zum internationalen Scheidungsrecht, zur Kindesentziehung.

→ Die folgende Website enthält die Adressen der deutschen Auslandsvertretungen (Botschaften, Konsulate): http://www.auswaertiges-amt.de/DE/Laenderinformationen/DtAuslandsvertretungenA-Z-Laenderauswahlseite_node.html

Deutscher Anwaltverein
Littenstraße 11
10179 Berlin
Tel. 030/726152-0
Fax 030/726152-190
dav@anwaltverein.de
www.anwaltauskunft.de

Dem Deutschen Anwaltverein gehören 247 Anwaltvereine in ganz Deutschland an sowie in Frankreich, Großbritannien, Portugal, Griechenland, Italien und Brasilien. Über die örtlichen Anwaltvereine sind über 68.000 Rechtsanwältinnen und Rechtsanwälte dem DAV angeschlossen.

→ Über die Datenbank unter folgendem Link können Sie in zahlreichen Ländern nach einem Anwalt suchen: http://anwaltauskunft.de/anwaltsuche. Unter der folgenden kostenpflichtigen Nummer erhalten Sie Anwaltauskunft am Telefon: 01805/18 18 05.

Wichtige Adressen in Österreich

AOEF – Autonome Österreichische Frauenhäuser
Informationsstelle gegen Gewalt
Bacherplatz 10/4
1050 Wien
Tel. 01/544 98 20
Fax 01/544 98 20-24
informationsstelle@aoef.at
www.aoef.at

Der *AOEF* ist die Dachorganisation der Autonomen Frauenhäuser in Österreich. 26 von derzeit 30 österreichischen Frauenhäusern sind im Verein vernetzt.

→ Über diesen Link gelangen Sie zu den jeweiligen Frauenhäusern vor Ort: http://www.aoef.at/cms/index.php?option=com_content&view=article&id=50&Itemid=60&lang=de
Über diesen Link gelangen Sie an verschiedene Beratungsstellen, u. a. für Migrantinnen: http://www.aoef.at/cms/index.php?option=com_content&view=article&id=54&Itemid=62&lang=de

Frauenhelpline gegen Männergewalt
im Verein Autonome Österreichische Frauenhäuser
0800/222 555 (Notruf)
frauenhelpline@aoef.at
www.frauenhelpline.at

24-Stunden Frauennotruf der Stadt Wien
Tel. 01/71 71 9
frauennotruf@wien.at

Der *Frauennotruf* ist rund um die Uhr Anlaufstelle für Frauen und Mädchen ab 14 Jahren, die von sexueller, körperlicher oder psychischer Gewalt betroffen sind. Rasche Soforthilfe und Krisenintervention sowie Beratung und Betreuung bei akuten Erfahrungen mit Gewalt sind zentrale Angebote. Mitbetroffene Angehörige, Freundinnen und Freunde oder Bekannte können dieses Angebot ebenso nutzen. Die Mitarbeiterinnen des *Frauennotrufs* haben Berufsausbildungen in den Bereichen Psychologie, Sozialarbeit und Rechtswissenschaften.

Orient Express
Beratungs-, Bildungs- und Kulturinitiative für Frauen
Frauenservicestelle
Schönngasse 15–17 / Top 2
1020 Wien
Tel. 01/728 97 25
Fax 01/728 97 25-13
office@orientexpress-wien.com
www.orientexpress-wien.com

Orient Express ist ein gemeinnütziger, politisch und konfessionell unabhängiger Verein, der eine Frauen- und eine Familienberatungsstelle sowie ein Kurszentrum betreibt. Der Verein bietet anonyme und kostenlose Beratung auf Deutsch, Türkisch, Arabisch und Englisch an (gegen vorherige Terminvereinbarung). Die Beratungsschwerpunkte sind: Scheidung, Trennung, Gewalt, Missbrauch, Zwangsverheiratung, Frauenbeschneidung, Generationskonflikte, Rechtsinformationen.

→ Über diesen Link gelangen Sie zu weiteren Beratungsstellen und zu Opferschutzeinrichtungen und Helplines: http://www.orientexpress-wien.com/Frames/index.html

Telefonseelsorge
Innerhalb jedes österreichischen Bundeslandes rund um die Uhr erreichbar unter der gebührenfreien Telefonnummer
→ 142

ISD – Internationaler Sozialdienst (Deutschland)
→ vgl. Informationen auf S. 275, da die deutsche Zweigstelle des *International Social Service* vorübergehend auch Aufgaben wahrnimmt, die Österreich betreffen.

Wichtige Adressen in der Schweiz

DAO – Dachorganisation Frauenhäuser
Postfach 2543
5001 Aarau
Tel. 079/435 16 08
dao@frauenhaus-schweiz.ch
www.frauenhaus-schweiz.ch

Die *Dachorganisation der Frauenhäuser Schweiz (DAO)* umfasst 17 Frauenhäuser in der Schweiz und dasjenige von Liechtenstein. Sie werden von jeweils privatrechtlichen Trägerschaften (Verein oder Stiftung) getragen. Die Leitbilder aller Frauenhäuser sind von einer feministischen und antirassistischen Grundhaltung geprägt. Ihre Kernaufgabe ist es, als Kriseninterventionsbetriebe gewaltbetroffenen Frauen und deren Kindern Notunterkunft, Schutz und psycho-soziale Beratung zukommen zu lassen. In ihren weiteren Angeboten unterscheiden sich die Frauenhäuser zum Teil.

→ Über diesen Link gelangen Sie zu den einzelnen Frauenhäusern: http://www.frauenhaus-schweiz.ch/index.php?id=1
Über diesen Link gelangen Sie zu weiteren Beratungsstellen und Verbänden, die Frauen in Not helfen: http://www.frauenhaus-schweiz.ch/index.php?id=27

Beratungsstelle Nottelefon für Frauen – Gegen sexuelle Gewalt
Postfach
8026 Zürich
Tel. 044/291 46 46
info@frauenberatung.ch
www.frauenberatung.ch

Seit der Einführung des Opferhilfesetzes 1993 ist die *Beratungsstelle Nottelefon für Frauen – Gegen sexuelle Gewalt* eine kantonal anerkannte Opferberatungsstelle. Alle sechs Beraterinnen haben langjährige Erfahrung mit dem Thema »Frau und Gewalt« sowie zusätzliche Aus- oder Weiterbildungen in Supervision, Psychodrama-Therapie, Drama-Therapie, Focusing, Integrative Gestalttherapie, Personenzentrierte Psychotherapie, Gesprächstherapie.

→ Über diesen Link gelangen Sie an weitere Beratungsstellen (u. a. für Migrantinnen): http://www.frauenberatung.ch/cms/front_content.php?idcat=29

Frauen Nottelefon Winterthur
Beratungsstelle für gewaltbetroffene Frauen
Technikumstrasse 38 (1. Stock)
Postfach 1800
8401 Winterthur
Tel. 052/213 61 61
Fax 052/213 61 63
info@frauennottelefon.ch
www.frauennottelefon.ch

Das *Frauen Nottelefon Winterthur* ist ein feministischer Betrieb, der sich im Sinne einer Krisenintervention parteilich für Frauen einsetzt, die von Gewalt betroffen sind. Im Team arbeiten Frauen aus unterschiedlichen beruflichen Fachrichtungen wie Sozialarbeit, Pädagogik und Psychologie. Das Beratungsangebot richtet sich an Frauen und weibliche Jugendliche ab 14 Jahren, die von sexueller, psychischer und/oder physischer Gewalt betroffen oder bedroht sind. Jüngere Frauen werden an eine spezifische Beratungsstelle weitervermittelt. Anspruch auf Beratung haben zudem Angehörige sowie nahe Bezugspersonen betroffener Frauen.

→ Über diesen Link geraten Sie an weitere Beratungsstellen:
http://www.frauennottelefon.ch/link/linkframe.htm

Telefonseelsorge
In der Schweiz erreicht man die »dargebotene Hand« anonym, rund um die Uhr und kostenlos unter der Nummer:
→ 143

Internationaler Sozialdienst SSI
Hofwiesenstrasse 3
8057 Zürich
Tel. 044/363 98 80
Fax 044/363 98 81
ssi@zh.ssiss.ch
www.ssiss.ch

Der *SSI* bietet Beratung und sozial-juristische Interventionen im In- und Ausland bei Kindesentführung, internationaler Adoption, Herkunfts- und Familiensuche sowie für binationale Paare.

→ Über folgenden Link erhalten Sie Adressen von Frauenhäusern im Raum Zürich: http://www.zuerichfamilie.ch/N91439/gewalt-in-der-ehe-notfaufnahme.html
Über folgenden Link erhalten Sie Adressen von Frauenhäusern im Berner Raum: http://www.bernfamilie.ch/N91439/gewalt-in-der-ehe-notfaufnahme.html
Diese Webseite befasst sich mit der romanischen Schweiz: http://www.lafamily.ch/

ANMERKUNGEN

1 Es gibt unzählige Koran-Übersetzungen aus dem Arabischen in andere Sprachen, so ebenfalls ins Deutsche. Wie jede Übersetzung beruhen auch die Koran-Übersetzungen letztlich auf Interpretation, sodass die verschiedenen Versionen teils große inhaltliche Unterschiede aufweisen können. Unter folgendem Link ist im Internet eine deutsche Koran-Übersetzung zu finden, die von islamischen Gelehrten in Zusammenarbeit mit dem Goethe-Institut herausgegeben wurde: http://www.ahmadiyya.at/Islam%20Sites/Der%20Heilige%20Q%C3%BCr-%C3%A2n.htm. Interessanterweise heißt es dort in Sure 4, die sich mit dem Thema »Frauen« auseinandersetzt, nicht wie in anderen Übersetzungen, dass der Mann seine Frau bei Ungehorsam zu »schlagen« oder zu »züchtigen« habe, sondern dass er sie nur »strafen« solle.

2 Necla Kelek, *Die fremde Braut. Ein Bericht aus dem Inneren des türkischen Lebens in Deutschland*, München [13]2006, S. 15; s. dazu auch: Ayaan Hirsi Ali, »Der Jungfrauenkäfig«, in: dies., *Ich klage an. Plädoyer für die Befreiung der muslimischen Frauen*, München [10]2009, S. 101 ff.

3 Thilo Sarrazin, *Deutschland schafft sich ab. Wie wir unser Land aufs Spiel setzen*, München 2010, S. 262

4 Birgit Sitorus/Hiltrud Stöcker-Zafari, *Trennung und Scheidung binationaler Paare. Ein Ratgeber*, hrsg. vom Verband binationaler Familien und Partnerschaften, iaf e.V., Frankfurt 2002, S. 11

5 Necla Kelek in ihrer (leicht gekürzten) Dankesrede zur Verleihung des Freiheitspreises der Friedrich-Naumann-Stiftung, Frankfurter Allgemeine Zeitung, 9.11.2010